강일구 총장 희수 기념문집

호야
호야

好也好也

77

강일구 총장 희수 기념문집

호야 호야
好也 好也
77

강일구총장희수기념문집편집위원회

동연

강일구 총장님께 드립니다

김성룡

(희수기념문집편집위원회 위원장, 호서대학교 교수)

　사람의 공적(功績)과 덕택(德澤)과 언사(言辭)는 썩지 않고 길이 남아, 이 셋을 삼불후(三不朽)라 일컫습니다. 이 불후(不朽)의 공적과 덕택과 언사는 제 스스로 그렇게 썩지 않는 것이 아니라, 그의 위대한 공적에 감탄하고, 넓고 깊은 덕택에 감격하며, 아름다운 언사에 감동하는 사람들에 의하여 썩지 않는 것입니다. 불후(不朽)의 위업은 그것을 기억하는 이에 의하여 길이 남는 것입니다.

　여기 모인 일흔일곱 편의 글은 우리가 저마다 기억하는 강일구 총장님의 삶을 그린 것입니다. 혹 반세기도 훌쩍 뛰어넘는 옛이야기도 있고, 혹 요 며칠 전의 이야기도 있습니다. 우리가 강일구 총장님과 만나게 된 기연(機緣)도 다르고 또 만나게 된 사연(事緣)도 다릅니다만, 그 만남 이후로 마음 깊이 강일구 총장님의 향기를 간직하면서 살고 있다는 점은 모두가 같습니다. 우리의 마음 깊은 곳을 흐르는 그의 향기를 우리는 어쩌면 아낌이라고, 어쩌면 사랑이라고, 또 아마도 어쩌면 존경이라고 말할지 모릅니다. 무어라 부르든 그것은 여기 일흔일곱 편의 이야기를 적은 사람들의 저마다의 삶을 아롱지게 하는 삶의 무늬가 되어, 각각의 인생을 이루고 있습니다.

생각해보면 강일구 총장님의 일흔일곱 해의 삶이 우리 각자에게 저마다의 삶의 무늬를 만들어준 것처럼, 강일구 총장님의 삶 역시, 여기 모인 무늬들로 인하여 아롱져 빛나고 있을 것입니다. 부족한 글솜씨에도 불구하고, 우리는 우리가 지금껏 간직하고 있는 아낌과 사랑과 존경으로써 강일구 총장님의 일흔일곱 해의 삶이 길이 썩지 않고 남기를 바라는 것입니다. 제 스스로도 빛나는 그 삶의 무늬가 우리에 의하여 비로소 불후(不朽)하기를 바라는 것입니다. 불후(不朽)로써 말머리를 삼은 것은 바로 그 바람을 드러내기 위함입니다.

그런데 우리의 바람은 여기에만 머무는 것은 아닙니다. 강일구 총장님은 원천(原泉) 앞에 다시 서십니다. 솟는 샘은 손바닥으로도 막을 수 있을 것처럼 미약합니다. 그 미약함을 어떻게 살려, 어디로 길을 낼지는 오로지 사람에게 달려 있습니다. 이렇게 방향을 정하고 길을 내면, 그것은 대하(大河)가 되고 장강(長江)을 이루어 사람을 태우고 화물을 실어 삶을 이롭게 합니다. 〈주역(周易)〉에 샘이 방향을 정하지 못하여 미약함을 몽매(蒙昧)하다 하였고, 방향을 정하고 길을 틔워 줌을 어질다 하였습니다.

다시 원천에 선 강일구 총장님은 샘솟게 하고 길을 틔우면서 도도한 대하와 장강을 열어 줄 것입니다. 그리고 지금껏 그래왔던 것처럼 그의 공적과 덕택과 언사는 또 많은 사람의 무늬를 이루어 새로운 불후(不朽)의 위업으로 만들어갈 것입니다. 사람의 무늬를 인문(人文)이라고 합니다. 인문은 하늘의 무늬 천문(天文)과 땅의 무늬 지문(地文)과 함께 세계를 휘황히 밝히는 문명의 빛이 됩니다. 우리는 그 빛나는 길에 동참함을 기쁘게 여깁니다. 그리고 강일구 총장님의 새로운 불후의 위업에 함께함을 자랑스럽게 여깁니다.

그 고마움과 기쁨과 바람과 자랑을 여기에 담아, 일흔일곱 이야기의 글쓴이를 대표하여 김성룡이 올립니다.

남이 본 나와 내가 본 나

강일구

(호서대학교 3,4,5,6대 총장)

나이 들면서 나는 내가 누군지 스스로에게 종종 묻곤 한다. 얼마 전 끈끈한 관계로 맺어진 후배 교수들과 대화하다가 나이 얘기가 나왔다. 그게 계기가 되었는지, 그들은 내가 만 77살이 되는 금년 내 생일에 희수(喜壽)를 기념하는 책을 만들어주겠다고 했다. 흔히들 하듯, 전공 관련 글을 모아 논문집이나 내주리라고 예단했다. 아, 그런데 그게 아니었다. 살아온 내 인생을 요약해 달란다. 의아해했더니, 사람들로 내 얘기를 소신껏 쓰게 할 테니 딴소리 말라고 오히려 큰소리다. 남들이 내 삶의 모습을 글로 써 준다니 싫다고 할 수도 없고... 허허, 거참~. 오히려 재미난 책이 될 듯해 승낙했다. 그랬더니 희수를 맞이한 소회나 몇 줄 적어달란다.

사람들은 나를 누구로 알까? 사람들에게 나는 누구로 살아왔을까? 내 얘기를 써 줄 사람이라면, 우연이든 필연이든 나와 교제하거나 일을 함께하면서 나를 알게 된 분들일 것이다. 이들로부터 받을 글은 내가 쓴 글이 아니니 분명 자서전(自敍傳)이 아니다. 내 기억으로 쓰고 싶은 말만 골라 쓰는 회고록(回顧錄)도 아니다. 그렇다고 제3자가 체계적으로 기록하는 전기(傳記)는 더더구나 아니다. 이들은 내가 누구인지, 나에 대한 느낌이나 평가가 어떠한지, 무슨 일을 하는 사람으로 기억하는지, 나를 본 대로 느낀 대로 써 줄 것이다. 그래서 이 책은 타서전(他書傳)일 수밖에 없다. '저것'을 통해 '이것'을 파악한다는 한 신학자(셸리 맥페이그)의 주장대로 '타인'을 통해서만 '자신'을 알 수 있다고 한다면, 이 타서전은 내가 누군지를 밝히는 책이 될 것이다.

그렇다면, 이들의 글 속에 혹시 나도 모르는 내가 있는 건 아닐까? 나도 안다. 때때로 남의 관점이 내 생각과 다른 경우가 있으니까 말이다. 언제부터인가 나는 짠돌이로 소문났다. 심지어 우리 마나님조차 나를 구두쇠로 여긴다. 발단은 '천안사랑 카드' 때문이다. 이 카드를 쓰면 사용액의 10%를 천안시에서 보너스로 적립해 준다. 아내는 적립금이 제법 쌓이면 그것으로 외식하는 것을 매우 즐거워해 가끔 내 카드에 보너스가 얼마나 적립되어 있는지 체크하곤 한다. 적립된 액수가 적으면 내가 구두쇠라서 카드를 쓰지 않으니 그렇다고 거의 단정한다. 졸지에 나는 왕 구두쇠가 되는 것이다.

왜 이런 별명이 생겼을까? 내가 공짜를 좋아해서다. 낮에 나를 만나는 사람들은 대체로 점심을 산다. 그런 공짜 점심을 내가 마다할 이유가 전혀 없다. 그러니 돈 쓸 일이 없어 카드에 적립금이 적을 수밖에…. 설령 돈을 쓴다 하자. 백화점에서 3만 원 하는 와이셔츠를 마트에서 세일할 때 만 원에 산다. 그러니 돈 들 일이 별로 없다. 카드에 보너스가 쌓이지 않는 이유다. 그런데도 아내는 나를 싼 것만 찾는 구두쇠로 여긴다.

그러나 알고 보면 사실 나는 짠돌이도 아니고 왕 구두쇠도 아니다. 쓸 때는 쓴다. 후배들과 함께 골프를 즐기면 식비와 캐디 피를 포함한 그 날의 경비 지출에 조금도 주저하지 않는다. 학회에서 출판비가 필요하다고 할 때 군소리 없이 돈을 냈으며, 운영경비가 부족하다고 해서 거금(?)을 쾌척하기도 했다. 오히려 돈을 너무 펑펑 써서 문제 많은 사람이 바로 나다. 그런데도 마나님께조차 구두쇠로 불리는 것은 우리 부부가 고급식당에서 외식할 기회가 별로 없었기 때문이다. 그래도 공짜를 좋아하는 내 소신은 여전하다. 이렇게 남들이 나를 아는 것과 내가 나를 아는 것 사이에도 괴리가 있는데, 남이 써 주는 타서전에 어떤 글이 올라올지 심히 긴장된다.

그러면 나는 누구인가? 건강 상태로 한번 보자. 남들은 날 보고 건강해 보인다, 50대 같다, 새장가 들어도 되겠다 등등 듣기에 좋은 말을 참 잘도 한다. 하지만 다 헛된 소리다. 실제의 나는 그렇지 않다. 내가 보는 나는 어떤가? 우선, 나는 나이가 77살이나 된 늙은이다. 한창때엔 턱걸이 50번 정도는 거뜬하게 해치웠다. 그런데 지금은 아등바등 해봐야 한 번이 고작이다. 내가 봐도 한심한 체력이다. 어디 그뿐인가? 걷다가 자주 넘어지는 건 어쩌고. 요새는 계단 내려가기가 겁난다. 게다가 나는 은퇴자요, 무직자다. 시간이 많다 보니 잔소리가 늘었다. 어느새 나도 모르게 젊은이로부터 TMI로 불리곤 한다. 하여, 나는 지금 늙은이임이 분명하다.

그런데 이런 겉모습과는 달리 요즘 내 속엔 나도 모르는 또 다른 내가 있다. 나이가 들어서인지 나는 판단력과 구상력이 날로 튼실해지고 있음을 느낀다. 체력이 좀 약해도 정신은 또렷하다. 기억력을 말하는 게 아니다. 정신을 지배하는 두뇌활동이 아주 잘 작동한다는 말이다. 벤처 정신을 모토로 하는 대학의 총장 출신답게 나는 시대 정신에

뒤떨어지지 않으려고 항상 새로움을 찾는다. 그리고 사고의 지평을 넓히려고 자주 상상의 바다에 잠기곤 한다. 논리를 뛰어넘는 영역도 부담 없이 즐긴다. 상상의 나래를 활짝 펴고 끝없이 날다 보면 현실적으로 꿈을 꿀 만한 비전에 이르기도 한다. 내 심장이 뛰는 순간이다. 비전이 보이면 누구와 함께할까, 언제 할까, 어떻게 할까 궁리하느라 뇌가 바빠진다. 노년에 이 얼마나 생산적인 두뇌활동인가? 그래서 지금 나는 그런 비전이 실현될 날만을 고대하면서 산다. 77살이 된 나는 이런 과정을 즐기며, 그것을 사는 맛으로 여긴다. 이것이 '내가 본 나'의 진정한 모습이리라.

추억의 곳간에서 꺼내오는 이야기들

조태연

(희수기념문집편집위원회 위원, 호서대학교 교수)

2021년 늦봄, 강일구 총장님의 희수(喜壽) 소식이 들렸다. 코로나 일구로 분위기가 경직되던 차에, 누군가는 하겠지… 하면서 나는 흘려들었다. 상가집 조문 자리에서 우연히 총장님 내외분을 뵈었다. 피할 수 없이 함께 밥을 먹고 커피를 마시며, 주제 없이 말씀을 나눴다. 그때 처음으로 그리고 아주 살짝 문집 이야기가 오갔다.

천하에 나뭇잎이 무성하고 초록이 깊어가던 초여름 어느 날이었다. 주변 교수님들로부터 노골적으로 압력을 받던 차에 총장님을 뵈었다. 희수 문집을 여쭈니, 그 얘기를 왜 이제 꺼내냐는 듯 반기셨다. 문집에 어떤 계획이나 구상이 있으시냐 여쭈니, 총장님의 답은 그저 순결한 백지(白紙)와도 같으셨다. 내 알기엔 전형적으로 총장님의 철학이자 살아오신 길이었다. 세상은 넓고 호서의 운동장은 무한대니, 생각이 있고 방도가 있는 자 누구든 여기서 뜻을 이룰지라~!

시간이 조금 흘러 내 생각이 바뀌었다. 희수 문집은 분명 우리가 만들어서 총장님께 드리는 것, 결코 총장님의 계획과 구상대로 하는 게 아니다! 그러니 전체적으로 총장님께 동의만 구하면 그뿐, 일일이 총장님께 의사를 여쭙는 것은 명분도 없고 예의도 결코 아니다.

하여, 이후로는 문집을 만드는 이쪽이 갑(甲)이 되고, 순결한 백지의 맘으로 문집을 받으실 총장님께선 천하의 을(乙)이 되시는 거다!

하늘에서 내리는 볕이 뜨겁고 들녘에선 곡식이 여물기 시작하던 한여름 어느 날, 나는 담대한 맘으로 총장님께 나아갔다. 희수의 연세시면, 호야호야(好也好也) 인생의 들판에 결실도 소담하고 추억의 곳간엔 정겨운 이야기도 가득하실 터! 첫째, 77년의 생애를 몇 개의 의미 있는 구간으로 나누십시오. 둘째, 각 구간에서 소중한 인연을 시작하고 아름다운 관계로 발전시켜온 사람들을 뽑으십시오. 셋째, 그러나 문집의 두께를 생각하여 모두를 합하여 40명이 넘지 않게 이야기꾼을 정하십시오. 물론, 구간마다 얼추 균형을 맞추셔야 합니다. 숙제다 하시면 그때에나 연락을 주십시오! 그간 선생질을 많이 해봐서 그런지 숙제 낼 때는 나름 깔끔하다.

7월 중순, 총장님의 연락을 받고 달려 나갔다. 아뿔싸, 총장님은 줄잡아 120명의 명단을 준비해 오셨다. 이름과 직함과 전화번호 등 깔끔하기도 하였다. 더욱이 필자가 정해지지도 않았는데 벌써 서문을 써오셨다. 총장님, 여기서 이러시면 아니 됩니다! 이 모든 분의 이야기를 다 모으자니 무모하고, 거기서 40명을 뽑는 것은 불가합니다. 그러니 77인의 77개 스토리텔링이면 받으심 직합니까? 지금 생각해보니, 갑의 포스(일명 갑질)가 너무 지나쳤다. 다른 한편 총장님께선 선택에 정말로 어려움이 많으셨겠다.

그래도 총장님과 말씀을 나누며 70명 안쪽으로 원고를 요청했다. 이야기를 1차 수합한 후 부족한 부분이 발견되거나 예측 못한 상황이 있으면 대처할 수 있도록, 나름 천재적 계산 끝에 10여 꼭지를 여지로 남긴 것이다. 여름내 원고를 모았다. 볕이 따갑고 들판에선 곡식이 팰 때, 그때 글들도 여물었다. 들녘에서 추수가 한창일 때, 우리도 아름다운 글 소중한 이야기를 풍성하게 거두었다.

편집의 과정에서 강일구 총장님께선 가장 큰 도움이 되셨다. 필자를 선정할 때엔 당신에게 날선 비판을 가할 분들을 많이도 추천하셨다. 하지만 오히려 이쪽에서 감당할 자신이 없었다. 각각의 글에 시간과 장소를 정확히 제시하여 글의 사실성과 극적인 효과를 높이겠다고 하면, 총장님은 곧바로 생애의 연표와 이력서를 보내주셨다. 호탕분기한 청년이 어떻게 신심(信心) 가득한 신학도가 되셨는지 저간의 사정을 여쭈면, 누구누구에게 알아보라며 전기적(傳記的) 정보의 출처를 알리셨다. 일체 간섭이 없었지만, 내심 협조는 부족함이 없었다.

일흔일곱 분의 호의와 인내는 무슨 말로도 형용이 부족하다. 짧은 글이라고 쉽게 수락은 하였어도 막상 글을 쓰려니 몇 날 며칠이 걸렸는지 모른다. 그래도 책상에 앉아 오래된 추억의 곳간에서 이야기를 꺼내오려니 함께 나눈 삶의 비범한 순간들이 실로 성스러웠다. 수십 년 혹은 육십 년도 넘은 추억들을 우리고 우리며, 삭히고 또 삭혔다. 그리고 한 올, 또 한 올… 누에고치에서 날빛에 영롱한 명주실을 뽑아내듯 한 줄, 또 한 줄… 그렇게 글줄을 썼다. 그런데도 어렵사리 원고를 써서 보내주면, 편집자들은 참 말이 많았다. 그래도 인내하며 편집에 협조했다. 모든 필자의 호의와 인내는 강일구 총장님과의 두터운 관계와 신뢰 때문이었다. 문집은 이렇게 모두의 협조와 기다림 끝에 두 개의 축사와 일흔일곱 개의 아름다운 이야기로 성스럽게 탄생했다.

사실 모든 것은 김동주 교수님이 혜안과 균형감으로 수를 놓고 판을 짜면서 시작되었다. 서창원 교수님께선 큰 어른으로서 문집의 출간과 헌정식의 모든 일에 가장 크고 든든한 울타리가 되어주셨다. 김성룡 교수님은 학교의 경험에 기반한 철학과 역사의식으로 글을 안배하고 틀을 정하셨다. 김형락 교수님은 편집위원으로서 편집의 중요 실무의 일을 처음부터 마지막까지 함께 해주셨다. 도서출판 동연의 김영호 대표님께선 최고의 편집으로 문집에 형식을 갖추고 격조를 높이셨다.

책을 열면, 우리는 일흔일곱 개의 이야기를 만난다. 필자들은 저마다 자기의 이야기를 펼친다. 모든 이야기엔 그분이 계시다. 누에가 명주실로 고치를 짓듯 이야기꾼들이 짓는 이야기들의 집에선, 강일구 총장님이 가장 인간적이고 친근한 모습으로 나오신다! 그래서 일흔일곱 개의 스토리텔링은 호야호야 강일구 총장님의 생애를 파노라마처럼 연출한다. 문집의 기획과 구성이다.

들녘엔 추수도 끝이 났다. 어렵사리 헌정의 글도 들어오고 강일구 총장님의 희수 맞이 글도 안착했다. 읽을수록 명문이고, 새길수록 향이 깊다. 이 만추(晩秋)의 끝자락, 이제는 모든 글 중 마지막 글의 마지막 문단에 마무리 몇 줄만이 남았다. 생각할수록 77년 총장님 인생의 들판엔 결실이 소담하고, 우리들 추억의 곳간엔 이야기가 풍성하다. 그나저나 누에고치는 정말 예쁘고 단단한 '집'으로 나올까? 펑펑 첫눈이 오는 날, 멋진 음악이 아름다운 선율로 흐르는 가운데, 우리가 모두 사랑하고 존경하는 강일구 총장님께 우리의 마음과 정성을 바치면 좋겠다!

목차

9부 | 외연과 인간미 [1992~2021]

1

젊었던 날들
[1944~1969]

1장 아버지, 어머니

1. 아버지, 어머니께 받은 유산

이운희

(서울호서전문학교/서울호서예술실용전문학교 이사장)

먼저, 희수(喜壽)를 맞으신 강일구 목사님께 진심 어린 축하의 말씀을 드립니다. 저는 목사님의 부친이신 (故) 강석규 명예총장님과의 인연으로 명지대학교에 입학한 이후 명예총장님을 50여 년 동안 인생의 은사님으로 모셨습니다. 비록 강 목사님과 동문은 아니어도 가족같은 분위기 속에서 친밀한 관계를 갖게 되었습니다.

강석규 명예총장님의 삶과 투쟁

명예총장님은 1913년 12월 충남 논산의 시골 마을에서 극빈 가정의 장남으로 태어났습니다. 너무 가난해서 16세 돼서야 겨우 논산 보통학교를 졸업할 수 있었습니다. 1936년 24세에 보통학교 3급 교사자격증을 취득하고, 같은 해 서산의 성연보통학교 교사로 부임하였습니다. 이후 각고의 노력으로 검정고시를 통해 1940년까지 중등교사자격증 2종과 1종을 취득하였고, 이후엔 고등학교에서 교편을 잡았습니다.

1946년, 명예총장님은 34세의 만학도로 서울대학교 공대 전기공학과에 입학하였습니다. 나이는 동급생들보다 열두세 살이나 위였고, 예전에 가르쳤던 제자들과 함께 공부해야 했습니다. 심지어 까마득한 후배가 교수로 들어와 가르치기도 했습니다. 도무지 얼굴이 화끈거리고 열등감에 사로잡혀 학업을 포기하고 싶은 생각이 굴뚝 같았습니다. "그러나 기왕에 버린 몸, 정면 돌파다!" 하면서 학업에 임하여, 1950년 5월 37세 만학(晩學)의 나이로 대학을 졸업하였습니다.

졸업 후 충남대학교와 명지대학교에서 교수를 하면서 1963년엔 박은애 사모님 명의로 명동에 서울공과학원을 설립하여 크게 성공하였습니다. 학원을 통해 생활비와 자녀들의 학비를 마련하였습니다. 그리고 이것이 대성중학교 설립에 큰 힘이 되었습니다. 이후 대성고등학교와 호서대학교 등 호서학원을 설립하였습니다, 강석규 명예총장님은 비록 열등감투성이의 인생 늦둥이셨지만, 결과적으로 후손에게는 숭고한 교육 철학을 소중한 유산으로 남기셨습니다.

박은애 사모님과 가정 교육

언뜻 보면, 명예총장님의 인생이 평지풍파 없이 순리대로 흘러간 것처럼 비칠 수도 있습니다. 그러나 정말 어렵고 힘든 시기도 많았습니다. 1969년 대성중학교를 설립할 때, 전 재산을 출연하고도 개학을 불과 몇 개월 앞둔 상태에서 재정난으로 공사가 중단되었습니다. 대성중학교로 배정받은 학생들의 학부형들은 기본 골조만 세워진 앙상한 모습을 보고 학교와 교육부로 몰려다니며 시위를 벌였습니다. 이 일로 명예총장님은 극심한 고초를 당했습니다.

바로 이때, 제가 직접 본 바로는 골조 외엔 아무것도 없는 교실에서 사모님과 가족들이 그 추운 날 철야하며 하나님께 간절히 기도하셨습니다. 기도를 통해 어려움을 극복하시고, 가까스로 개교하기에 이르렀습니다.

하지만 계속 재정난으로 교사 급여도 못 줄 지경이었고, 그때마다 사모님께서 승용차도 없이 오로지 버스를 타고 동분서주하시면서 사채를 끌어다 급여를 메꾸셨습니다. 저도 지켜만 볼 수 없어 큰 금액은 아니었지만, 처형에게 돈을 꾸어 명예총장님께 드린 적이 있습니다. 사채를 끌어다가 겨우 급여를 지급하고 나면 사모님께선 얼마나 힘이 드셨는지 학원 사무실 구석에서 남몰래 눈물을 훔치셨습니다.

학교 설립에 전 재산을 투입한 명예총장님 가정은 수도도 없이 전기만 겨우 연결된 산동네로 이사 갈 수밖에 없었습니다. 강일구 목사님을 비롯한 3형제는 매일같이 물지게를 지고 나르며 어렵게 생활하였습니다.

강석규 명예총장님은 오로지 교육사업을 위해 혼신의 힘을 다하셨을 뿐, 가정사는 뒷전이셨습니다. 자녀들에 대한 교육에도 관심을 갖지 못하셨습니다. 심지어 자녀들이 몇 학년이 되었는지, 성적이 어떤지조차 모르셨습니다. 자녀교육과 가정의 모든 대소사는 오로지 사모님의 몫이었고, 박은애 사모님은 명예총장님을 내조하느라 묵묵히 애쓰셨습니다.

명예총장님과 사모님의 뒤를 이어…

이런 가정 분위기 속에서 강일구 목사님은 군 복무를 필하고, 한양공대 전자과를 졸업하였습니다. 와중에 모태신앙이신 어머님으로부터 영향을 받아 전공을 신학으로 바꾸었습니다. 미국으로 유학을 떠났지만, 학비를 벌기 위해 이국땅에서 접시 닦기, 잔디 깎기 등 어려운 일을 하면서 학업을 이어갔습니다.

그동안 제가 보고 경험한바 강일구 목사님은 아버지, 어머니로부터 소중한 유산을 받았습니다. 명예총장님에게는 교육에 대한 철학을 배웠고, 박은애 사모님에게는 부드러운 품성과 독실한 신앙심을 그대로 물려받으셨습니다.

수도도 없는 산비탈 집에 살며 물을 길어 무거운 물지게를 지고 비탈을 오를 때, 힘든 유학 생활에 생활비를 벌기 위해서 각종 허드렛일을 마다치 않고 할 때, 아버님의 교육사업을 도와드리라는 故 정진경 목사님의 권유를 받고 미국에서 귀국할 때 그리고 명예총장님으로부터 혹독한 경영수업을 받을 때…, 강일구 목사님은 단 한 번도 부모를 원망하거나 항거하지 않았습니다. 항상 긍정적으로 상대방을 끌어들이는 한결같이 밝은 모습은 부모님으로부터 받은 소중한 유산입니다.

호서대학교를 비롯하여 오늘의 호서재단은 늦둥이 인생으로 대학교까지 설립하신 명예총장님의 강인한 집념과 사모님의 지극정성의 결과물입니다. 그리고 아무리 어렵고 힘든 상황 속일지라도 사모님과 온 가족이 항상 하나님께 간구하고 기도함으로 당당히 나가셨기에 오늘의 호서재단이 지금의 자리를 지키고 있습니다.

강일구 목사님께서는 명예총장님과 그 곁에서 함께 길을 걸으신 사모님의 정신을 이어받으셨습니다. 강일구 목사님이야말로 호서학원의 설립 정신을 계승하며, 우리 호서학원을 후세대에까지 잘 이끌어 가시리라고 저는 확실히 믿습니다.

2. 강직한 아버지와 순종하는 아들

김정석

(전 호서대학교 비서실 계장)

한 달에 한 번 정도는 꿈을 꿀까요? 강석규 명예총장님께선 꿈속에서 자주 저를 찾아오십니다. 꿈속에선 지금도 제가 명예총장님을 모시고 일합니다. 꿈이 현실이라면 얼마나 좋겠습니까? 꿈에서 깨면 꿈속에서라도 더 잘해 드렸어야 하는데… 하는 아쉬움이 남습니다.

아산시 세출리에 학교 부지를 조성하여 한창 건설 현장을 누비며 감독하고 지시하실 때였습니다. 호서학원 이사장이신 신촌성결교회 정진경 목사님께선 학교에 오시면 강석규 총장님과 후계자 문제를 상의하셨습니다. 내용인즉 미국에 계신 큰아들 강일구 목사님을 빨리 후계자로 삼는 게 어떻겠느냐는 것이었습니다. 정 목사님께서는 미국에 가실 때마다 의견을 타진하였으나 강일구 목사님의 응락이 없어 큰 걱정이라고 하셨습니다.

그러던 어느 날, 정진경 목사님은 미국에서 돌아와 강일구 목사님이 공부를 마치고 귀국할 것이라고 강석규 총장님께 말씀드렸습니다. 총장님은 얼마나 기쁘셨는지, "일구가 온냐~" 제게 이렇게 말씀하셨습니다. 마침 기회가 되어 박은애 사모님께 이 소식을 전해 드렸더니, 사모님께서 얼마나 기뻐하시는지 대번 얼굴이 해 같이 빛났습니다. 그때 그 환희의 표정은 말로 형용할 수 없을 정도였는데 지금도 내 눈에 선합니다. 그날 이후 사모님께서는 큰 근심 걱정을 완전히 헐어버리신 분처럼 얼굴에 미소가 넘쳤고, 젊으실 때의 그 맑고 낭랑하신 목소리가 되돌아왔습니다.

강일구 목사님은 엄하신 아버지와 사랑이 넘치는 어머님의 따뜻한 돌봄 안에서 성장하고 최고의 교육을 받으셨으니, 그 어디에 내어놓아도 손색이 없는 분이십니다. 그러기에 많은 사람이 이분이야말로 오늘의 호서학원 발전에 큰 밑거름이 되지 않을까 기대하였습니다.

강일구 목사님은 귀국하여 많은 연단의 과정 끝에 총장직에 오르셨고, 강석규 총장님은 명예총장님이 되셨습니다. 매주 금요일 오후가 되면 신부동 총장 공관에선 3부자 회의가 열렸습니다. 명예총장님은 조금이라도 당신의 기대에 미치지 못하면 강일구 총장님을 정말 호되게 질책하셨습니다. 어느 날인가는 "그렇게 하려면 총장직을 내놔!" 소리치신 적도 있습니다.

명예총장님은 옛날부터 자식들을 강한 호랑이처럼 키우기를 원하셨습니다. 맹호 밑에 맹호가 나오는 법이라며 정말 자녀들을 혹독하게 야단치며 키우셨습니다. 환갑이 훌쩍 넘은 아들 총장을 그렇게 혼내는 것은 어릴 적부터 그렇게 훈련시키던 훈육의 연장입니다. 명예총장님께는 아들들이 어렸을 때나 큰아들이 총장이 되었을 때나 언제나 "너희들은 내 말만 들어야 해!" 하는 파쇼가 있었습니다.

그런데 내가 모신 강석규 명예총장님은 겉으로는 이렇게 말씀이 강하시지만, 속으로는 참 맘이 여리고 따뜻하신 분입니다. 나를 단 한 번도 김 기사라고 부르신 적이 없습니다. 언제나 다정한 목소리로 "김 비서" 이렇게 부르셨습니다. 내가 일을 잘 못 해도, "왜 이랬어?" 질책하신 적이 없었습니다. 다소 맘에 안 들어도 션찮다고 하시지 않았습니다. 명예총장님은 맘이 여리고 따뜻하신 분이십니다.

그래서인지, 강일구 총장님은 어렸을 때나 총장이 되셨을 때나 명예총장님의 질책에 0.1프로도 반응을 안 하셨습니다. 단 한 번도 "이건 아닙니다!" 이렇게 말하지 못했습니다. 아버지가 너무 강하셔서 일언반구 말대꾸를 하지 못한 것입니다. 강일구 총장님은 명예총장님께서 돌아가시는 순간까지 100프로 순종하셨습니다. 이렇게 아버지가 아들을 아끼고, 아들이 아버지께 순종하는 모습을 뵐 때마다 내겐 그런 부자지간이 참으로 아름답게 느껴졌습니다.

3. 삼대(三代) 인연의 총장님과 나

유재근

(전 호서대학교 교수, 정책부총장)

강석규 총장과 나의 조부(祖父)

1989년 3월, 나는 호서대학교(신소재공학과)에 교수로 부임했다. 강석규 총장님(설립자)은 "유진영 의원의 손자가 여기서 나와 함께 일하게 될 줄은 꿈에도 몰랐네" 하시면서 나를 반기셨다. 그러나 당시 호서대학교는 여느 대학들처럼 민주화 투쟁 등 사회적 분위기와 맞물려 갈등이 많았다. 학교뿐 아니라 나 자신에게도 부정적인 느낌이 점점 쌓이고 있었다.

학교에 온 지 1년쯤 되었을까. 총장님은 나에게 뜻밖의 말씀을 하셨다. "내 부친께선 자유당 시절 독재에 많이 어려워하시던 중 재산 대부분을 유 교수의 조부에게 쾌척하셨다네." 그때 나의 할아버지는 대전의 유명한 변호사로, 판사도 하시고 국회의원도 하셨다. 그만큼 총장님의 부친께서는 내 할아버지를 신뢰하셨던 것이고, 사람들이 독립운동가들을 믿고 후원하듯 그렇게 하셨다는 것이다. 총장님은 껄껄 웃으면서 말씀하셨다. "내 부친께서 유 교수 조부께 재산을 기부하지 않으셨다면, 지금 우리 집안은 잘 살 수 있었을 거야…."

나는 그때까지 그런 사실을 전혀 몰랐다. 내가 호서대학교에 갔을 때는 조부께서 너무 연로하셨기 때문인지 총장님 가문에 대해 할아버지로부터 어떤 말씀도 듣지 못했기 때문이다. 나는 큰 충격을 받았다.

그때부터 총장님은 더 이상 단순히 총장님이 아니라 오히려 내게 할아버지와 같은 존재로 느껴졌다.

어느 날 다소 의지가 꺾여 있던 나에게 강석규 총장님께선 문득 물으셨다. "왜 할 수 없다고 생각하는가." 그러면서 강인한 의지를 강조하며 내게 자신감을 일깨워 주셨다. 그 순간, 나는 내가 좋아하던 할아버지의 손자답게 호서대학교에서 무엇인가 해야 한다는 사명감과 여기선 무엇이든 할 수 있다는 자신감을 갖게 되었다. 이후로 호서대학교는 나에게 그저 단순한 직장이 아니었다. 호서대학교는 나에게 삶 자체였고, 삶의 전부였다.

강일구 교수와 나

1992년 가을, 강일구 박사가 호서대학교에 신학과 교수로 부임하였다. 강석규 총장님의 맏아들이라 하였다. 총장님의 부친께서 내 할아버지와 그리 연(緣)이 깊으셨다는데, 그렇다면 강석규 총장님의 가문과 우리 집안이야말로 삼대(三代)에 걸친 인연이 아닌가.

나는 1997년과 1998년 2년 동안 아침기도회 총무를 맡았다. 천안캠퍼스와 아산캠퍼스의 교수들이 함께 모여 아침기도회를 하던 시절이었다. 그 기간 중 교목실장이 바로 강일구 교수였다. 월요일부터 금요일까지 아침마다 하루도 빠짐없이 기도회에 참석하여 교수들의 영적 성장을 위해 간구하는 모습이 감동이었다.

특별히 두 개의 기억이 내게 선명하다. 어느 날인가, 기도회에 참석한 한 교수가 교리적으로 고개를 갸우뚱하게 하는 발언을 하였다. 그때 강일구 교목실장은 일절 타협 없이 강하고 엄한 어조로 잘못된 교리를 반박하며 올바른 교리를 변증하였다. 평소에는 한없이 인자하였지만, 초대교회 당시처럼 잘못된 교리에는 단호하게 맞서시는 진정한 성직자의 모습이었다.

또 한 번은 어느 날 어떤 교수가 교수의 승진에 요구되었던 교회 출석 문제에 대하여 자의적인 해석을 들고나왔을 때다. 그때 강일구 교목실장은 1시간 넘게 집요하게 토론하면서 그의 잘못된 주장을 반박하였다. 그리고 올바른 신앙과 교회 출석을 권면하였다. 교수들이 싫어하는 줄 알면서도 호서대학교가 올바른 신앙으로 나아가기를 원했던 것이다. 그는 그렇게 올바른 성직자의 모습을 보여주었다.

그러나 강일구 교목실장이 그저 강경한 보수 신학자인 것은 결코 아니었다. 어릴 적부터 보수적인 교회에 출석하면서 신앙도 보수적이었던 나에게 강일구 교수는 그런 신앙의 위험성에 대해서도 조언해 주었다. 그리고 다양한 신학적 해석에 대해서도 자주 말씀해 주었다.

나와 강일구 총장

2003년, 호서대학교는 산업자원부의 지역혁신센터(RIC) 사업에 선정되었다. 우리 대학에는 오랫동안 큰 국책사업이 없었는데, 지역혁신센터의 사업 유치는 학교의 큰 경사였다. 책임자였던 나는 나름 책임감을 갖고 열심히 일을 하려 했다. 이듬해 2004년, 강일구 교수는 호서대학교 총장으로 취임하였다.

의욕이 앞섰던 나는 과감하게 기존의 공간을 정리하고 확장하기도 하였다. 이 일로 나는 담당 행정부서와 큰 마찰을 겪게 되었다. 나로서는 이 정도의 일은 반드시 수행하여야 한다고 판단하였다. 그러나 행정부서는 지역혁신센터와 관련한 일체의 일들을 중지시켰고, 설상가상으로 외부 업자들도 전원 철수하였다. 참으로 난감한 일이었다.

나는 강일구 총장을 면담하였다. 강일구 총장은 나와 행정 담당 책임자를 다음 날 아침 9시에 한 자리로 불렀다. 거기서 행정 책임자는 지역혁신센터 건물의 세부 사진을 제시하며 나의 불법성을 자세하게 설명하였다. 나는 몹시 당황하였다. 이때 강일구 총장의 지시와 당부는 두 가지였다. 첫째, 행정부서는 일이 제대로 추진되도록 도와주는 곳이지 중지시키는 데가 아니다. 그리고 문제가 있다고 판단될 때는 절차를 밟아 추진하도록 해야지 이렇게 하는 것은 일을 방해하는 것이다. 둘째, 지역혁신센터도 이후에는 철저히 절차를 따라 작업을 해야 하고 행정부서와 상호 긴밀하게 협조해야 한다.

이상은 긴 세월의 경험에 대한 짧은 에피소드다. 하지만 그것은 나의 나 됨을 성찰할 좋은 기회였다. 강일구 총장님께선 분명 신학자로서뿐 아니라 행정가로서 타인의 모범이 될 만하시다. 그 모든 것은 설립자이신 강석규 총장님 내외분으로부터 받은 것이고 강일구 총장 당신의 생의 경험을 통해 학습한 지혜이기도 하다. 나의 나 됨 또한 나의 조부과 부친으로부터 받은 것이 기본이다. 하지만, 내가 호서대학교에 부임한 이래, 강일구 총장님에 이르도록 삼대에 걸쳐 형성된 가문의 유산에 대한 나의 경험에 있기도 하다. 지금 내가 호서대학교 연합신학전문대학원에서 기쁨으로 신학과 사역을 연마하는 것도 바로 이런 유산 위에 있음이 틀림없다.

4. 힘들고 궂은일을 자처한 친구

김성식

(호서학원 이사, 호서복지재단 이사장)

나와 일구는 서울사대부고 15회 동기 동창이다. 우리가 고등학교를 다닐 때(1960~1962)는 방과 후 과외활동이 활발했다. 과외활동을 통해서 본인들의 특기를 발견하고 발전시키는 기회도 되었고, 동창들과 더 깊은 우정을 나눌 수 있었다. 나는 청소년적십자반(JRC) 활동을 통해서 일구와 친하게 되었다.

우리는 대한적십자사에서 주관하는 청소년 관련 행사와 교육 연수 프로그램에 참여했다. 학교에는 30분 일찍 등교하여 학교 주변을 청소했고, 토요일 오후가 되면 학교 화장실을 청소했다. 고아원이나 양로원을 방문하여 위로하고 봉사활동을 하기도 했다.

가장 기억에 남는 활동은 방학 때 다녀오는 농촌 봉사 활동이다. 강원도 원성군 신림면의 신림국민학교에 캠프를 차리고 오전에는 여름방학학교를 개설하여 학생들에게 예체능 과목을 가르치며 레크리에이션을 지도했다. 오후에는 감자 캐기, 도배하기, 마을 하천 징검다리 보수 등으로 봉사 활동을 하였다. 저녁이 되면 마을 아주머니들에게 한글을 가르치는 야학반을 운영하였다. 10여 일 간의 봉사 활동 중 마지막 밤에는 학생들과 주민들을 초대하여 작은 학예회를 개최하고, 그동안 공부한 노래와 율동 등으로 즐거운 시간을 가졌다.

일구는 평소 조용한 성격에 과묵했다. 그러나 봉사 활동을 할 때는 언제나 앞장서며 솔선수범하였다. 특히 농촌 봉사 활동 중, 예를 들어 마을 하천을 보수할 때면, 무거운 돌을 들거나 짐을 옮기는 등 힘들고 궂은일은 언제나 일구 몫이었다. 그래서였는지 일구는 JRC 여학생들 사이에서도 단연 인기가 좋았다.

신림국민학교와는 방학 동안의 봉사 활동으로 끝나지 않았다. 자매결연을 맺어 지속적으로 후원을 하였다. 그쪽 아이들은 매년 서울로 수학여행을 왔고, 우리는 아이들을 안내하여 서울 구경을 시켜 주었다. 밤이 되면 한 명씩 나누어 홈스테이를 제공하였다. 아이들의 서울 여행은 개교 이래 처음이었다고 한다. 돌이켜 보면, 먹고 살기조차 힘든 어려운 시기였다. 그러나 JRC 활동을 통하여 정말 사랑과 봉사 정신으로 따뜻한 마음을 나누고 베풀던, 아름다운 추억이다.

고등학교를 졸업한 후 참으로 긴 세월이 흘렀다. 그날의 우정 때문인가. 나는 강 총장의 배려로 현재 학교법인 호서학원의 이사다. 그리고 '효자의 집' 등 노인 전문 복지 시설을 운영하는 호서복지재단의 이사장으로 봉사하면서 보람 있는 노년을 보내고 있다. 2011년엔 JRC 여자 동창 십여 명과 함께 호서대학교로 강일구 총장을 방문하기도 하였다. 요즈음도 남녀 동창들이 나에게 강 총장의 안부를 묻곤 한다.

5. 남루한 코트 자락의 훈훈한 우정

백정현

(보성전자 회장)

나는 서울사대부고를 강일구와 같이 다녔다. 내 기억에 일구는 언제나 조용하고 옅은 미소를 띠는 친구였다. 나는 특별 활동으로 유도반에 들어갔다. 일구도 거기 있었다. 하지만 난 체력이 안 되어서 취주악반으로 옮겼다.

1961년(고 2) 어느 겨울날, 일구네 집에 놀러 갔다. 평생 잊을 수 없는 추억이 그날 생겼다. 공부 잘하는 일구에게 뭘 물어보려고 일구 집에 간 것 같다. 저녁까지 머물다가 감사하게도 어머니께서 차려 주시는 밥을 맛있게 먹었다. 한참을 더 놀다가 돌아오려는 참이었다. 나는 집안이 넉넉지 못하여 겨울철 코트가 없었다. 물론 집안 형편도 그랬었지만, 그 시절은 코트를 입을 수 있는 사람이 별로 없었다.

겨울철 저녁이니 밖은 추웠다. 따뜻한 집 안에 있다가 밖으로 나오니 더욱 으스스하고 어깨가 절로 움츠러들었다. 그런데 일구가 우물쭈물하더니만 벽에 걸려 있는 코트를 슬그머니 내 어깨에 걸쳐 주었다. 코트가 낡은 것이, 근검절약이 몸에 배신 아버님이 입으시다가 안 입으시는 것 같았다. 추운 겨울 저녁 어스름할 때 집에 가겠다고 밖으로 나서는 내 모양이 추워 보였던 것이다. 어쨌든 일구 덕에 따뜻한 코트를 걸치고 집으로 왔다. 그 길에 난 몸도 맘도 꽤나 훈훈했다.

며칠 후, 학교에서 집으로 가려는 참에 어디선가 일구가 나타나 내

옆으로 다가왔다. 이런저런 몇 마디를 나누고는 헤어지려 하였다. 그런데 일구의 표정이 야릇해졌다. 전에는 한 번도 본 적 없는 표정이었다. 아무 말도 못 하고 그저 쭈뼛쭈뼛할 뿐 난처한 표정만 짓는 게 아닌가. 도대체 이 친구가 왜 이런단 말인가. 의아했는데, 일구가 말없이 내 소맷자락을 슬쩍 잡아끌었다. 그때서야 대강 눈치를 챘다. 아하, 코트 이야기로구나. 내가 물었다. "왜, 그 코트 다시 돌려 달라고? 진작 말하지, 그랬어. 알았어….”

　나중에야 들었다. 일구 아버님께서는 댁에서도 각종 실험을 하셨단다. 그런데 실험장비의 배터리가 동절기에는 충전이 잘 안돼서, 배터리 보온용으로 사용할 낡은 코트를 찾으셨다고 한다. 낡은 코트를 찾으시는 엄하신 아버님과 춥게 지내던 친구 사이에서 말도 못 하고 우물쭈물하던 일구를 상상하니 너무 고맙고 재밌었다. 일구는 그렇게 며칠을 끙끙 앓다가 겨우 나를 만났다. 하지만, 차마 입도 떼지 못했다. 내가 기억하는 일구는 이렇게 심성이 어진 사람이었다.

6. 영원한 청년, 일구 내 친구

신박제
(세계상의연맹 부회장, 아틀란타/아테네올림픽 한국선수단 단장)

1966년 뜨거웠던 여름, 나는 평택의 미 8군 802 공병대대에 입대하였다. 그때 거기서 난 강일구 상병을 처음 만났다. 나와 동갑내기인 강 상병은 영어 구사가 유창했다. 품성도 부드러웠다. 그는 모든 면에서 타의 모범이 될 만했다. 강 상병은 이윽고 대대 중대장의 운전병으로 선발되었다. 나중엔 병장 계급을 달았다. 그리고 67년 11월 제대했다.

내가 입대한 첫날부터 강일구 병장님이 제대한 그날까지, 우린 1년 5개월간이나 군 생활을 함께했다. 우리는 친구가 되어 매우 가깝게 지냈다. 외박이라도 나가면 나는 북아현동으로 강 병장님 댁을 들렀다. 그러면 어머님께선 우릴 반기며 친히 맛있는 음식을 요리해 주셨다.

안성의 아름다운 그녀

어느 날 강일구 병장이 날 불렀다. 다짜고짜 안성에 놀러 가자는 것이다. 안성엔 왜? 의아해하는 나에게, 잔말 말고 따르라 한다. 외출증을 받아 곧장 안성으로 향했다. 병장님이 버스 간에서 폼 잡고 말했다. 일주일 전, 북아현동 본가에서 주말을 보내고 부대로 복귀하는 길이었단다. 평택 가는 버스에 올랐는데, 아 글쎄 바로 옆자리에 미모의 여성이 앉아 있는 게 아닌가. 첫눈에 반한 그 사람과 많은 이야기를 함께 나눴다. 그러니 이제 그 사람을 보러 가는 거라고….

안성에서 내려, 마침내 그 사람을 만났다. 긴 생머리에 원피스를 입고 나왔다. 과연 병장님이 한눈에 반할 만도 하였다. 우린 금광저수지로 가서 즐거운 시간을 함께 보냈다. 시간이 더욱 흘렀다. 병장님은 제대하였고, 그 후에도 그 사람을 종종 만난 것 같다.

그런데 어느 날 일구에게서 연락이 왔다(병장님이 제대했으니, 이젠 상관이 아니고 친구다). 친구가 전한 충격적인 뉴스는 그 여자가 시집을 간다는 것이었다. 일구는 그 여자를 위해 마지막 선물을 준비했다. 고민 끝에 지구본 크기의 FM/AM 라디오를 직접 제작한 것이다. 통나무 속을 파내고 회로판을 넣었다. 밖에는 매끄럽게 손질한 후 채널과 볼륨의 손잡이를 달았다. 완성된 라디오엔 정말 친구의 긴긴 시간과 정성이 가득하였다.

일구가 급히 연락한 것은 자기와 함께 안성의 그 여인을 찾아가 선물을 전달하자는 것이었다. 우린 다시 안성으로 갔다. 집에 당도하여 대문을 두드리니 일하시는 아주머니가 나왔다. 하시는 말씀이 그녀는 집에 없다는 것이다. 우리는 지구본 라디오를 전해 주시라 부탁하고 집을 나왔다. 다시 금광저수지로 달려가 술 한 잔씩 마시며 허전함을 달랬다. 나중에 들은 말로는, 그 여인에게 연락이 와서 두 사람은 마지막으로 만나 서로의 행복을 빌었다는 것이다. 짧지만 수채화처럼 순수하고 아름다웠던 추억이다.

때로는 파출소에 감금되기도…

강일구 병장의 보직을 이어받은 사람은 바로 나였다. 나 또한 제대하는 날까지 미군 중대장의 Jeep 차를 운전하였다. 가끔 중대장은 미 8군 용산본부에 회의가 있어 서울에 갔다. 서울에 갈 일이 있으면 나는 중대장을 내려드리고 곧바로 북아현동의 친구 집으로 갔다. 거기서 종일 일구와 함께 지내다가 저녁이 되면 중대장을 모시고 평택으로 복귀했다.

그러면서 난 군에 있을 땐 몰랐던 사실을 알게 되었다. 일구는 학창시절에 아마추어 무선사였다. 무선 통신사 1급 자격증(14 Mega Hz)을 따서 전 세계 아마추어 무선인들과 교신하였다. 그리고 이를 통해 전 세계의 뉴스를 방송국보다 먼저 접했다. 지붕 위에 설치한 안테나가 얼마나 거대했는지 지금도 기억이 생생하다. 그 당시 친구는 학생 신분이었지만, 몇 번이나 간첩으로 오해를 받았다. 조사도 여러 번 받았고, 때로는 파출소에 감금되기도 하였다. 그럼에도 일구는 본인이 하고자 하는 것은 결코 포기하지 않았다. 친구의 그 시절 그 모습이 지금도 내 눈에 선하다.

순수하고 열정적이며 주변 사람들에게 늘 최선을 다하던 친구의 모습은 예나 지금이나 변함이 없다. 영원한 청년, 일구 내 친구가 벌써 희수를 맞는다. 나의 영원한 절친 강일구 총장님! 희수를 진심으로 축하드립니다.

7. 아마추어 무선사들의 반백 년 신앙 여정

이기창

((주) 알앤오시스템즈 CTO, 여의도순복음교회 원로장로)

세계를 향하여 전파를 쏴라!

1968년 봄, 나는 '취미의 왕'이라던 아마추어 무선(Amateur Radio)에 미쳐 우리 대학교에 아마추어 무선 클럽을 설립하려고 수업도 빠져가며 몇몇 친구들과 분주하게 뛰어다녔다. 드디어 창립총회를 개최했는데, 150명 정도나 모였다. 나와 발기인들은 사실상 임원을 내정하고 총회를 진행하였다.

그런데 과반을 차지한 전자공학과 2학년 학생들이 돌연 쿠데타를 일으켰다. 강일구를 총무로 추천한 것이다. 당시 강일구는 한 학년 아래였지만 복학생이었고, 나는 3학년이었지만 현역이었다. 결과적으로 강일구가 나보다 3년이나 위였다. 우리는 3학년 위주로 회장단을 구성하려던 터라 크게 당황스러웠다. 쿠데타를 막을 수는 없었다. 나는 각본대로 회장이 되었지만, 강일구는 압도적인 지지를 받아 총무가 되었다. 그만큼 그는 학우들 사이에서 인정을 받았다.

우리는 열정과 패기로 진취적인 노력을 한 결과, 설립 첫해에 동아리 등록하였고, 가장 어려운 공간 문제를 해결했다. 학교에서 가장 높은 건물 꼭대기에 동아리 활동실을 확보함으로써 하늘로 전파가 잘 퍼져 나가게 한 것이다. 그리고는 대한민국 정부 체신부로부터 HMΦC를 국제호출부호로 따냄으로써 아마추어 무선국의 허가를 받았다.

대한민국 대학의 역사상 두 번째 일이었다.

그해 여름방학 때였다. 대학생 6명이서 아마추어 무선 통신국의 무거운 무선 송·수신기 장비들을 둘러메고 출정에 나섰다. 낡은 시외버스를 바꿔 타며 포항 해수욕장과 경주 토함산으로 갔다. '무선통신 원정'(Radio-expedition)을 떠난 것이다. 우린 HM9A라는 호출부호로 대한민국의 동쪽 끝 영일만과 토함산에서 밤새워 전 세계를 향해 전파를 발사했다. 그렇게 해외의 수많은 아마추어 무선사들에게 음성통신 및 모르스부호 전신신호로 대한민국을 알리며 홍보했다. 대한민국 역사상 처음 있던 일이다.

우린 유·무선통신이 흔치 않던 시절에 이렇게 해외 여러 나라와 교신하는 기록을 세웠다. 대한민국 대학 중 두 번째로 동아리 방에 안테나를 세웠다. 학교의 지원 없이도 돈을 갹출하고 장비를 구입하여 제법 아마추어 무선 통신시설을 갖추었다. 이 모두를 첫해에 다 이루었는데, 이는 도전과 열정과 패기의 결과였다.

20대 젊은 날의 그 뜨거운 열정과 성취는 결코 잊을 수 없다. 아무리 어려운 일이라도 일이 되도록 밀어붙이는 강일구의 힘이 큰 몫을 했다. 나는 한양대학교 아마추어 무선클럽(HUARC: Hanyang University Amateur Radio Club) 초대 회장을 역임한 뒤 4학년 1학기를 마치고 군에 입대했다. 강일구는 3대 회장을 맡으면서 많은 발전을 이룩했다.

어머니의 기도로 그도, 나도 변하다!

여름방학이 끝나고 가을학기가 되었다. 그런데 개학 후 학교에서 만난 일구 형은 갑자기 딴사람이 되어 있었다. 그 호탕불기(浩蕩不羈)는 완전히 사라졌다. 눈빛이 바뀌었고, 말투도 달라졌다. 품행은 거룩해졌다. 그렇게도 즐기던 술, 담배는 완전히 끊어버렸다. 호탕하던 성격은 돌연 진지하고 성스러웠다. 나는 사람이 그렇게 변하는 것을 처음 보았다. 갑자기 천사처럼 바뀐 학형의 metamorphosis에 깜짝 놀랐다.

나중에 들었다. 기독교 장로로 독실하셨던 아버님께서 큰아들을 하나님께 '주의 종'으로 바치려고 기도를 많이 하셨단다. 그해 여름방학 때 2주간이나 기도원에 보내졌는데, 거기서 변화를 받아 새 사람으로 중생(重生)한 것이다.

얼마 후 자당(慈堂)께선 내게 교회 출석을 권유했다. 알고 보니, 평양대부흥 시절 내 조부께서도 집안에 종교 개혁을 일으켜 돌연 기독교로 개종하신 집안이었다. 그러나 나의 부친은 6.25 참전 장교로서 엄정한 군인 정신과 군대 생활로 인하여 신앙이 흐릿해졌다. 나 또한 교회라곤 친구 부모를 따라 몇 번 출석한 정도였다. 기독교에 대해 호감은 가졌으나 신앙은 전혀 몰랐다.

추천받은 교회는 1968년 당시 서대문에 있던 조용기 목사님의 순복음중앙교회였다. 나는 그때 교회에 나가기 시작하여 현재까지 50년째 출석하고 있다. 신앙이 성장하고 32년간 교회학교 교사와 장로회 부회장으로 봉사하였고, 이제는 원로장로로 추대되었다. 그래서 예수 그리스도께 인도해 주신 일구 형의 부모님이야말로 내 생애 결코 잊을 수 없는 고마운 분이다.

이상적이고 모범적인 기독교 가정

군복무를 마치고 1970년대 초반 나는 삼성그룹에 입사했다. 초신자로서 그리스도 앞에서 추악한 나를 발견하며 은혜를 받기 시작했다. 전자공학과를 졸업해 취업까지 했다가 성직자의 길로 들어서 신학대학에 진학한 일구 형은 내 신앙의 멘토로서 교류를 지속했다. 학창 시절부터 일구 형네 집을 자주 드나들면서, 모범적인 기독교 가정을 처음 보았고 큰 감명을 받았다. 저녁에는 가족들이 모여 가정예배를 드렸다. 그때 막 일구 형의 춘부장(春府丈)께서 대성중고를 설립해 어렵게 운영하시던 때여서, 더욱 믿음과 기도로 학교를 이끄시던 것이 보였다. 나는 젊은 시절 이 가정을 보고 그런 이상적이고 멋진 기독교 가정을 꾸리겠다고 다짐했다.

어느 날 대낮에 일구 형네를 방문한 적이 있다. 자당께서 부군을 모시고 2층에 있던 아들의 방을 둘러보려고 올라오시는 것이었다. 자당은 큰 소리로 "일구야! 대통령 올라가신다" 예고하셨다. 마치 대통령을 모시듯 어머님은 아버님 뒤에서 수행하며 올라오셨다. 자당께서 부군을 그렇게 모심을 보고 나는 무척 감동했다. 이렇게 기독교

가정의 아름다움과 부부지간의 이상을 목격했다. 일구 형의 어머님 이야말로 온 가족을 믿음으로 이끌고 가정을 화목하게 하신 훌륭한 분이시다.

맨손으로 호서대학교를 설립하신 선대인(先大人)께서는 자녀분들이 스스로 독립심을 갖고 바르게 살도록 철저히 자립성으로 가정을 이끄셨다. 그러기에 일구 형이 대학 시절 피를 뽑아 팔아 전자부품을 사는 불상사(?)도 벌어진 것이다. 미국 유학 시에도 아버님의 금전 지원이 일절 없어서 어렵게 학위를 하였다고 들었다. 이렇듯 그 가정의 가풍은 강직하고, 정도를 취하고, 바르게 살며, 하나님을 잘 섬기던 세상에 보기 드문 집안이었다. 나는 젊은 시절 일구 형의 집에서 이 시대 '신앙 명문가'의 참모습을 발견하고 크게 감명을 받았다.

강일구 총장님은 내 인생에서 그리스도를 만나게 한 귀한 사연이 있다. 인품을 매우 존중하는 귀중한 학형이고 동반자요 터프한 인생 길의 벗이었다. 어언 50년의 친교에 감사를 드린다. 강일구 총장님! 아니, 일구 형! 하나님께서 우리를 부르시는 날까지 서로 건강한 가운데 자주 만납시다.

2

신앙과 신학의 길
[1969~1977]

8. 은혜 충만했던 구도자 강일구

황우철

(광복교회 원로목사)

강일구와 광복교회

강일구는 나보다 두어 살 연장이나 그와 나는 목사 안수를 받기 전까지 오랜 시간 신앙생활을 함께한 친구다. 그리고 그의 외할아버지는 군산 복음교회를 개척하신 박지철 장로님이시다. 당시 천국복음기도제단(지금의 서울 광복교회)의 김옥순 원장께서 군산 복음교회에서 부흥회를 인도하셨다. 부흥회를 인도하시던 김옥순 원장께 안수기도를 받은 박지철 장로님은 자신이 50일 후에 천국 가신다는 기도 응답을 받았다. 구국 지사셨던 박지철 장로님께서는 거처를 서울 광복교회로 옮기시고 기도에 전념하셨다. 하늘나라로 가시기 전 온 가족들을 모아 3일간 집회를 하시고 온 가족이 믿음으로 살라고 격려하셨다. 1969년 2월 26일 오후에 박지철 장로님은 천사들이 나를 데리러 오셨다며 천국의 꽃밭이 참 아름답다는 말씀을 남기셨다. 그리고 온화한 미소와 함께 조용히 천국으로 가셨다. 이후 강일구는 김옥순 원장의 권고에 따라 교회에 출석하기 시작했다. 이렇게 하여 그는 광복교회와 인연을 맺었다.

구도자 강일구

집사로서 회개 운동, 성령 운동, 성결 운동, 구국 운동, 부흥 운동을 하시던 김옥순 원장이 개척한 광복교회는 강남 신사동에 있었다. 이때는 제3한강교가 놓이기 전으로 강일구는 불광동에 살았는데, 그는 주일마다 새벽에 버스를 타고 한남동 한강나루까지 와 나룻배로 강을 건너 걸어서 천국복음기도제단에 왔다. 제단 주위도 개발되기 전이어서 복숭아밭, 채소밭 등이 있고, 집이 띄엄띄엄 있었다. 강일구는 제단에 출석하면서 먼저 성경 66권을 밤낮없이 한 주간에 다 읽었다. 그때 그는 변했다. 그는 교회에 있는 동안 끊임없이 기도하고 열심히 집회에 참여했다. 나중에는 아예 교회로 거주지를 옮기고 거기서 학교를 다녔다. 집회가 있을 때마다 그는 열정적으로 사회석 탁자를 치면서 큰 소리로 박자에 맞춰 찬송을 인도하니 목소리가 쉬어 성한 날이 별로 없었다. 성령이 충만했던 그는 방언, 신유, 예언, 지혜의 은사가 넘쳤다. 사람들은 그의 공학도적인 신선한 새벽 설교에 매료되었고, 그에게 기도 받기를 청하곤 했다.

그는 특이하게도 후후 불면서 안수 기도를 했다. 기도 후에 병이 치료되고, 정신 이상자가 온전해지고, 많은 사람이 성령 체험을 했다. 왜 후후 불면서 기도하느냐고 물었더니, 기도할 때 이상한 벌레가 기어 다니는 것이 보여 후후 불면 벌레가 죽는다고 대답했다. 예배를 마친 후에는 강단 앞에서 몇 시간씩 무릎 꿇고 기도했는데 때로는 며칠씩 기도했다. 사람들은 그런 그를 보고 한마디씩 했다. 기도할 때 헬리콥터가 날아가는 소리가 난다고 헬리콥터 전도사라고 부르기도 했다. 그의 이런 기도는 은혜를 사모해 교회에 온 청년들에게 구국 기도 운동의 불을 지폈다.

성령 충만의 결과

새해가 되면 광복교회 교인들이 강원도 철원에 소재한 대한수도원에 가서 신년 기도회를 하곤 했다. 열심히 기도하던 강일구는 성령 충만할 때 모인 사람에게 안수도 했다. 예언, 방언, 신유 은사로 많은 사람이 죄를 회개하였고 은혜를 받아 기뻐했다. 성령의 불이 활활 타 기도원이 소동이 날 지경이었다. 이런 성령 충만함은 계속 이어져 회개 운동을 일으켰다. 교회만 아니라 민족을 대표해서 회개해야 한다는 사명감에 불타 있었다. 그래서 강일구와 청년 4명이 회개한다는 의미로 옷을 뒤집어 입고 한라산에 올라 백록담 주위를 7바퀴 돌면서 민족을 대신해 회개했다. 당시엔 한라산 꼭대기에 오르려면 7시간 가까이 걸어 올라가야 했었는데, 새벽 3시에 밥을 솥 채 짊어지고 올라갔었던 기억이 난다.

성령 충만했던 그를 이야기하면서 길거리 전도를 이야기하지 않을 수 없다. 방학 때가 되면 그는 목포나 부산으로 기차로 내려갔다. 거기에서 배를 타고 제주 제단으로 갔다. 길거리로 나가 전도했는데 주로 동료 이종운 전도사와 나와 함께 손 확성기로 예수 믿으라 외치고 북을 치면서 전도했다. 그러면 동네 아이들이 줄줄이 따라다녔다. 제주 시내 시장과 골목을 거의 다 누볐다. 목이 쉬어 말이 나오지 않을 때까지 전도했다. 이렇게 해서 교회에 온 사람은 대부분 아이들이었다. 어른도 몇은 있었다. 그중 글을 모르는 사람들에게 글자를 가르치는 것은 강일구의 몫이었다. 더 나아가 성경 찾는 법과 찬송가를 부를 수 있도록 도왔다. 서울에서 선생님이 오셨다는 소문이 나고 사람들이 꾸역꾸역 교회로 몰려왔다.

1970년대 초 신자들이 늘어나면서 제주도 동문통 남수각 꼭대기 절벽 근처에 있던 제주 제단(지금의 회복교회)이 시급히 개축해야 할 일이 생겼다. 70일 안에 끝내야 했다. 교회로서는 긴급한 상황이었다. 그때 강일구의 모친이신 박은애 장로님께서 교회 건축이 먼저라며 대성중·고등학교 건축에 사용하려던 건축 자재들을 급하게 공급해 주셨다. 그래서 교회 개축을 기한 내에 끝낼 수 있었다. 그 무렵 아침저녁으로 기도에 전념하시던 박은애 장로님은 '네 남편이 계획하는 일을 진행하라'는 기도 응답을 받았다. 그 기도가 열매를 맺어 강일구의 부친이신 강석규 장로께서 인재 양성 기관인 호서대학교를 설립하게 되었다.

9. 마음이 따뜻하고 눈이 밝은…

이신복

(서울제일교회 원로목사)

"CQ CQ CQ. 여기는 HM1GH 호텔. 멕시코 넘버원 조지헨리 HM1GH…." 이것은 대한민국 정부로부터 인가받아 전 세계와 교신 하던 콜싸인(호출부호)이다.

전기공학도와 아마추어 무선사

사실 나는 원래 전기공학도였다. 1960년 4월 1일이 입학일인데, 그달 19일에 4.19가 터졌다. 광풍은 내가 입학한 경북대학교에도 몰 아쳤다. 공과대학 설립의 계획을 세우고 추진하던 총장님은 쫓겨났 고, 새로운 총장이 부임했다. 공대는 하루아침에 없어졌고, 우린 문리 대 안에 물리학과가 되어 버렸다.

누군가가 이야기했다. 목사 될 사람이 그 학교를 가니 공대가 없어 져 버린 거라고…. 내가 무슨 요나라도 된 것처럼 말하였다. 여하튼 이렇게 저렇게 해서 ROTC 제2기로 임관하여 기갑장교로 군복무를 하였다. 전역해서는 교편을 잡았다.

그러던 중 목회하시던 선친께서 소천하셨고, 나는 강한 소명을 경험하게 되었다. 1971년, 나는 드디어 서울신학대학에 입학하였다. 일반대학을 마치고 온 사람들은 '본과'로 따로 뽑았다. 그렇게 본과로 들어온 사람이 다섯 명이었고, 나와 강일구 전도사가 그 중에 속했다. 그래서인지 우린 남다른 친밀감과 동질감이 있었다. 더욱이 우린 똑같이 공대생 출신이 아닌가? 그것도 똑같이 전기공학 전공….

어느 날 강일구 전도사가 부탁했다. 집에서 성능이 좋은 새것으로 안테나를 교체할 텐데, 좀 와서 도와주겠냐는 것이었다. 강 전도사는 위의 콜사인을 이용하여 전 세계로 전파 메시지를 날려 보내던 아마추어 무선사(HAM)였다. 우리 몇 명이 친구의 집으로 갔다. 담장 위에 안테나를 설치하는 일은 별로 어렵지 않았다. 안테나를 설치한 후 방에 들어가서 무선기기를 켜고 새 안테나를 시험했다. 그런데 그게 끝이었다. 너무 빨리 끝이 났다. 그 사이에 어머님께선 푸짐하게 점심 식사를 차려 놓으신 게 아닌가. 모두 가난했던 시절인데, 너무 잘 먹었던 기억이 생생하다. 생각해 보니 안테나 교체를 구실로 삼아 춥고 배고픈 친구들을 잘 먹여 주려는 깊은 뜻이었나 보다.

삼십구 일 금식 기도를 마치고…

1974년 10월 가을날이었다. 신학교를 졸업한 후 어느 작은 교회에 전도사로 있다가 사임하게 되었다. 그 후 나는 하나님의 강권하심으로 가족과 함께 한얼산기도원에 들어가 39일 동안 금식을 하였다. 막상 금식은 마쳤는데, 갈 곳이 없었다. 무엇보다도 기력이 없어 하산할 길이 막막하였다. 그때 아내가 기도하며 한얼산 입구 큰길까지 내려갔다.

공중전화 BOX 속으로 들어서니 떠오르는 사람은 오직 강일구 전도사였다. 그래서 전화를 걸었는데, 강 전도사가 반갑게 전화를 받았다. 강 전도사는 차를 몰고 그 험한 길을 달려 기도원 입구까지 올라왔다. 강 전도사의 일정은 바빴고 길은 거친 자갈길이었지만, 기꺼이 도움의 손길을 폈던 것이다. 강 전도사는 일단 우리 세 식구를 자기 집에 내려놓고 급히 나갔다. 그렇게 바쁜 중에도 우릴 집으로 데려간 것이다.

어머님은 정말 따뜻하셨다. 어디 다른 데 가지 말고 우선 며칠이라도 여기 머물면서 몸조리를 하라고 말씀하셨다. 감사하게도 어머님의 배려에 며칠 동안을 머물며 식사도 하고 몸을 회복할 수 있었다. 그 어느 날 아침 일찍 아내가 부엌에 나가서 내 먹을 것을 준비하고 있었다. 어머님께선 아내의 이런 모습을 보시고는, 우리도 이런 며느리를 얻어야 되는데… 이렇게 말씀하셨다. 그때 강 전도사는 총각이었지만, 두 달 후 어머님의 바람대로 지금의 사모님과 결혼하였다.

강일구 총장은 언제나 고마운 사람이다. 마음이 따뜻하고 눈이 밝아 남의 필요를 잘 알아보고 또 채워 준다. 뉴욕에 갔을 땐 공항까지 달려 나와 반겨 주었다. 그런데 생각해 보니, 나는 강 총장에게 해 준 게 없다. 그저 멀리서 기도로 밀어줄 수밖에…. 친구, 고마워! 그리고 77세 생일을 축하해!

10. 희수의 강에 띄운 우정의 편지

이현수

(분당영진교회 원로목사)

추억의 강물 위에

신학생 시절부터 맺게 된 우정이 오늘에까지 이어져 왔다. 서로가 서로에 대해서 격의(隔意)를 두지 않았기에 자연스러운 관계를 이어왔으니 감사하다. 강 박사는 자신의 특별함을 내세우지 않으며 자연스럽고 평범함의 일상을 소중하게 여긴다. 그러기에 능력에 있어서는 탁월하지만 평범한 일상을 즐길 줄 안다. 그러한 강 박사가 희수에 이르렀다고 하니 세월의 강물이 빠르게 흐름을 새삼 느낀다. 동시에 아쉬움을 금할 수가 없다. 그래서 지금도 흐르고 있는 세월의 강물 위에 우정의 배를 띄워 본다.

친구라면 수준이 맞아야 하고 수평으로 마주 대할 수 있어야 자연스럽고 편하다. 그러나 나에게 있어서 강 박사는 올려다보면 고개가 아플 만큼 부러움의 대상이었다. 그렇지만 그를 마주 대함에 장애물이 전혀 없었다. 자신의 높이를 앞세우지 않으며 상대의 낮음을 경시하지 않았다. 관계를 소중히 여겼다. 그래서 밤이 깊어가는 것도 잊고 속내를 열어 보이며 미래의 별들을 공유했다. 강 박사와 나 사이엔 추억이 이렇게 쌓여만 갔다.

영성과 믿음

공대 출신으로 신학을 했던 그였기에 신학적 이론과 공학적 사고방식이 충돌할 수도 있었겠다. 그러나 그에게서 그러한 모습을 전혀 찾을 수 없었다. 왜냐하면 강 박사는 신학도로서 가져야 할 소명 의식이 확실했고, 체험적 영성과 순수한 믿음이 분명했기 때문이다.

그러한 영성과 믿음이 부모님의 영성과 믿음에서 기인하였음을 부인할 수가 없다. 따라서 부모님으로부터 내려받은 영성과 믿음이 그의 가슴에 흐르고 있음을 느꼈다. 그것은 부모님에 대해서 들려주었던 이야기 때문이다. 학교가 어려운 문제에 처했을 때에 부모님께서는 걱정 대신에 특별히 기도하셨다고 한다. 기도를 마치시더니 부모님은 아무런 걱정도 안 하시고 태평하셨다는 이야기였다. 이야기는 단순했지만, 부모님의 영성과 믿음이 순수했음에 대하여 공감하며 감동을 받았다.

그러기에 강 박사 역시도 어떤 문제에 직면하면 기죽지 않는 순수한 믿음을 보였다. 그리하여 문제에 기죽음이 없을 뿐만 아니라 기도로 문제를 기죽이고 믿음으로 당당할 수 있었던 것이다. 강 박사는 걸림돌을 극복하여 디딤돌로 삼았으며, 덫을 분별하여 덫을 부수었고, 불의의 함정을 의로 메웠으며, 올무가 올무 되지 못하도록 지혜롭게 처신해 왔다. 바로 이 점이 강 박사의 영성과 믿음이요 자랑스러움이다. 그러기에 크고 작은 파란을 넘어 오늘의 복된 항구에 이를 수 있었다.

그래도

특히 자신에 대해서는 엄격하지만, 관계에 있어서는 포용적 넓이를 가졌다. 그럼에도 강 박사에게 단점을 찾아내고 지적할 만한 것이 있는지를 슬쩍 생각해 보았다. 하지만 나의 단점들이 나의 눈을 가렸기 때문에 그의 단점들을 볼 수가 없었다. 그를 멀리 있어도 마주 보고 있는 것처럼 마음으로 볼 수 있고, 마주 보고 있으면서도 멀리 있음을 그리워하는 것처럼 그리움으로 볼 수 있기에 사랑의 진실을 피하지 않는다. 희수의 기념문집을 내는 강 박사를 올려다보면서 우정의 깊이를 다시 떠올린다. 그러면서 목사이며 학자이고 교육행정가인 강일구 박사가 사모님과 자녀·손들로 더불어 행복에 겹기를 기원하며 희수의 강물 위에 이 글을 띄운다!!

11. 선머슴의 손과 이별의 눈물

이학걸

(청암교회 원로목사)

미국에 갔을 때 나의 그리운 친구를 만나기 위해 나는 강일구 목사가 있는 뉴욕으로 날아갔다. 그때 강 목사의 손이 머슴의 손같이 엉망이 된 것을 보고 깜짝 놀랐다. 이유를 물었더니, 고학하며 너무 심하게 노동했기 때문이라고 했다. "아버지가 학비를 보내주시지 않니?" "아니야, 내 힘으로 노력해서 공부하려고 틈틈이 일을 하는 거야….." 그때의 일을 회상하며 내 마음이 심히 기뻤다. 이 친구 미국 갈 때 내가 돕기를 참 잘했구나….

가정생활의 두 가지 원칙

내가 구파발교회 전도사로 있을 때였다. 나는 교회를 개척하느라고 구파발 교회에서 나와야 했다. 나는 강일구 전도사를 구파발교회에 소개하여 미국에 갈 때까지 서로 친밀하게 지냈다. 이렇게 나와 강목사와는 학교 다닐 때부터 졸업 후 미국에 갈 때까지 참으로 가깝고 정다운 친구 사이였다.

강 목사가 유학 가기 전, 나는 종종 갈현동 강 목사의 집을 방문했다. 그런데 놀라운 것은 그 집에는 두 가지 원칙이 있었다는 점이다. 하나는 매일 가정예배를 드리는 것이었다. 물론 강 목사도 열심히 참여했다. 정규적인 가정예배와 성경 읽기의 강인한 의지야말로 강일구 목사의 가정이 놀라우리만큼 하나님의 복을 받게 한 것인 줄 굳게 믿는다.

그리고 또 하나는 매일 성경을 읽는 것이고, 밖에 나갔다 돌아올 때는 반드시 하나님께 감사하고 집안에 들어가는 것이었다. 현관문을 열면 바로 방이 있었는데, 반드시 그 방에서 감사의 기도를 드리고 자기 방으로 간다는 것이다. 강 목사는 이렇게 성경 읽는 일과 기도하는 일을 평생 했었던 것 같았다. 이것은 아버님께서 정하신 엄격한 규율이었다. 그때 아버님은 여의도순복음교회를 다니면서 장로직을 감당하고 있었다.

유학을 떠나던 날

강일구 목사가 미국으로 유학 갈 때의 일이다. 수개월 간 여권이 나오지 않자, 어느 날 강 목사는 나를 찾아왔다. 심히 낙심하면서 무슨 길이 없겠느냐 했다. 그때 마침 내가 아는 사람이 외무부에 있었다. 함께 찾아갔더니 유학생들은 돌아오지 않으니 나더러 보증을 서라고 했다. 그래서 그 자리에서 선뜻 보증을 섰더니 바로 여권이 나왔다. 얼마 후 강 목사는 미국으로 유학을 떠날 수 있었다. 나는 참으로 내가 보증 서주기를 잘했구나, 하는 보람을 느꼈다. 강 목사, 그날의 일을 설마 잊진 않았겠지?

1977년 8월 31일, 강 목사가 미국에 가던 날이었다. 많은 친구 중나 혼자만 공항으로 배웅을 나갔다. 탑승구가 열리자 강 목사와 아버님은 부자지간에 격하게 포옹을 했다. 아버님께선 포옹하면서 우셨다. 그 강직하신 아버님께서 아들을 안고 우신 것이다. 혹시, 큰아들을 영영 못 보게 될 줄 아셨을까. 그렇게 격정적으로 끌어안고 우는 모습을 보면서 나 또한 눈시울이 뜨거워졌다. 정말이지, 이것은 거의 오십 년 가까이 처음 공개하는 바, 신학교 동기생 중에는 나만 본 장면이다. 강 목사, 내게 강 목사의 비밀 많은 거 몰랐지?

아무튼 강일구 목사는 반드시 성공하리라, 성공하여 돌아오리라! 이런 믿음이 생기면서 나는 기쁜 맘으로 집에 돌아왔다. 강 목사도 강인한 결단과 노력으로 박사학위를 받고 고국으로 돌아왔다. 돌아와서 아버지를 이어 학교를 잘 운영하고 있다. 나는 강일구 목사의 이런 모습을 보면서 항상 마음으로 감사한다.

그런데 내가 이 글을 쓰면서 강 목사에게 친구로서 권고한다. 친구야, 너 바쁜 줄 나 안다. 그러나 동창회도 좀 나오고… 더러 친구들과 연락도 좀 하고… 그래라. 내가 너를 사랑하기 때문에 이런 권고를 하는 것이다. 나 말고 누가 너에게 이런 권고를 하겠냐. 너, 알지? 나와 최경호 목사와 동기생들이 지금도 너를 위해서 기도하는 거…. God Bless You!!!

12. 칸타타의 밤, 빛나는 눈빛

함춘호

(클래식 기타리스트, 서울신학대학교 교수)

구파발의 동화 같은 예배당

어린 시절 아버님이 하시던 사업이 어려워져 우리 집은 모든 것들을 서울에 내려놓고 갈현동 박석고개를 넘어 북한산 초입에 위치한 구파발로 이사 가게 되었다. 어린 나이라 세상 근심 걱정이 있을 리 만무한 상황, 새로운 곳에 간다는 설렘으로 가득한 나와 형을 태우고 서울과 경기도의 경계선을 넘어 달리던 버스는 구파발의 한적한 곳에 멈춰서 우리를 내려놓았다. 서울과 다른 공기의 냄새는 낯선 거리의 풍경과 함께 묘한 기분이 들게 하였지만, 마음 한편에서의 살짝 두근거림은 또 다른 설렘으로 다가왔다.

겨울의 초입에 들어선 계절은 그리 늦은 시각이 아니었음에도 이미 어둠이 짙게 내려앉기 시작했다. 코끝을 스치는 바람은 겨울이 멀지 않았음을 느끼기에 충분했다. 156번 버스 종점에서 내려 어린 걸음으로 10분 거리의 집으로 가는 길은 볼 것 가득한 세상이었고 호기심 가득한 나에겐 더없이 친근한 새로움으로 다가왔다. 집으로 가는 길 중간 즈음에는 당시 조경 사업을 하는 곳에서 판매용으로 심어 놓은 나무밭이 길 양쪽 가득 자리를 잡고 있었다.

달빛이 길을 밝혀 주기는 했지만, 사물을 살피기엔 턱없이 어두웠다. 그래도 두 눈을 크게 뜨고 연신 좌우를 살피며 새로운 풍경을 눈에 담기에 바빴다. 나무밭 한가운데에 소박하게 자리 잡은 작은 예배당과 그 위에 걸린 빨간 십자가 불빛이 눈에 들어왔다. 십자가의 불빛은 유난히 따뜻하였고, 가까운 곳에서 마주한 교회의 모습은 마치 눈앞에 펼쳐지는 동화의 세계 같았다.

구파발(정확히는 '못자리'로 불리었다)에서 대조동까지 버스를 타고 다니며 초등학교를 무사히 마친 나는 다른 친구들과 다르게 예술학교에 진학하게 되었다. 당시 내가 다니던 예술학교는 교복부터 다른 친구들과 달랐고, 그러한 이유에서인지 주위의 관심을 받게 되었다. 학교를 오가는 길에 위치한 구파발성결교회에 관심은 있었지만, 딱히 그 문을 두드릴 마음은 없었다. 3년 위였던 형은 당시 고등학생, 동네에서 자연스럽게 친구를 사귀게 되었고 나 역시 형의 친구들과도 친해지게 되었다.

형의 친구 중엔 구파발성결교회를 다니던 형도 있었기에 자연스럽게 그 교회에 대한 이런저런 이야기들을 듣게 되면서, 한번 가보고 싶은 마음이 조금씩 들기 시작했다. 지금도 그렇지만 자연스럽게 교회에 갈 때는 부활절이나 크리스마스가 아닐까? 당시 나도 크리스마스의 분위기를 빌어 자연스럽게 교회에 갈 기회가 생겼고, 노래를 조금 할 줄 안다는 이유로 크리스마스 칸타타를 준비하게 되었다. 구파발성결교회는 작은 교회였지만 내가 가지고 있는 작은 재능을 아주 크게 사용해 주었다. 나는 그렇게 교회의 한 구성원이 되어가고 있었다.

강일구 지휘자와 중학생 솔로이스트

당시 가족 같았던 교회의 구성원들은 때론 성가대원으로 때론 봉사자들로 많은 역할을 해내는 능력자들이었다. 어렸지만 나름 어른 성가대에서 열심히 찬양을 하던 나를 눈여겨보시던 강일구 전도사님이 크리스마스 찬양 중 한 부분의 솔로를 나에게 맡기셨다. 난 열심히 그 부분을 반복하여 연습해서 성탄절 전날의 칸타타를 무사히 마쳤다. 그날 날 대견한 듯 바라보셨던 강 전도사님의 눈빛을 잊을 수 없다. 나를 믿어주신다는 그런 마음 때문이었을까? 지휘자 강일구 전도사님에 대해 무조건적 신뢰하는 마음을 갖게 되는 시작이었음을 기억한다.

70년대 중반, 한국은 기독교 부흥의 역사로 여의도에 100만 인파가 모여 집회를 갖고 기도회를 하는 등 뜨거운 역사의 중심에 있었다. 교회의 청년들 그리고 중·고등학생들도 다양한 모임을 통해 성경을 공부하고 성령을 체험하는 역사가 많이 나타났다. 구파발성결교회도 당시 담임목사님이시던 박인병 목사님을 중심으로 강일구 전도사님이 교회에서 청년들의 정신적·신앙적인 멘토를 담당하셨다. 그런 여러 이유로 강 전도사님과 더욱 깊은 교류를 나눌 수 있었다. 지금 돌아보면 그때의 그 시간들이 어느 때보다도 마음이 풍성한 때가 아니었나 하는 생각이 든다.

그렇게 내 사춘기의 한 부분은 강일구 전도사님으로 채워져 있다. 멋진 목소리와 현란한(?) 지휘로 성가대를 이끌어 가시던 그분의 모습은 그 후에도 오래도록 가슴에 남았다. 이후 유학을 떠나시면서 소식이 끊겼을 때도 우린 모일 때마다 강 전도사님의 모습을 기억하고 이야기를 나누었다.

그사이 난 고등학생이 되었고, 우연인지 필연인지 위희숙 사모님께서 내가 다니던 고등학교에 영어 선생님으로 오셨다. 나는 자연스럽게 강일구 목사님의 소식을 들을 수 있었다. 강일구 목사님과의 인연을 알게 된 사모님께선 나의 고등학교 생활을 잘 지도해 주셨다. 그런 시간도 잠깐, 사모님께선 미국으로 목사님을 찾아 떠나셨다. 그리고 아주 오랜 세월이 흘러서야 목사님께서 호서대학교로 돌아오셨고, 또 많은 시간이 흘러 대학의 중책을 맡으셨다는 소식을 접했다. 개인적으로는 변화를 요구하는 현 대학 교육의 영향력 있는 리더로 계신다는 점에 큰 자부심을 느꼈다.

강일구 총장님의 아버님께서 돌아가셨다는 연락을 받고 신촌 세브란스병원으로 조문을 갔다. 세월의 흐름도 피해 간 듯, 빈소에서 뵌 총장님 내외분은 변함없는 모습이었다. 반가움과 감사한 마음의 순간, 나는 전도사님을 처음 뵙던 그 중학교 시절로 되돌아갔다. 들어서는 나를 보고 총장님께서는 큰 소리로 "야, 춘호야! 너, 내가 춘호야 이렇게 편하게 불러도 되지?" 하며 물으셨다. "그럼요, 전 아직 성가대 지휘자 '청년 강일구'를 잊지 못하는 어린 함춘호입니다!" 그때나 지금이나 변함없는 나의 대답이다….

13. 구파발의 혹독하고 고마운 선배

주승민

(서울신학대학교 은퇴 교수)

강일구 총장님께서 벌써 희수를 맞으시나 생각하니, 나도 나이를 잊고 사는구나 하며 각성한다. 원고 청탁을 받고 한동안 생각에 잠겼다. 이제껏 살면서 내 인생에 강 총장님과 참으로 뜻깊은 순간이 많았음에 행복감이 찾아왔다.

구파발의 혹독한 선배

강 총장님을 처음 만나고 관계가 두터워진 것은 지금으로부터 4반세기 전인 1977년 여름 구파발성결교회였다. 그때 강일구 목사님은 갓 안수를 받았고, 미국 뉴욕의 유니온신학대학원으로 유학길에 오르기 직전이었다. 난 그때 구파발성결교회에서 전도사 사역을 시작하였고, 대학원 진학을 앞두고 있었다.

교회가 자리한 구파발은 너무 낙후된 지역이었다. 사람들이 조금만 경제력이 향상돼도 다른 곳으로 이사를 가던, 그렇게 유동성이 큰 지역이었다. 그래서 사람들은 못자리, 구파발 종점 등으로 불렀다. 그러나 강 목사님은 그 지역 성도들과는 비교될 수 없는 '귀공자'였다. 그때 목사님은 아기를 품에 안은 젊디젊은 모습이었다. 아기의 이름이 준모였고, 그때는 아기였지만, 지금은 어엿한 대학 교수다.

가문 좋고, 유복한 귀공자 목사님은 그럼에도 불구하고 그리스도의 온유와 겸손함을 지녔다. 그는 낙후된 지역의 성도들을 일깨우기 위해 애썼다. 주일 아침이면 일찍 와서 성도들과 함께 예배당을 청소했다. 예배 전에 '새로운 찬송가 배우기'를 인도했는데, 찬송가 73장 "내 눈을 들어 두루 살피니"는 그때 처음 배운 찬송이었다. 미국 유학을 코앞에 두고 선배 목사님은 기도의 맘으로 충만했다. 선배는 교우들의 생활상을 살피고 위로하는 데도 열심이었다.

담임목사님이신 박인병 목사님께서는 훈련 차원에서 나를 강단에 세우려고 하셨다. 그러나 단하의 강일구 선배는 생각이 달랐다. 교회의 올곧은 모습엔 설교자의 마음 자세가 중요하다고 강조했다. 그래서인지 준비가 덜 된 날 단에 세우길 주저했다. 지적은 혹독했다. "아직 신학 사상이 영글지 않았는데 섣불리 설교를 하려 하는가, 좀 문제가 있어…." 선배는 내게 설교자의 준비를 강조했고, 몸소 실천했다. 한편으론 섭섭했지만, 지금 되돌아보면 참 귀한 일이었다. 아무래도 선배의 이런 모습에서 일생 동안 유지하는 리더십이 나오지 않았나 생각한다.

달달하고 감사한…

강 목사님이 유학을 떠나는 날이었다. 신학교 수업을 마치고 부천에서 김포공항으로 배웅을 나갔다. 시외버스를 타고 가는데, 길은 멀고 차는 느렸다. 정작 공항에 도착했을 땐, 하늘 높이 오른 비행기만 쳐다보는 지경이었다. 그런데도 목사님은 나를 잊지 않았다. 뉴욕에서 편지 한 통이 날아온 것이다. 목사님은 내게 충고했다. 신학은 자유롭되, 신앙은 복음적이어야 한다! 말미에 팁을 넣는 것도 잊지 않았다. 미국 와서 기숙사 생활을 하다 보니 외국 학생들과 파티할 때도 종종 있는데, Dance가 필요하다는 것이었다. 정말이지, 나중에 내가 유학 간 그리스에서도 댄스는 필요했다. 하지만 아쉽게도 난 예나 지금이나 몸치다. 선배의 조언을 소홀히 여긴 걸까….

내겐 일생 동안 잊지 못할 추억이 있다. 그 무렵, 나는 서울신학대학교의 학도호국단 단장이 되었다. 나와 같은 전국의 대학생 대표들이 교육부 행사로 해외 연수를 떠나기로 되어 있었다. 목적지는 자유중국이었다. 지금의 대만인가. 그러나 나는 병역 미필자였다. 해외여행은 외무부 소속이어서 재정 보증이 필요했다. 그런데 목사님의 아버님이신, 대성중·고등학교 강석규 교장 선생님께서 친히 보증을 서 주셨다. 덕분에 나는 내 인생 최초로 비행기 트랙을 밟았고, 마침내 하늘을 날 수 있었다.

사역의 기회와 함께 경제적인 도움도 컸다. 서울신학대학교 대학원에 다닐 때였다. 강석규 교장 선생님께서는 대성중·고등학교에서 가르칠 수 있도록 내게 성경 과목을 맡겨 주셨다. 그래서 나는 학생들에게 성경을 가르칠 수 있었고, 부족한 학비를 충당하며 생활비를 해결할 수 있었다.

강일구 총장님 가문의 배려는 결코 잊을 수 없다. 필히 소회를 지면에 남기는 건 사랑이 컸기 때문이다. 총장님의 삶에 이런 리더십이 드러났다는 걸 총장님의 소중한 지인들과 나눌 수 있어 감사하고 행복하다.

3

미국 유학과 목회
[1977~1992]

14. 개강 파티 이야기

서창원

(전 감리교신학대학교 교수)

강 박사와 나는 가끔 만난다. 팔순이 가까운 나이에 우린 백팩을 메고 만난다. 강 박사도 백팩을 메고 나도 백팩을 멘다. 이런 차림의 만남에는 사연 깊은 이야기가 있다.

강일구 박사는 복음적 열정을 가지고 1977년에 뉴욕 유니온신학대학원으로 유학을 떠났다. 서울신학대학 학장이었던 조종남 박사는 유학을 떠나는 강 박사에게 뉴욕 유니온신학대학원의 학문적 성향에 대해 크게 염려하며 충고했다. '유니온신학대학원'(Union Seminary)은 '유니온 공동묘지'(Union Semitary)와 같다는 것이다. 하필이면 유니온신학대학원의 총장 이름이 '코핀'(Coffin)이었는데, '코핀'(coffin)이란 망자(亡者)가 들어가는 관(棺)을 뜻하는 단어였다. 그러니 총장은 학생들이 죽어서 들어가는 관과 같고, 학교는 그 관이 묻힐 공동묘지처럼 될지 모른다는 심각한 우려였다. 이를테면 유니온신학대학원의 신앙과 정체성에 대해 무거운 경고를 던진 것이다.

강 박사와 함께 같은 비행기를 타고 같은 학교로 유학을 떠나는 나의 경우는 전혀 달랐다. 모교인 감리교신학대학의 미국인 선교사 박대인(Poitrus) 교수님께서는 내게 두 가지 축하의 덕담을 주셨다. 먼저, 뉴욕의 맨하턴은 브로드웨이(Broadway)를 중심으로 예술과 문화의 멋진 도시라는 것이다. 또한 유니온신학대학원은 세계적으로 저명한 신학자 폴 틸리히와 라이홀드 니버 등이 재직한 세계 최고 신학 교육의 보금자리라는 것이다.

강 박사와 나는 1977년 9월 1일, 미국의 첫 학기가 시작되는 노동절(Labor Day)에 맞추어 학교 기숙사에 가까스로 도착했다. 낯선 학교 제도에 대해 고민하면서 등록하고 첫 학기 수강 과목 신청을 끝냈다.

다음 날 외국인 학생 책임자로부터 통지를 받았다. 개강 파티(opening party)가 고딕 건물이 감싸고 있는 중정(Quadrangle)에서 오후 7시에 시작되니 꼭 참석하라는 것이었다. 힘들게 등록을 마친 후여서 강 박사와 나는 부담 없는 마음으로 개강 파티에 참석하기로 하였다. 하지만 개강 파티가 무엇인지, 그 성격을 알 리가 없었다. 저녁을 주려는가? 파티라는데, 복장은 어떻게 해야 하는가?

우린 감을 잡을 수 없어 조심스럽게 상의했다. 보수적으로 살아온 강 박사는 한국에서 받은 유니온신학대학원에 대한 선입견이 남아 있었다. 그래서 가급적이면 자유주의적인 유니온신학대학원의 영향을 받지 않고 목사의 품위와 관습을 지키려는 마음이었던 것 같다. 유창한 영어에 카투사 생활까지 경험한 강 박사에 비하면, 나는 영어도 서툴고 외국인을 만난 경험도 없었다. 그래서 강 박사의 의견을 따를 수밖에 없었다. 그래서 우리는 흰색 와이셔츠에 넥타이를 매고 그렇게 정장 차림으로 개강 파티에 갔다.

아뿔싸, 이게 웬일인가. 파티에 온 교수, 직원 그리고 학생들 모두

티셔츠와 청바지, 샌들 같은 가벼운 일상의 평상복 차림이었다. 잔디밭 위 긴 파티 테이블 위에는 치즈, 쿠키, 와인과 각종 음료수가 차려져 있었다. 모두가 자유롭게 종이 접시에 적당한 음식을 나눠 들고 돌아다니며 담소하는 분위기였다. 강 박사와 나는 크게 당황하였다. 하지만 그런 어색한 복장으로 사람들과 함께 어울리기를 노력하였다.

개강 파티의 문화적 충격은 컸다. 강 박사와 나는 미국 문화와 생활습관을 이해하고 적응하며 융통성 있게 대처해야만 유학 생활이 가능하다는 사실을 깨달았다. 깨달음은 곧바로 시작되는 학교 생활과 평생의 학문 연구에서 일대 전환점(turning point)을 마련했다.

지금 와서 돌아보건대, 그때까지 삶과 사유를 지탱해 온 것이 형식적이고 원칙주의적인 태도였다면, 새로운 도전이란 상황에 따르는 미국의 실용주의적 가치와 사유였다. 그 둘 사이에서 일종의 '지평 융합'이 일어났다. 그래서 강 박사와 난 함께 시작한 유학 생활의 첫날부터 '패러다임의 전이'를 경험한 것이다. 이렇게 해서 강 박사는 형식과 방법에는 자유로우나 원칙에는 충실한 그런 사람이 되었다.

지금도 강일구 박사를 만날 땐 청바지를 입고 백팩을 멘다. 청바지엔 맨하탄 거리를 활보하던 추억이 묻어 있다. 백팩엔 그날 개강 파티의 추억과 우리의 소중한 자유로움이 가득 담겨 있다.

15. 70년대 말 유니온과 보수적인 강 목사

박용우

(숭실대학교 은퇴 교수)

내가 강일구 총장을 처음 만난 것은 미국 뉴욕시 맨해튼 브로드웨이 120번가에 있는 유니온신학대학원이다. 1977년 9월부터 시작하는 석사학위 과정 공부를 위해 유니온신학대학원에 갔을 때다. 나는 미국에 가족을 함께 데리고 갔기 때문에 가족이 함께 살 수 있는 학교 아파트 Van Dusen Hall에 입주했다. 강일구는 싱글들을 위한 학교 기숙사 Hastings Hall에 들어갔다. 그때 한국에서 감리교신학대학교를 졸업하고 유학 온 서창원도 거기에 입주하여 함께 만났다.

우리가 미국에 유학 갔을 때는 6.25한국전쟁이 끝난 지 20년 남짓 된 시기였다. 당연히 한국은 미국에 비해 많이 뒤처진 상태였다. 은행에는 ATM 머신이 없었고, 피자를 파는 식당이 없었다. 그런데 뉴욕에 와보니, 은행에서는 ATM 머신을 사용했다. 식당에서는 사람들이 치즈를 길게 늘어뜨리며 피자를 먹고는 하였다. 브로드웨이 거리에는 네온사인 전자 간판의 광고가 휘황찬란하게 돌아갔다. 서울에서 대학 생활을 한 우리 눈에는 모든 게 신기했다. 아날로그 지구에서 살다가 디지털 지구로 옮겨 온 기분이었다고나 할까. 메타버스가 따로 없었다.

유니온신학대학원의 교수들과 세계 각국에서 온 학생들도 한국이라는 나라를 잘 알지 못했다. 그들은 호기심을 가지고 한국을 알고 싶어 했으며, 서로를 소개하는 기회를 자주 가졌다. 한국에서 신학을 공부할 때 이름만 들었던 세계 저명의 학자들이 많이도 유니온신학대학원을 거쳐갔다. 유니온신학대학원에서 학생으로 공부한 본회퍼나 교수로 가르친 폴 틸리히와 라인홀드 니버 등 저명한 학자들이 캠퍼스에 자취를 남겼다.

우린 말이 많아서 그런지 만날 때마다 열띤 토론을 하고는 했다. 서창원은 외향적이어서 손으로 제스처를 하면서 큰 소리로 자기주장을 펼치는 스타일이었다. 그에 비해 강일구는 내향적이고 조용하게 차분한 목소리로 특별한 제스처도 없이 이야기하는 편이었다. 강 총장은 대화 속에서 농담도 없었고 원리원칙을 벗어나지도 않았다. 그래서 아버지의 엄한 교육 밑에서 자랐다는 것을 직감할 수 있었다. 융통성이 없다는 오해를 받을 정도로 원칙과 법을 벗어나는 일은 아예 하지도 않았다. 어쩌면 그럴 수도 없다는 느낌을 받은 게 그때 내가 받은 인상이다.

유니온신학대학원 캠퍼스 옆에는 록펠러재단이 세운 리버사이드 교회가 있었다. 교회 앞에는 리버사이드 공원이 있어서 산책하기에 좋았다. 유니온신학대학원 Hastings Hall에서 내 살던 Van Dusen Hall에 오려면 그 공원을 지나야 했다. 어느 날인가 우리 아파트에 모여서 한국에서 가져온 토종밤을 삶아 먹기도 하였다.

요즘은 뉴욕에 한국 사람도 많고 한국 식당도 많다. 하지만 우리가 유학하던 1970년대엔 맨해튼 전체에 뉴욕 곰탕집이 유일한 한국 식당이었다. 당시만 해도 미국에서 소를 잡는 푸줏간에서는 고기만 팔고 나머지는 버리거나 공짜로 가져가라 하였다. 한국 사람들은 뼈에 붙은 곰탕 고기를 좋아했으니 뉴욕 곰탕집도 수익이 좋았을 것 같다.

강일구가 살던 Hastings Hall 기숙사 방에 들렸을 때 이야기다. 한 번은 하도 김치가 먹고 싶어서 기숙사 방에서 김치를 먹었단다. 그런 데 너무 고약한 김치 냄새가 다른 방으로까지 가는 것 같아 향수를 뿌렸더니, 김치 냄새와 향수가 합쳐서 더 고약하고 묘한 냄새가 나더라는 것이다.

학교는 맨해튼 브로드웨이에 있었다. 그래서 지하철을 타면 쉽게 다운타운으로 갈 수 있었다. 다운타운엔 크고 저렴한 반센노블(Barnes & Noble) 서점이 있었다. 우리는 브로드웨이 지하철을 타고 부지런히 서점에 다니면서 책을 사고 모았다.

어느 날 책을 사서 한아름 팔에 안고 돌아오고 있었다. 유니온신학대학원 학장이신 라저 신 교수(Roger Shinn)를 길에서 만났다. 학장은 "그 책들 다 읽기를 바란다"고 하였다. 외국 학생들의 영어 실력으로 그 많은 책을 사 들고 오니 언제 다 읽을 수 있을까 하였던 모양이다.

많은 학생이 유학을 마치고 한국으로 돌아가기보다는 미국에 눌러앉아 살기를 원했다. 미국이 경제적으로나 문화적으로 한국보다 환경이 좋았기 때문이다. 우리도 대화 가운데서 그런 유혹을 나눌 때가 종종 있었다. 그러나 결과적으로 보면 우리 모두는 한국에 돌아와서 일한 셈이다.

16. 충정로에서 도솔까지

안춘근
(나사렛대학교 은퇴 교수)

성재(誠齋) 강일구 박사는 나보다 나이가 두 살 많은 형이요 친구이며 지도교수이다. 성재와 나는 충정로 서울신학대학 캠퍼스에서 만나, 소사 새 캠퍼스에서 졸업하였고, 신촌교회에서 함께 목사안수를 받았다. 학교는 다르지만, 미국에서 공부했고, 천안으로 와서 교편을 잡았다. 도솔(兜率)은 천안의 옛 이름이다. 고대 인도 불교의 세계관에서 천상의 여섯 세계 중 네 번째 하늘나라라는 뜻이다. 충정로에서 만나 도솔까지 어언 48년 동안, 형이며 친구이며 지도교수로 지냈으니 참으로 특별하고도 긴 인연이다.

성재를 통해 맛본 신학 세계

1975년 서울신학대학원을 졸업하고 나는 성재의 선친이신 강석규 박사가 교장으로 계신 대성중·고등학교에서 성서를 가르쳤다. 1977년 나는 대성고등학교 교목으로 정식 사역을 시작했는데, 그해 성재는 미국 뉴욕의 유니온신학대학원으로 유학을 떠났다.

교목 사역 도중에 나는 성재로부터 몇 통의 편지를 받았다. 성재를 통해 언뜻언뜻 선진 신학 세계를 맛보는 첫 순간이었다. 4면으로 접은 엽서에 깨알 같은 글씨로 빡빡하게 적은 편지는 유니온신학대학원의 강의실을 화면으로 보는 것과 같이 생생하게 묘사하였다. 그 중에 흑인 해방신학자 제임스 콘(James Hal Cone)에 대한 묘사가 인상적이었다. "이분은 배가 나와서 차려 자세가 안 되는 사람인데, 밤이 깊도록 디스코장에서 춤추고도 이튿날 강의는 조금도 흐트러짐이 없고 활력이 넘쳐요."

1979년 나도 미국 유학길에 올랐다. 예정보다 유학이 조금 일렀던 것은 성재의 자극 덕분이었다. 1980년 나는 듀북신학교에서 신학석사(S.T.M.)를 마치고 위스콘신대학교 철학과와 마켓대학교 신학과로부터 박사과정(Ph.D.) 입학 허가를 받았다. 영주권 서류도 접수하였고, 매디슨 한인교회에서 담임 목회를 하고 있었다. 그러는 중에 한국나사렛대학교 패취(Dr. W.H. Patch) 총장으로부터 급한 연락을 받았다. "지금 교수가 부족하니 귀국하여 2~3년 동안만 가르치고, 그 후 미국으로 가서 박사학위 공부를 계속하면 좋겠습니다."

패취 총장의 간절한 요청을 받고 귀국하는 길에 뉴저지에 있는 드루대학에 들렀다. 거기 학생 아파트에서 성재와 서창원 박사를 만나밤 깊도록 신학 토론을 하였다. 내가 폴 틸리히(Paul Tillich)를 언급하면, 해방신학을 공부하던 서창원 박사는 부르주아 신학이라고 나를 공격하였다. 성재는 옆에서 서창원 박사를 거들었다. 나중에 성재는 보수주의 학풍에서 시작한 자신에게 그때가 '신학적 계몽기'였다고 술회하였다.

성재는 내게 유니온신학대학원과 뉴욕을 구경시켜주었다. 배를 타고 허드슨강을 일주하고 뉴욕을 구경하면서 우린 많은 이야기를 나눴다. 서창원 박사가 무더운 여름날 짧은 팬티를 입고 뉴욕 거리를 활보하던 일, 내가 보던 조그마한 도시바 칼라 TV와 짐을 비행기 탑승구까지 들어 주던 일은 아직도 기억이 생생하다. 당시 한국에는 흑백

TV 시대였는데 결국 김포공항 세관에서 나의 TV는 압류당했다.

1980년, 귀국하여 성재의 부탁으로 코리아나 호텔 커피숍에서 강석규 박사님을 만나 뵀다. "밥 먹을 곳을 정해야 하지 않겠나?" 강석규 박사께서 물으시며 천원공업전문대학(호서대학교 전신)으로 올 것을 권하셨다. 하지만 나는 패취 박사와의 약속을 지키는 일을 선택했다. 만일 내가 "예, 감사합니다" 하고 호서대로 갔으면 또 다른 삶이 전개되었을 것이다. 나사렛대학에서 2~3년만 학생을 가르치고 다시 미국으로 가서 박사학위 과정을 하려던 계획은 결혼하고 자식 낳고 경제적 현실의 벽에 막혀 시간은 흘러 버렸다.

1985년 여름 나는 워싱턴 D.C.에서 다시 성재를 만났다. 성재가 목회하던 워싱턴 한인성결교회 목사관에서 함께 자면서 많은 이야기를 나누었다. 그때 D.C.에서 성재와 함께 아이맥스를 보았는데 나는 어지러워서 상영 도중에 밖으로 나와 구토했다. 이튿날 우리는 함께 뉴욕에 갔다. 이때 성재는 나를 어느 허름한 바로 안내하였다. 1940년대, 유니온신학대학원의 윤리신학자 라인홀드 니버의 초청으로 유니온신학대학원에 와 있던 본회퍼(Dietrich Bonhoeffer)가 바로 이 바에서 히틀러 통치하에서 신음하는 자신의 조국 독일을 걱정하며 맥주를 마셨다. 서울신학대학 대학원에서 본회퍼의 위임사상(Mandate)으로 논문을 쓴 나는 그때 본회퍼를 회상하며 감개무량하였다.

성재를 통해 이룬 학위 공부

목회를 중시하여 박사 공부가 늦어진 성재는 호서대학교의 미래를 위해 드루대학으로 복귀할 수밖에 없었다. 그리하여 1992년 박사학위를 받은 후 귀국하여 호서대학교에서 교수 생활을 시작했다. 신학자 성재는 누구인가? 본래 공학도였던 성재는 거리에서 북을 치며 큰 소리로 복음을 전하던 뜨거운 노방 전도자가 되었다. 그런 성재는 성 결교회의 보수신학을 지나 유니온의 해방신학과 자유주의 신학을 접 하고 마침내 고대 기독교의 레오(Leo, the Great)를 거치면서 유행신 학(Fashion Theology)의 한계를 인지하고 '아드 폰테스'(ad fontes, ab initio)의 경지에 다다르게 되었다. 옛것을 똑바로 배우면 새것을 정확 하게 밝힐 수 있다는 성재의 깨달음은 긴 탐구의 여로를 거쳐서 도달 한 경지다.

나는 주변의 권고와 조언을 받아들여 그런 성재에게 갔다. 1995년 호서대학교 대학원의 박사학위 과정에 등록하여 성재의 지도 아래 박 사학위를 받았다. 성재는 밤이 깊도록 심지어 해장국을 먹어가며 밤 새워 열심히 논문을 지도해 주었다. 각주는 원자료에서 인용하고 참 고하도록 특히 엄하게 주문하였다. 나는 역사신학을 공부하면서 나의 조직신학 지식이 풍요로워졌음을 느꼈다.

2004년, 성재는 환갑을 넘긴 나이에 총장이 되었다. 나는 성재가 너무 늦게 총장이 되었다고 생각한다. 하지만 그는 선친께서 설립한 호서학원의 유산을 내실 있게 다듬고 명문 사립으로 발전시키는 일에 매진했다. 그러면서 한국의 사학 교육에서 느낄 수 있는 고난과 역경 을 온몸으로 견디어 냈다.

나는 최근에 미국 영주권을 받았다. 미국으로 이주하려고 주택을 마련했다는 소식을 듣고 성재가 전화를 했다. "미국에 가서 무얼 하려 고? 거기는 외롭고 심심해. 가지 말고 한국에서 함께 살자." 나는 미 국에서 오랫동안 살았던 성재의 우정어린 조언이 고맙다. 나도 안다. 늙으면 외로운데 타국은 더 외롭다는 것을…. 그래도 도솔 너머에 또 무엇이 있을지 난 궁금하다.

성재! 희수 기념을 축하해요. 더도 말고 덜도 말고 그저 건강하게 죽는 날까지 '영원한 지금'(eternal now)을 살아가도록 노력합시다.

8장 워싱턴 목회

17. 야속하고 얄미운 강 목사님

송상례

(워싱턴한인교회 장로, 기독교미주성결교회 부총회장)

1983년 2월 제가 미국에 이민 와서 첫발을 내디딘 곳이 워싱톤한인성결교회였습니다. 강일구 목사님께서는 담임목사님이셨습니다. 목사님께서는 박사학위 과정을 하시면서 목회를 하셨지만, 조금도 부족함이 없이 열정적으로 살아있는 교회로, 살아있는 신앙인으로 살아가도록 생활 속에 모범을 보이셨습니다.

나는 낯선 이민 생활의 불안정한 삶을 시작했지만, 목사님께선 용기와 담대함과 진실한 믿음의 사람으로 키우시려 열심히 성경 말씀을 가르쳐 주셨고, 덕이 있는 참된 신앙인이 되라고 권면해 주셨습니다. 위희숙 사모님께서는 연합 성가대와 연합 여전도회를 섬길 수 있는 길로 인도해 주셨습니다. 그 덕분에 지금껏 워싱턴 지역 기독장학재단도 섬기고 있습니다.

이민을 온 지 1년이 지난 후 자영업으로 잡화 도매업을 시작할 때, 목사님께선 개업 예배 설교로 "네 시작은 미약하였으나 네 나중은 창대하리라"고 말씀하셨습니다. 내게 주신 이 하나님 말씀을 우린 확실하게 마음에 새기며 믿었습니다. 지금까지 38년 동안 하나님께선 꾸준히 사업을 성장시켜 주셨습니다. 정말 우리의 삶을 인도하시고 보호해 주셨습니다.

주님께서 주신 믿음으로 열심히 봉사하고 섬기는 중에 교회는 두번에 걸쳐 성도 간에 커다란 분열과 많은 어려움이 있었습니다. 그래도 하나님께서는 끝까지 교회를 지키게 하시고 하나님의 일을 맡겨 주셔서 더욱 충성하게 하셨습니다.

하나님께서는 저를 최초의 여자 장로로 세워 주셨을 뿐 아니라 기독교미주성결교회 총회 42회 장로 부총회장의 직분까지 주셨습니다. 이 모두는 강일구 목사님께서 저희 부부를 반듯하고 진실한 신앙인으로 인도하여 주신 결과입니다.

강일구 목사님은 성도를 보살핌에 아낌이 없으셨으며, 한번 약속하면 책임을 다하시는 분이십니다. 한국에 나가셔서 호서대학교 총장님으로 바쁘게 생활하시는 중에 가끔은 미국에 방문하십니다. 그러면 기회가 있을 때 옛날 교인들을 좀 둘러보실 만도 한데 일절 돌아보거나 만나시지 않으셨습니다. 그래서 저희는 그런 강 목사님이 너무 야속하고 얄미울 정도인데, 현재 목회를 담당하시는 분께 혹여나 누를 끼칠까 배려하시는 마음에서겠지요.

그런데 이 모든 일이 오래전 일 같지 않습니다. 오히려 너무 생생하게 기억되어 더욱 많이 목사님 내외분이 그립습니다. 그리고 언제나 따뜻한 사랑의 목회자로 기억되어 기쁩니다. 건강하셔서 때가 되면 만나게 될 줄 믿습니다. 고맙습니다!

온 마음으로 하나님만 바라보게 하시고, 한 교회를 끝까지 섬기게 하시고, 흔들림 없이 굳건한 믿음 지키게 해 주셔서 강일구 목사님께 다시 한번 크게 감사드립니다.

2021년 8월
송남용, 송상례 장로 올림

18. 영성과 지성을 겸비하신 강 목사님

김석형

(롱아일랜드성결교회 원로목사, 기독교미주성결교회 전총회장)

강일구 목사님은 친구를 참 좋아한다. 1979년 어느 날 맨하탄 34번가에서 식사하고 플러싱으로 돌아올 때 사모님을 빠뜨리고 올 정도였다. 다시 가서 모셔오는데 1시간 반가량이나 소요되었다.

1981년 여름 어느 날, 오랫동안 워싱턴에 살던 내 여동생 박혜진 집사로부터 전화가 걸려 왔다. 동생이 다니는 워싱턴한인성결교회에 새 목사님이 오셨다는데, 그분이 바로 강일구 목사님이란다. 내심 잘되었다고 생각한 것은 교회가 어려운 상황에 처해 있다고 이야기를 듣던 터였기 때문이었다. 교회는 작고 사례도 적으니 전임 목사께서 세컨 잡(second job)을 하셨다고 한다. 그게 성도들 보기에는 덕스럽지 않고 좀 부끄러웠다고 한다. 그런데 이제 영성과 지성을 갖추신 좋은 목사님 오셨다니 다행이라고 덕담을 건넸다.

그 후 오랜만에 동생네가 사는 워싱턴을 방문하였다. 오빠가 뉴욕에서 왔다고 당임목사님을 집으로 식사에 초대했다. 많은 대화를 하며 유쾌하게 식사를 나눴다. 식사를 마칠 즈음이었다. 매제인 박유근 집사가 돌연 강일구 목사님께 제안했다. "모처럼 오셨으니 잠깐 한 판 하고 가시면 어떻습니까?" 나는 무슨 말인지 알아듣지 못했다. 하지만 그 두 사람은 금방 눈치가 통했다. 바둑 두는 일이었다. 내 보기에 그 두 사람은 내심 기다렸던 것 같다.

서로 간엔 오케이 사인이 났지만, 행동 조정 핸들을 잡은 건 강 목사님 댁 사모님과 내 동생이었다. 결재는 'no'였다. 그래서 강 목사님과 매제는 '일단 정지'의 명령으로 접수하였다. 그것이 일이십 분 안에 끝날 일도 아니잖은가? 그럴 것으로 짐작은 했겠지만, 그래서 그런지 목사님과 매제의 아쉽고 쓸쓸한 표정이 지금도 내 눈에 선하다. "그럼 다음으로 약속합시다." 여운을 남기는 그들에게 내려놓음의 은혜가 임했다. 내 눈에는 그 광경이 아름답게 보였다. 확실히 아내 사랑이 바둑 사랑보다 진하다는 걸 느끼면서 말이다.

그 후 나는 강일구 목사님을 드루대학교에서 다시 만났다. 내가 롱아일랜드성결교회를 개척하여 목회할 때 조태연 목사님은 드루대학교에 유학을 와서 우리 교회에서 부교역자로 섬기고 있었다. 1986년 가을 어느 날, 드루대학교에 유학 온 한인 유학생들을 위로차 교회에선 한국 음식을 잔뜩 준비하여 드루대학교 캠퍼스를 방문하였다. 여러 목사님과 반가이 인사하던 중에 귀티 나는 한 사람이 미소를 띠며 나타났다. 강목사님이었다. 목사님은 부드러운 인상을 가졌다. 그는 시간이 지날수록 그리고 대하면 대할수록 친근감이 있고 모나지 않은 성품을 소유한 인격 있는 목회자와 신학자였다.

초기 이민 교회들은 자생하기도 힘든 환경에서도 최선을 다하여 교회를 세워 가기에 힘을 다하고 있던 시기였다. 이런 여건 속에서 강목사님은 이민 교회 담임 목회를 승리롭게 마치셨다. 그리고 어려운 학업도 너끈히 마치셨다. 그 후엔 귀국하셔서 계속하여 주의 귀한 사역을 감당하셨다. 이제 감격 속에 희수를 맞으신 강일구 총장님을 존경하며 사랑합니다.

19. 애정과 헌신의 휴머니스트

조태연

(호서대학교 교수, 한국신약학회 회장)

춤추는 기도, 천국의 식탁

"God is Great. God is Good. We thank you for Food. Amen."
강일구 목사님 댁 식탁에서 온 가족이 드리는 식사 기도다. 세상에 무슨 기도가 이리 짧을까. 예수님 이름으로 기도한다는 클로징(closing)조차 없다. "자, 기도합시다." 강일구 목사님의 인자한 음성을 신호로 시작되는 기도는 짧지만, 합창과도 같다. 누구 하나 이탈하는 이 없이 모두가 속도를 맞춰 하나 된 기도를 드린다. 열 살 준모의 소리는 사내답게 빠르고 거침이 없다. 여섯 살 아람이의 소리는 앳되고 귀엽지만, 어린 소녀가 정말 야무지다. 강일구 목사님은 맑은 저음으로 밑을 받친다. 위희숙 사모님의 기도는 그 위에서 모든 소리를 포근히 감싸는, 아름다운 화음의 완성이다. 기도는 기도로되 격식이 없다. 격식의 갑옷을 벗기니 식사가 가깝다. 고급한 신학 위에선 생활한 신앙이 춤을 춘다. 초대받은 식객은 아무래도 어색하다. 그래도 눈치를 살피며 겨우 적응하니 천국의 잔치에 금세 가족이 된다.

1987년 1월, 강일구 목사님은 6년 워싱턴 목회를 마무리하고 학교로 돌아오셨다. 미국 뉴저지주 매디슨 드루대학교(Drew University) 교정의 기혼자 아파트(Tipple) 2층이었다. 우리 집에서 문을 열고 나가면 불과 2미터 이내의 앞집이었다. 만나 뵈니 나와 교단이 같은 성결교회 목사님이고, 연배는 큰형님과 비슷하셨다. 사십 안팎의 목사님께선 나이 스물일곱의 갓 유학 온 풋내기에게 언제나 특별한 분이셨다.

초면에 얼핏 들은 생애조차 내게는 드라마였고 카리스마였다. 공학을 전공하고 세계와 소통하던 무명의 아마추어 무선사는 기도원에서 큰 은혜를 체험하였다. 열정이 뜨거웠던 그 젊은 신앙인은 서울신학대학교에서 신학을 시작하였다. 경건하고 보수적인 신학도는 세계로 나아가는 꿈을 꿨다. 마침내 세계 최첨단의 진보 신학 유니온신학대학원(Union Theological Seminary)으로 유학을 떠났다. 세계 최대의 산업과 금융도시 뉴욕에 온 것이다.

열린 문으로 선망(羨望)하다!

내면에 가득한 은혜의 체험과 복음의 열정이 이제 여기서 낯선 진보 신학과 조화로울 수 있을까. 은혜의 체험과 드라이한 진보 신학은 분명 양립 불가능한 모순과도 같았다. 그런 가운데서도 목사님은 신학교 안에서 교회를 시작했다. 목회는 척박할 수밖에 없었다. 신앙적 열정과 신학 탐구의 여정은 드루대학교의 박사과정으로 이어졌다. 코스워크를 마쳤을 땐, 워싱턴교회로부터 청빙을 받았다. 6년 목회가 여정(Journey)을 마치게 했을까. 목사님은 다시 학교로 돌아와 지금 내 앞에 계신 것이다.

나는 기억한다. 목사님 댁은 늘 열려 있었다. 문이 열리면 클래식 음악이 흘러나왔다. 목사님과 사모님은 언제나 개방적이고 친절하셨다. 아람이가 학교에서 돌아올 땐, "엄마, 학교 다녀왔어요" 소리치면서 잠바를 거실 바닥에 팽개치고 달려 들어왔다. 이윽고 준모는 "에이, 누가 옷을 바닥에 던졌어" 하면서 옷을 주우며 들어왔다.

준모는 쾌활하여 캠퍼스에서 아이들 사이에 인기가 제일 좋았다. 아람이는 똑똑하여 어른들에게 칭찬을 많이도 받았다. 사람들이 사모님을 '준모 엄마'로 부르기라도 하면, 아람이는 어김없이 그 야무진 목소리로 '준모 앤 아람이 엄마'라고 교정해 드렸다. 내외분께선 금슬이 너무 좋았고, 가정은 천국처럼 화목했다. 목사님의 가정은 모든 이가 본받고 싶어 하는 모범이었다.

경험 많으신 불혹(不惑)의 선배는 결혼 생활과 유학 생활을 갓 시작한 내게 하실 말씀이 많았다. 교단, 교회, 학교, 유학, 커리어…. 목사님께선 이야기보따리도 정말 많았다. 가정 생활, 자녀 교육, 유학생활, 목회 활동, 교단 관계, 인간관계, 미래 사역, 주식 투자, 시행착오…. 유학 생활의 요령도 목사님께 배웠고, 세상 살 지혜도 목사님께 터득했다. 88년 가을 은지를 낳았을 땐 목사님과 사모님께서 Overlook Hospital까지 와서 아기를 안고 기도해 주셨다!

드루의 아름다운 추억

당시 드루대학엔 한국 유학생이 육칠십 명에 달했다. 젊은 커플도 많아 애들이 어리거나 임신한 경우가 태반이었다. 젊은 부인마다 배가 뽈록한 걸 보신 변선환 교수는, 그때 교환교수로 와 계셨는데, "아따, 드루는 산란기(産卵期)다" 하셨다. 그러면 사람들은 배꼽을 잡고 웃음보를 터뜨렸다.

그 많은 사람 중 강일구 목사님은 나이가 제일 많았다. 토요일 아침이면 한인 학생들은 온 가족이 카먼스라 불리는 카페테리아(Cafeteria)에 모여 공짜 음식을 즐겼다. 남학생들은 토요일 아침마다 운동장으로 나가 축구 경기를 펼쳤다.

목사님은 모든 모임에 빠지지 않았다. 좋은 기회가 있으면 목사님 내외는 어려운 학생들을 위해 어김없이 정보와 지식을 공유했다. 목사님은 그 많은 사람을 거의 다 집으로 초대했고, 사모님은 특별히 싱글들을 많이 돌보셨다. '검소한 친절'은 절도 있는 휴머니즘과도 같았다. 그 바쁘신 중에도 사모님은 빡빡한 3년 과정의 석사학위를 summa cum laude(쑴마꿈라우데: 최우등 졸업)로 마치셨다.

열린 문으로 사람들은 너나없이 드나들었다. 똑똑하고 잘나가는 모범생도 많았지만, 공부가 힘들고 인생이 꼬인 사람들도 적잖았다. 그 모든 사람에게 목사님께선 지혜의 스승이셨고, 위로의 사제셨다. 더러는 극단의 갈등에 휩싸인 가정들도 있었다. 목사님 내외분께선 가정이 깨지지 않도록 무던히도 애를 쓰셨다.

그러는 사이 공부는 늦어질 수밖에 없었다. 내 보기에 목사님께 제일 힘든 건, 너무 오래전에 코스워크를 마치고 너무 오래 목회에 치중하여, 집중이 잘 안된다는 점이었다. 나와 사람들은 목사님께 지혜를 배우고 큰 위로를 얻었지만, 정작 목사님은 시간을 잃고 집중력을 빼앗겼다. 목사님께 도움을 받은 사람들은 휙휙 빨리도 공부를 마치고 잘도 나갔다. 그리고 보란 듯이 교수가 되어 성공했다.

목사님은 다른 사람을 많이 보낸 다음, 그다음에 실로 초인적인 노력으로 뒷심을 발휘하여 공부를 마쳤다. 그리고 1992년 5월, 나와 함께 한 자리에서 영예의 박사학위를 받았다. 그날은 정말 모두가 기뻤다. 한국에서 오신 내 어머니와 아버지 그리고 큰형님 내외도 졸업식에 참석하여 목사님 내외분을 축하해 드렸다.

　목사님은 평소에 특별한 개인들을 예로 들면서 강조하셨다. 실패를 많이 한 사람의 인생이 견고하다고, 시험에 많이 떨어져 본 사람이 진짜 실력자라고…. 나는 작은 성공과 큰 실패를 반복하며 인생의 여울목을 돌아 돌아 지금 여기에 섰다. 이제야 나도 조금 지혜의 눈을 뜬다. 그런 말씀이 바로 강일구 총장님의 삶이었고 자전적 이야기였다고….

　칠십칠 년의 생애를 통해 진보의 신학으로 격식의 갑옷을 벗었다. 벗고 나니 은혜의 체험과 복음의 열정은 고스란히 우리 가운데 체화(體化)되었다. 실로 사람을 아끼고 소중히 여기는 애정과 헌신의 휴머니즘으로 말이다.

20. 추억의 사진 3장

임승안

(전 나사렛대학교 총장)

강일구 박사님을 처음 뵌 것은 1987년 7월입니다. 미국 뉴저지 드루대학교의 아름다운 캠퍼스에서입니다. 춘하추동이 24번 오갔고, 다사다난 사반세기가 흘렀습니다. 가는 시간 잡을 수 없고, 오는 시간 막을 수 없습니다. 드루대학교 청장년 시절의 강일구 목사님이 금년 말에 희수를 맞으신답니다. 내 앞엔 세 장의 사진이 펼쳐지고, 내 안엔 기쁨이 솟습니다.

웃음의 사진

강일구 박사님의 사진을 보면 언제나 환하게 웃으십니다. 얼굴 피부가 희다 보니 웃으실 때 더욱 환하십니다. "안녕하세요? 임승안입니다." 강일구 박사님을 드루 캠퍼스에서 처음 뵐 때 드린 인사입니다. "아, 그러세요? 반갑습니다. 나, 강일구입니다. 환영합니다. 하하하하하하! 밝게 웃으면서 맞아주시던 강일구 박사님! 지금도 제 옆에서 환하게 웃으십니다.

드루대학교의 겨울은 혹한과 폭설입니다. 하지만 캠퍼스의 초봄은 겨울의 매서움을 거부하지 않고도 생명의 힘으로 견뎌 내는 의지입니다. 이것이 강일구 박사님의 사진입니다. 힘겨운 상황을 웃음으로 승화시켰습니다. 연구실에선 교부신학으로부터 고난의 답을 찾고, 연구실에선 삶의 현장에 적용하셨습니다.

강일구 박사님의 웃음을 대할 때, 아직도 겨울 눈밭에 갇힌 나는 어느덧 캠퍼스의 푸른 잔디와 울창한 숲 사이를 여유롭게 묵상하여 거닐곤 합니다. 생각해 보니 사모님과 아드님, 따님도 언제나 환히 웃었습니다. 사실이지, 사모님은 신사임당과 같으십니다. 입가엔 환한 미소를 머금었고 눈가엔 잔잔한 사랑이 담겼습니다. 아들도 아버지를 닮았는지 언제나 씩씩한 목소리로 "안녕하세요?" 이렇게 웃으며 인사했습니다. 딸 역시 아빠처럼 환하고 명쾌하게 웃었지만, 엄마를 닮았는지 언제나 단정하게 인사하였습니다.

희망의 사진

두 번째 모습은 동영상으로 담아야 할 것 같습니다. 고개를 언제나 위아래로 *끄떡*이기 때문입니다. 힘겨운 상황에 직면할 때 강일구 박사님은 고개를 좌우로 흔들지 않고 위아래로 *끄떡*이셨습니다. 짐작하시듯, 박사과정을 공부하는 유학생은 과목 이수와 다양한 시험과 과제물, 외국어 시험, 졸업종합고사, 논문계획서 제출, 논문심사 등 넘어야 할 과제가 많습니다. 외국인으로서 겪는 어려움과 체력의 한계도 직면합니다. 경제적인 어려움과 가족에 대한 미안함, 섬기는 교회에서의 사역 등등 크고 작은 어려움이 없는 날이 없습니다. 이러한 문제들을 강일구 목사님에게 말씀드리면 대답은 언제나 같으십니다. "다 길이 있으니, 크게 염려하지 맙시다!" 언제나 긍정적으로 말씀하시면서 툭툭 내 어깨를 두드리시곤 하였습니다.

사모님도 마찬가지십니다. 제가 강일구 목사님과 말씀을 나누고 있으면 사모님은 옆에서 조용히 들으십니다. 대화가 끝날 무렵이면 집사람 손을 꼬옥 잡아주시며 잔잔하게 웃으십니다. 먼저는 끝까지 경청하신 후에 마침내 지혜의 말씀을 차분하게 주십니다.

강일구 목사님이 박사학위 논문의 최종 심사를 받으실 때였습니다. 박사과정 유학생에게는 '카이로스적인' 시간입니다. 심사위원 한 분이 심각하게 말씀하셨습니다. '콜론'을 사용할 곳에 '세미콜론'을 찍었으니 논문 전체를 다시 읽고 수정하라고요. 우린 참으로 난감하였습니다. 그러나 강 목사님은 담백하게 답변하였습니다. "예, 수정하여 다시 제출하겠습니다!" 이렇게 고개를 좌우로 흔들지 않고 아래위로 끄덕이셨습니다. 그 모습을 정말 동영상으로 담아야만 했습니다. 강 목사님은 이렇게 희망의 청장년 학생이셨습니다.

가족의 사진

세 번째 사진은 독사진이 아니라 가족사진입니다. 일반적으로 당시의 남자 유학생들은 대부분 부인에게 가정사를 맡겼습니다. 저도 그랬습니다. 그러나 강일구 박사님은 그렇지 않으셨습니다. 언제나 가족과 함께하셨고 항상 가정적이셨습니다. 사모님이 계신 곳에는 언제나 강일구 목사님도 곁에 계셨습니다. 아들, 딸과는 아빠로서 그리고 친구로서 자녀들과 함께 담소하며 여유 있고 허심탄회하게 갑론을박하셨습니다. 나는 이런 모습이 참으로 부러웠습니다. 강일구 박사님은 '유학생'으로서 긴박한 일들이 많았지만 '남편'과 '아빠'로서 가족을 사랑하고 함께 생활하는 것을 중시하였습니다. 사모님과 두 자녀도 남편, 아빠와 함께 동고동락하는 사진을 찍기 좋아하셨습니다.

마음의 편지와 간절한 기도

유학 선배님이시며 인생의 선생님이신 강일구 박사님, 희수를 맞이하신다는 소식을 듣고 세월의 빠름을 실감하면서 매우 기뻤습니다. 드루대학교의 강일구 박사님이 사모님과 두 자녀와 함께 저와 집사람 그리고 우리의 두 딸을 웃음과 희망으로 용기를 주셨음을 상기하면서 감사드립니다. 호서대학교 총장님으로 재직하시는 동안 옆 동네에 있는 나사렛대학교 총장으로서 제가 다사다난한 상황에 직면할 때 항상 웃음과 격려의 말씀을 주셨음을 기억하며 재삼 깊이 감사드립니다. 총장으로 은퇴한 저의 최근의 삶이나 희수의 어르신들이 주시는 말씀은 대동소이한 것 같습니다. 건강이 중요하다고요. 웃으면서 희망을 품고 살 때 건강할 수 있다고 합니다. 가족도 소중하다고 합니다. 가족과 함께 늘 활짝 웃으시며 희망을 나누어주시던 드루대학 캠퍼스에서의 청장년 강일구 유학생의 웃음의 사진, 희망의 사진, 가족을 사랑하시는 사진은 영원할 것입니다.

강일구 박사님이 희수에 이르도록 돌보아주신 임마누엘의 여호와 하나님 아버지 감사합니다. 웃음과 희망과 가족을 사랑하는 드루대학교에서의 강일구 유학생의 삶을 오늘에 이르기까지 지켜 주시니 감사드립니다. 앞으로의 인생 여정도 웃음과 희망과 가족을 사랑하는 나날이 되게 하여 주시옵소서. 이웃과 자신을 사랑함으로 하나님을 사랑할 수 있게 하시옵소서. 한국교회와 학교와 나라를 살리는 기도를 드릴 때 사역의 기회를 부여하시고 성령님의 권능으로 실천하게 하옵소서. 일용할 양식을 주시고, 몸과 마음의 질병을 고쳐 주시며, 시험에 들지 않게 하시고, 악에서 구원하시는 임마누엘의 주님의 은총이 희수를 맞이하는 강일구 박사님과 그의 가족에게 함께 하시옵소서. 하나님 나라의 왕 예수 그리스도의 이름으로 간절히 기도드리옵나이다. 아멘.

21. 멋진 어른 강일구 박사님

이정숙

(햇불트리니티신학대학원대학교 교수, 전 총장)

어른은 많지만 어른이 없다는 말에 많은 사람이 동의하고, 나도 그 말을 나름 요긴하게 쓸 때가 있다. 그런데 돌이켜 생각해 보면 참 감사하게도 난 멋진 어른들을 여럿 만났고, 그분들 덕분에 오늘의 내가 있다. 강일구 전 총장님은 단연코 그 어른 중 한 분이시다. 드루대학교 시절의 강 박사님을 얘기하기 위해 잠시 내 신학 공부의 여정을 먼저 이야기하려 한다.

1981년 가을 난 이화여자대학교 사회학과 4학년, 그러니까 졸업반 학생이었다. 어느 월요일이었다. 이화교를 진입하며 집어 든 학보의 기사를 살피던 중 대학교회가 선교사를 모집한다는 기사를 접했다. 그 순간, 난 발걸음을 멈췄다. 마치 하늘이 열리고 하나님께서 내게 말씀하시는 것 같았고, 난 '주님, 이것입니까?'라고 물었다. 1980년 어느 뜨거웠던 여름날 난 선교사의 삶을 살겠다고 헌신했었다. 휴교령이 끝나 학교로 돌아오자마자, 전공 수업 외에 선교학, 선교 관련 분야의 수업을 찾아 수강했다. 그렇게 선교사의 길을 모색했었지만 어떻게 선교사가 되는지를 몰랐기 때문이었다.

그렇게 선교사 모집에 응하고 신학대학원 공부를 시작했다. 하지만 1년 후 선교사 파송은 취소되었고, 신학 수업은 길어지게 되었다. 1986년 여름, 교수님들의 권유와 추천으로 난 미국 유학을 떠났다.

첫 학교는 뉴저지 매디슨에 위치한 드루대학교였다. 석사과정에서 추천서를 써 주셨던 두 분 교수님의 모교였고, 우리나라 최초의 감리교 선교사였던 아펜젤러의 모교였다.

그해 겨울이 시작될 즈음이었을까. 몇몇 학생들이 상당히 흥분된 목소리로 소식을 전했다. 강일구 목사님께서 박사학위를 마치려 목회를 중단하고 워싱턴에서 돌아오셨다고 했다. 이미 강 목사님을 잘 알고 있었던 학생들은 그분을 두 가지로 소개했다. 정말 인품이 좋으신 분이며 교회 목회를 아주 잘하신 분이라는 것이다. '그런 분이 신학박사까지 하신다면 이런 금상첨화가 어디 있을까' 난 이렇게 생각했다. 오래되지 않아 나도 목사님께 인사드릴 기회가 있었다. 잠시의 대화만으로도 학생들이 왜 그렇게 좋게 말했는지 그 이유를 알 수 있었다.

당시 드루대학교 박사과정의 전공은 크게 세 분야로 나뉘어져 있었다. 교회사와 조직신학은 T&R(Theological and Religious Area) 소속이었다. 강 목사님과 난 교회사 전공이라 T&R 소속이었다. 소속은 같지만, 신입생이었던 나는 당시 박사과정 코스워크(coursework)을 다 마친 목사님을 가까이서 뵐 기회는 없을 거라고 생각했다. 그런데 목사님은 독일어 시험과 불어 시험을 마치지 못한 채 목회를 다녀오셔서 언어 시험부터 준비해야 하셨다. 그래서 목사님은 나를 포함한 한국 유학생들이 마련한 T&R 독일어 시험 준비반에 들어오셨고, 우리는 거의 매일 모여 슐라이어마허의 책을 번역하고 서로 비교하며 시험을 준비했다.

그 과정에서 또 그 후에도 강 목사님과 사모님은 늘 우리 학생들을 대접해 주셨다. 사실상 우리를 목회해 주셨다. 댁을 방문하면 두 분이 자녀(준모, 아름)를 어떻게 기르시는지, 어떠한 원칙으로 살아가시는지를 잘 알 수 있었다. 아이들에게는 자유로우나 정한 원칙은 스스로 지키도록 하셨다. 의식주에는 단순함과 소박함 그리고 친절함을 원칙으로 실천하셨다. 우리를 대접하실 때도 메뉴는 일식 일찬에 가까우나, 여전히 풍성했다. 한식인데 양식을 먹는 기분이라 할까. 목사님 댁을 들고 날 때마다 두 분은 정말 모범적인 부부라고 생각했다.

갑작스러운 지도교수의 사망으로 난 프린스턴신학대학원으로 옮겨 가게 되었다. 그리고 결혼하고 아이들을 키우며 공부하는 바쁜 생활에 치여 마음과 달리 두 분께 인사도 제대로 드리지 못하고 살았다. 그래서 더욱 마음 한편에서나마 두 분을 기억했다.

1999년에야 난 한국에 돌아왔다. 그리고 한국교회사학회에 속하면서 강 박사님을 다시 만날 수 있었다. 2005년 이후엔 내가 속한 대학교에서 교학처장, 부총장 그리고 총장으로 섬기면서 각종 협의회 회의와 모임에서 강 박사님을 만났고 변함없는 모범과 풍성한 지혜를 가까이서 보고 배울 수 있었다.

이렇게 오랫동안 뵌 강 박사님은 처음 드루대학교 캠퍼스에서 만났을 때와 다름이 없다. 늘 진지하시지만 유쾌하시고 친절하시다. 그리고 조용하신데 열정적이시다. 총장직 수행 중 너무나 어려운 일을 당하셨지만, 어찌나 담담하게 겪어내셨는지 생각할 때마다 참 송구하고 감사한다. 내가 이런 멋진 어른을 알고 있다는 사실이 그저 감사하고 행복할 따름이다.

강 박사님의 희수를 온 맘으로 축하드리며, 적은 말로나마 나의 감사를 표현할 기회를 얻게 되어 무한 감사드린다. 강 박사님과 사모님! 내내 건강하시고 더 많은 사람에게 이 시대의 어른으로서 우리가 마땅히 걸어야 할 길을 보여주시기를 기도합니다.

4

결혼과 가정
[1974~현재]

22. 우리 형제 이야기

강철구
(오구건설 회장)

우리는 모두 3남 2녀 5남매다. 형님과는 2년 반 차이이고, 아래로는 터울이 크다. 그러다 보니 형제간의 대화는 나와 형님밖에 없었다. 그래서 우리는 가끔 툭탁거리면서도 친구처럼 어릴 적 시간을 보냈다. 그 시절 우리는 대전시 은행동에 살았는데 대전역에서 가까운 원동에 할아버지께서 고물상을 운영하셨다. 주변에는 생업으로 고물을 날라다 파는, 리어카를 끄는 분과 지게꾼들이 많았다. 우리 형제는 거의 매일 고물상에 가곤 했다. 6.25한국전쟁이 끝난 지 얼마 되지 않은 때여서 고물상엔 각종 철물, 군용물품, 가구, 잡지, 병, 엽전 등등 별별 것들이 다 있어서 가지고 놀 것이 참 많았다.

그때 우리는 하루 세끼를 잘 먹고 살았는데, 왜 그런지 우린 놀면서도 늘 배가 고팠다. 그걸 눈치채셨는지, 할아버지께서 '4시에 먹을 것'이라는 제도를 만드셨다. 4시만 되면 간식을 주시거나 무엇을 사 먹으라고 돈을 주셨다. 4시만 딱 되면 형님과 나는 그 돈을 들고 1-2km 정도 떨어져 있는 원동국민학교 정문 앞에서 작은 식탁을 놓고 국수를 파는 아주머니에게 나는듯이 달려갔다. 뜨끈한 국수 한 그릇 후루룩 먹으면 세상 편안했다. 이후 우리 입에선 지금까지도 '4시에 먹을 것'이라는 수식어가 떠나지 않는다.

중학 시절 형님은 공부를 잘하셨다. 서울에서 서울대에 다니셨던 먼 친척 아저씨뻘 어른이 오셔서 같이 있었는데, 이분이 담배를 피우셨다. 형님은 금연을 원했다. 그래서 영어로 "no smoking, smoking is not allowed" 이렇게 연필로 크게 써서 벽에 붙이곤 했다. 내 어린 마음에도 "형님, 영어 참 잘하네" 하며 감탄했다.

당시 시골 중학교에서 서울에 있는 사대부고 정도 들어가려면 언감생심 아주 힘들었는데 시험 봐서 사대부고에 들어가니, 당시 아버님께서 무척 기뻐하셨던 기억이 난다. 안타깝게도 국민학교 시절은 몇 가지 외에는 생각이 잘 안 난다. 생각나는 것으로는, 당시 어머니께서 옷을 만들 때 형님과 나에게 옷감과 무늬를 똑같이 만들어 주셨다는 점이다. 그래서 우리는 똑같이 입고 다녔다.

그런데 먹을 것만은 어머니께서 늘 형님에게 먼저 주시고 그다음에 내게 주셨다. 어머니는 그 순서를 꼭 지키셨다. 물론 그 양은 똑같았으나, 나는 속으로 불만이 있었다. 사실 어머니께서 그렇게 하신 데는 이유가 있다. 나는 욕심이 좀 많은 편이어서 먼저 형님 것을 떼 놓으면 내 것이 적어지지 않나 하는 걱정을 했다. 그래서 가끔은 나누지 않은 먹을 것을 함께 먹을 때 형님 손길이 내 손보다 더 빠르다고 느끼면 나는 그 먹는 것에 침을 탁 뱉기도 했다. 그러면 그건 자연히 내 것이 된다. 형님은 더럽다면서 안 먹는다.

어머니는 그게 맘에 들지 않으셨던 것 같다. 그런데도 욕심 많은 나를 야단치시지 않고 먹을 것을 나눌 때 '형님 먼저 다음에 동생,' 이렇게 순서대로 우리 형제가 사이좋게 먹도록 무언의 실천을 계속하셨다. 나이 든 이제야 나는 어머니의 속 깊은 뜻을 뒤늦게 알아차렸다. 우리 형님도 그럴 것이다. 그래서 지금 우리 형제는 사이가 좋다.

23. 젊은 날 내 인생의 큰 멘토

강명희

(한남대학교 은퇴 교수, 라오스 평신도 선교사)

나에겐 오빠가 둘이 있고 아래로는 남동생과 여동생이 있다. 나는 자라면서 유난히 큰오빠를 좋아했다. 큰오빠는 똑똑하고 영리하거나 경쟁심이 있어 남에게 지기 싫어하는 그런 성격이 아니었다. 어린 시절 늘 한 박자 늦는 순진함과 어벙함(어리숙함?)이 있었다고 할까. 그래서 푸근하고 선하기까지 한 큰오빠의 그런 모습이 난 참 좋았다.

어벙한 우리 오빠와 고민 많은 나

큰오빠는 군대를 다녀오고 대학을 졸업한 후 신학교에 가더니, 전도사가 되었다. 당시 나는 대학원 공부를 하던 중 학위논문 실험을 위해 연구소에 나가고 있었다. 나는 그 연구소에서 현재의 남편을 만났다. 그러나 그것은 학창 시절부터 기도해 온 내 이상과는 반대였다. 반드시 크리스천과 결혼하고 싶었으나, 그는 교회에 다니지 않는 비기독교인이었던 것이다. 이 문제로 인하여 나는 정말 많은 고민과 내적 갈등을 겪어야 했다. 어릴 적부터 배우자에 대한 기도 제목이 있었는데, 하필 왜 하나님은 이런 사람을 만나게 하셨을까. 과연 이 사람과 결혼하는 것이 나를 향한 하나님의 뜻일까. 사람은 더할 나위 없이 좋지만, 기독교인이 아니니 결혼까지는 가지 않는 게 낫지 않을까…. 정말 헤어지기도 여러 번이었다.

이렇게 내가 고민하고 기도하던 때, 우리 집에서는 종종 가정예배를 드렸다. 1977년 초 어느 날이었다. 우리 살던 불광동 그 집에서 가정예배가 있었다. 예배 인도는 전도사였던 큰오빠 몫이었다. 어느 날 오빠는 일평생 잊을 수 없는 설교 말씀을 주셨다. 기억에, 제목은 "어떻게 하나님의 뜻을 알 수 있는가"였다. 내용은 이랬다. 우리가 어떤 중요한 일을 결정하려고 할 때, 하나님의 뜻이 어디에 있는지 어떻게 알 수 있는가? A와 B 사이에서 무언가 결정해야 할 때, 우리는 어떻게 해야 하는가? 하나님이 직접 음성으로 'A다, B다' 하고 명확하게 말씀해 주시면 얼마나 좋을까? 하지만 그런 경우는 극히 드물다. 그러면 우리는 어떻게 하나님의 뜻을 알 수 있을까?

아, 그것은 정확하게 나의 상황이었다. 큰오빠는 설교했다. 일단 내가 직면한 문제 하나만을 놓고 간절히 기도하는 특별한 기도 시간을 가짐이 좋다. 금식 기도도 좋고 철야 기도도 좋다. 날짜를 정하여 드리는 작정 기도도 좋다. 일상의 시간과는 다른, 특별히 하나님과 나만이 갖는 특별한 기도 시간, 즉 하나님과 충분하게 동행하는 시간을 갖는 것이다. 그렇게 하나님과 하나 되는 시간, 즉 내가 하나님 안에, 하나님이 내 안에 계시는 시간을 갖는 것이다. 그런 후에는 하나님의 음성이나 계시가 없어도 그냥 마음 가는 대로 결정하면, 그것이 바로 하나님의 뜻일 수 있다.

사실 하나님께서는 우리가 A를 선택하든 B를 선택하든 그것이 중요한 게 아니다. 그 문제를 놓고 기도하며 우리의 마음을 하나님께 드렸는지, 하나님께선 우리의 마음을 먼저 보신다는 것이다. 이렇게 하나님과 하나가 되는 기도를 한 후에 A를 택하면, 그 시점부터 하나님께선 A의 길에 나와 함께하신다. 만일 우리가 B를 택하면, B의 길에서 하나님은 우리와 함께하신다. 즉, 하나님의 관심은 우리의 선택이 아니라 그 문제를 가지고 주님 앞에 나오는 그 헌신에 있다는 것이다.

눈물의 약혼식과 행복한 우리 가정

아, 이보다 더 명확할 수 있을까? 그날 큰오빠의 설교는 나에게 명쾌한 해답이었고 큰 감동이었다. 고민이 컸던 내겐 실로 하나님의 음성이었다. 그해 여름방학이 시작되자 난 지체하지 않고 결혼 문제를 들고 오산리 금식기도원으로 올라갔다. 3박 4일 동안 오로지 배우자 문제만을 놓고 기도했다. 기도하는 중 그 어느 순간에도 하나님의 직접적인 음성이나 계시는 없었다. 그러나 이 문제만을 놓고 기도한 그 은혜의 시간 후, 마음엔 평화가 찾아왔다. 이 사람이 현재 비기독교인이라 할지라도, 내가 이 사람을 선택하여 결혼한다 할지라도 하나님께서 나의 결혼생활에 반드시 함께하시리라는 확신이 들었다.

그렇다고 결혼하기까지 어려움이 없던 것은 아니었다. 남편이 될 사람은 복음을 받아들여 교회를 출석하기 시작하였다. 그러나 대대로 유교적인 집안인 데다 제사를 담당할 큰아들이었으니 기독교인을 맏며느리로 받는 것은 당연히 반대였다. 우리 집안도 마찬가지였다. 부모님이 두 분 다 장로님이셨으니 말할 것도 없었다. 딸을 안 믿는 집안의 큰 며느리로 보내는 것은 생각하기도 어려웠다. 그런 상황에서도 난 기도하면서 하나님의 인도하심을 믿으며 담대히 나아갔다. 그 결과, 정말 생각지도 못할 만큼 놀라운 인도하심으로 양쪽 집안의 극심한 반대를 뚫고 약혼을 거쳐 결혼에 이르렀다.

지금도 잊지 못할 추억은 1979년 8월 명동의 로얄호텔에서 있었던 약혼식 예배다. 오빠는 유학길에 올라 자리에 없었다. 약혼식 중 시댁 쪽 연세 많으신 한 어르신께서 예배 도중에 벌떡 일어나더니 일장 연설을 늘어놓았다. 이렇게 예배드리며 하는 약혼식은 OO 김 씨 집안에선 있을 수 없는 일이다, 말도 안 되는 일이 지금 여기에서 일어나고 있다… 등등의 폭탄 발언이었다. 너무 당황스럽고 난처하여 나는 그저 폭풍 눈물만 흘리고 있었다. 그런데 갑자기 우리 아버지께서 일어나셔서 장로님답게 말씀하셨다. 당신도 유교 집안에서 평생 제사 지내던 사람이지만 예수 믿고 새로운 삶을 살고 있노라고, 당신의 삶을 조근조근 간증하셨다. 갑자기 장내가 조용해지더니 마치 부흥회 같은 분위기에서 약혼 예배가 무사히 마무리되었다.

이후 결혼 준비 과정에서도 이상할 정도로 하나님께서 인도하시니 큰 트러블 없이 무사히 결혼할 수 있었다. 시간이 흘러 남편은 장로가 되었다. 연구소를 은퇴한 후 라오스에 와서 라오스국립대에서 학생들을 가르치며 평신도 선교사 삶을 살고 있다. 그리고 나는 이런 남편을 만나도록 인도하신 하나님께 감사하며 살고 있다.

나는 어떤 중요하고 어려운 결정을 해야 할 때면 늘 이 원리를 적용한다. 여러 대안 중 하나를 선택해야 하는 일이 내게 닥치면, 그날 큰오빠의 설교 말씀대로 실천한다. 그러면 언제나 내가 선택한 그 길에서 하나님이 나와 함께하신다. 갈 바를 알지 못해 헤매던 내 젊은 날 하나님께선 큰오빠를 통해 내게 삶의 지혜를 가르쳐 주셨다. 우리 큰오빠는 이렇게 나에게 가장 큰 멘토가 되었다.

24. ad fontes

위희숙

(아내)

신문(이미 舊聞)은 스크랩을 기다리며 쌓여만 간다.
박스는 자료를 보관하기 위해 천장 밑까지 올라간다.
양말은 반쯤 뒤집어 벗어 놓는다.
전깃불은 켜기만 하고 끄지 않는다.

훌쩍 일흔 살이 넘은 우리 부부는 일상생활에서 사소한 일로 티격 태격한다. 나는 매일 잔소리를 반복하고 상대방은 듣는 둥 마는 둥 마 이동풍(馬耳東風)이다. 그럼에도 불구하고 금년 12월이 되면 우리는 결 혼 47주년을 맞이하게 된다.

개척교회 전도사

1974년 초여름 코리아나 호텔 커피숍에서 강일구 전도사를 만났 다. 내 이모님과 강 전도사 고모님의 주선으로 만남이 이뤄졌다. 강일 구 씨는 구파발성결교회 전도사였고, 나는 예일여고 교사였다. 강 전도사의 사례금은 곡식 한 자루였고 나의 월급은 상당한 액수였다. 구파발교회는 논밭 속의 개구리들이 뛰어다니는 개척교회였고 나는 충현교회의 대학부 교사였다.

데이트를 하자고 만날 때면 강 전도사는 항상 똑같은 바지에 팔을 걷어 올린 칙칙한 남방셔츠를 입고 나왔다. 신문이나 잡지를 바지 뒷주머니에 딱 꽂고, 식사는 찐만두, 곰탕, 광화문 크라운 빵집을 택했다. 대화는 주로 선교사역이나 어렵고 부담스러운 주제가 다루어졌다. 구체적인 결혼생활에 대한 비전이나 계획은 없었다. 유머러스하거나 로맨틱한 얘기도 없었다. 데이트 내내 걸어 다녔고, 헤어질 때는 버스 정류장에서 헤어졌다. 데이트를 마치고 집으로 돌아오면 머리가 아프고 피곤하기만 했다.

가을이 왔다. 고등학교 학생들을 인솔하고 경주 수학여행이 계획되어 있었다. 나는 그 수학여행을 떠나기 전에 더 이상 강 전도사를 만나지 않기로 결정하고 헤어지자는 의사를 전달했다. 솔직하게 나는 선교사나 목사 부인이 되는 것이 두려웠고 부담스러웠다. 게다가 강 전도사는 조금 별나고 까다로운 성격의 소유자로 생각되었다. 나중에 이야기를 들어보니 나를 시험(test)해 보려고 의도적으로 빡빡하게 대했다고 한다.

세월이 흘러 1986년 12월 말, 우리는 워싱톤한인성결교회 목회를 마치고 드루대학(Drew University)으로 돌아왔다. 자동차에 U-Haul 이삿짐을 달고 고속도로로 달려오는 동안 나는 내내 눈물을 펑펑 쏟았다. 사랑하는 성도와 교회를 떠나는 것이 너무 슬펐다. 성도와 교회를 섬겼던 일이 너무 감사했고, 좋았고, 행복했기 때문이었다. 개척교회 전도사와 이민교회 목사는 무엇이 달랐을까? 별로 다른 점이 없었다.

내 스스로가 어떻게 보고 생각하는지가 달라졌을 뿐이었다.

빠마머리 (permanent wave)

강일구 목사는 무엇인가 새롭게 시도해 보는 것을 좋아했다. 남의 시선이나 평가에 별로 개의치 않았다. 1981년 강일구 목사는 워싱톤 한인성결교회(북버지니아 소재)에 부임했고, 그 당시 우리 교회 여성도 님들은 대부분 미용업에 종사하고 있었다. 강 목사는 심옥훈 권사님의 미용실에서 머리를 자르곤 했다. 꽤 먼 거리였지만 무료로 잘라주시니 열심히 가곤 했다. 어느 날 심 권사님과 헤어드레서 집사님들께서 한마음이 되어 강 목사에게 빠마를 하면 멋있을 것 같다고 권하셨다. 강 목사는 기다렸다는 듯 주저함 없이 빠마를 실행했다. 강 목사의 머리는 꼬불꼬불 위로 높이 솟아 한 바가지가 되었다. 그 머리를 하고 주일예배를 드렸다. 정작 빠마를 한 본인은 태연하게 예배를 인도하고, 보수적이었던 나는 어찌할 바를 몰라 전전긍긍했다. 나에게는 아주 어려운 일이 강 목사에게는 쉽고 아무렇지도 않은 일이었던 것 같다. 예배가 끝난 후 강 목사의 파격적인 헤어스타일 때문에 친교 시간에 분위기가 조용했다. 하고 싶은 말은 못 하고 서로 눈치만 보는 어색한 친교 시간이 되었던 것이다. 몇 주 후 미주 성결교회 동부 지방회가 우리 교회에서 열렸는데 여전히 강 목사의 빠마머리는 자리를 못 잡고 여전히 한 바가지였다. LA에서 오신 강 목사의 은사이셨던 노(老) 목사님께서 설교하려고 참석하시고는 강 목사의 빠마머리를 보고 부드럽고 유머스럽게 한 말씀 해 주셨다. 은사님께서 대표로 '덕담'을 해 주신 덕분에 강 목사의 빠마머리 해프닝은 잘 마무리되었다.

큰돈

워싱턴한인성결교회 목회 시절 우리는 빠듯하게 의식주를 해결했다. 나는 토요타 코롤라 300불짜리 차를 운전했다. 운전석 밑은 바닥이 보였고 겨울엔 히팅이 안 되고 앞 후드에선 흰 연기가 솟아 올라왔다. 이렇게 불편하고 어려운 생활 가운데 강 목사가 엉뚱한 생각에 몰입하는 일이 생겼다. 갑자기 메릴린치주식분석보고서를 구독하기 시작했다. 한 달 구독료는 우리 가족 일주일 식료품비를 능가했다. 얼마 후 우리 재정 모두를 긁어모아 한 주당 몇 불 안 되는 신흥 기업인 마이크로소프트 주식을 샀다. 도저히 생각할 수 없는 위험한 일이었다.

87년에 공부를 마치기 위해 드류 대학으로 돌아왔을 때 얼마 동안 수입이 전혀 없었다. 나의 강력한 주장으로 마이크로소프트 주식을 팔아서 그 돈으로 한동안 생활할 수 있었다. 얼마 후, 주식 판 돈은 다 써버렸는데 주가는 계속 오르고 있었다. 생활이 어려울 때마다 주식을 팔자고 한 나에게 비난이 돌아왔다. 마치 나의 무지와 강요로 큰돈을 잃은 것처럼 말이다. 큰돈은 우리의 몫이 아니었던 것이다. 일용할 양식이 가장 좋은 것(the best)이다.

베고니아 No. 101

1992년 여름 우리 가족은 한국에 돌아왔다. 최재락 교수님께서 귀국 선물로 베고니아 한 그루를 선물해 주셨다. 원예 솜씨가 좋은 남편의 손을 거쳐 그 한 그루에서 수백 개의 베고니아가 탄생했다. 지금 우리 집에는 101그루의 베고니아가 있다. 분홍색 동그란 꽃잎이 포도송이처럼 주렁주렁 알알이 박혀 피어난다. 베고니아는 스스로 숫자를 줄이지 않는다. 생존력이 강하다. 공기 청정력도 우수하다. 이웃에게 가끔 분양해 주어도 자꾸자꾸 늘어만 간다.

베고니아 한 잎을 물속에 넣는다.
물속에서 뿌리가 나온다.
뿌리내린 잎을 흙 속에 심는다.
헌 잎은 시들고 새싹이 올라온다.
이런 과정을 걸쳐서 어린 베고니아가 계속 탄생하고 있다.

나의 남편은 무엇보다도 흙 만지기를 좋아한다. 흙으로부터 새 생명을 싹 틔우는 것을 기뻐하며 식물들을 잘 가꾸고 있다. 이것이 "근원으로 돌아가자"(ad fontes)는 강일구 목사의 삶의 철학을 보여주는 구체적 모습인 것이다.

25. 우리 아버지는 Green Thumb

강준모

(아들)

내가 초등학교 2, 3학년 즈음, 아버지가 미국 워싱턴 D.C.에서 목회를 하실 때, 아버지는 집 뒷마당에 정원을 가꾸셨다. 아버지와 함께 Hechingers에 가서 가드닝에 필요한 각종 물건과 씨앗, 모종을 사왔던 생각이 난다. 아버지는 마치 건축가가 집을 설계하듯이 채소와 꽃의 영역을 계획하여 나누어 심으셨다. 각 밭을 나무 테두리로 둘러싸고, 벽돌로 작은 사잇길을 만들어 채소와 꽃밭 사이를 편하게 걸어 다닐 수 있도록 만드셨다. 텃밭의 상추나 방울토마토 등은 교회 신도분들이 새벽 기도가 끝난 후 자유롭게 따서 가져가셨다고 한다. Fresh & local food를 나누신 것이다.^^ 아버지가 가꾼 정원은 우리 가족에게 소박하면서도 큰 기쁨을 가져다주었다. 건강에 좋은 깨끗한 유기농 채소와 꽃을 보며 눈이 즐거워지는 아름다운 정원을 만드신 것이다.

그로부터 15년의 세월이 흘러 과천에서 할아버지와 함께 살면서 유년 시절 기억 속의 그 정원을 다시 보게 되었다. 아버지께서도 한동안 손 놓고 계셨던 정원 가꾸기 프로젝트를 시작하셨고, 예전처럼 밭을 나무 테두리로 둘러싸고, 붉은 벽돌로 사잇길을 만들었다. 이때는 나와 여동생 아람도 정원을 만들고 가꾸는 데 일조하였다.

요즘 아버지는 아파트 실내에서 정원을 가꾸신다. 수많은 식물에

물 주시느라 주말마다 바쁘시다. 베고니아, 크루시아, 스파티필름, 산세베리아, 호야, 난 등 다양한 식물을 키우시는데 베란다와 집 안 곳곳에 있는 화분들을 욕조로 옮겨 물을 주신다. 계절이 바뀌어 분갈이가 필요한 화분은 분갈이를 하시고, 햇볕이 잘 드는 곳에 위치 선정을 해야 하기 때문에 부지런히 몸을 움직이신다. 아버지 집의 식물들은 이렇게 사랑과 관심을 듬뿍 받으면서 잘 자라고 있다.

우리 집 베고니아가 시들시들 말라가는 걸 보시더니 아버지가 가져가셨다. 일주일 후에 다시 가져가라고 연락이 와서 가보니, 'Green Thumb' 아버지 덕분에 우리 집 베고니아가 잎사귀 색도 건강해지고, 줄기에 지지대가 세워져 키도 쑥 커진, 완전히 새로운 베고니아가 되었다. 아버지의 손을 거치면 시들시들했던 식물들이 기적처럼 살아난다. 아버지는 확실한 Green Thumb이시다.

26. 준비성 철저한 우리 아빠

강아람

(딸)

아빠는 여행을 무척 좋아하신다. 여행 날짜가 잡히면 일주일 전부터 바퀴 달린 가방을 꺼내어 짐을 꾸리기 시작하신다. 어떤 땐 새 물건을 장만해 짐을 싸기도 하시고 어떤 땐 하루에 몇 번씩 짐을 풀었다 다시 꾸렸다 하신다. 그리고 여행하기 전에 방문할 곳에 관한 책도 여러 권 사서 공부하신다. 마치 여행을 처음 가 보는 사람처럼 준비를 잔뜩 하신다.

그러고 보니, 아빠는 모든 일에 준비를 미리 하는 스타일이시다. 공항 갈 때 보통 탑승 시간 2-3시간 전에 나가는 게 원칙인데 아빠는 한 4-5시간 전에 나가려고 하신다. 교회 가는 날에는 양복을 입은 채로 거실 소파에서 다른 가족들을 30분씩 기다리시는 경우가 다반사다. 나는 마흔이 넘은 나이가 되어서도 아빠로부터 "미리미리 준비해야지" 하는 잔소리를 자주 듣는다.

최근에 남편이랑 아빠 이야기를 하다가 둘이서 똑같은 사건을 되새기면서 웃은 적이 있다. 남편은 캐나다 국적을 지닌 아르메니아 사람이라 결혼할 당시 부모님의 허락을 쉽게 받지 못했다. 아빠가 드디어 결혼을 허락하신 그날, 허락받기까지 딱 일 년이 걸린, 그날을 잊을 수가 없다. 일 년 동안 아빠는 준비를 하고 있었던 것이 아닌가 싶다.

하곱 살키시안

(Hagop Sarkissian, 사위)

When Aram later told me her father's tendency to prepare well in advance for occasions like traveling, it was not the least bit surprising. In the summer of 2010, seven years after meeting one another and a full year after Aram had accepted my proposal, we went to Cheonan to seek her parents' blessing. There, over dinner at Cucina (the family's favorite restaurant at the time), my future father-in-law showed me just what it meant to be prepared. Over the better part of an hour he recounted to us all that he had learned of the Armenian people--of our status as the first Christian nation, of the waxing and waning of our historical kingdoms, and of my responsibility as a descendent of my ancestors to honor their legacy. He spoke of the need to ground our lives together in family, culture, and God. My nervousness gave way to gratitude and esteem as we left that dinner with his blessing.

27. 바흐, 신학을 작곡하다

김세은
(며느리)

아버님께서는 클래식, 재즈, 팝송 등 다양한 음악들을 소장하며 음악을 즐겨 들으십니다. 종종 제가 듣고 싶은 음악이 있을 때 아버님의 알카이브로 달려가 대출 요청을 하면 아버님께서 흔쾌히 빌려주시곤 합니다. 물론 "꼭 반납해야 한다"라고 신신당부하시는 말씀을 덧붙이시죠.^^

아버님께서 2012년에 출판하신 『바흐, 신학을 작곡하다』라는 책은 저에게 큰 영감을 주었습니다. 아버님의 책을 읽기 전에는 학생들에게 바흐에 관한 수업을 할 때, 바흐의 개인적인 생애에 관한 것은 대략적으로 설명한 후 바흐가 어떤 곡들을 작곡했는지, 바흐만의 특별한 작곡 기법은 어떤 것이 있는지에 대해 포커스를 두고 가르쳤지만, 아버님의 글을 읽은 후로 제 가르침에도 큰 변화가 있게 되었습니다. 우선 수업자료 ppt에 바흐를 소개하는 헤드라인으로 "바흐, 신학을 작곡하다"라고 제목을 그대로 씁니다. 아버님의 책 제목이 너무 멋있어서 제가 허락받지 않고 사용한 점, 이 자리를 빌려 사과의 말씀을 드립니다.^^

바흐의 신앙심으로 그가 어떠한 곡들을 작곡하였는지 학생들에게 전달하고, 그가 작곡이 잘 안 될 때는 "Jesu, Juva!"(주님, 도와주세요)라고 써 놓은 그의 자필 악보를 함께 들여다보며, 학생들도 그들이 다른 일들로 힘들 때 주님께 도움을 청하며 살아나가길 바라봅니다. 단순히 지식만을 전달하는 것이 아닌 '바흐가 가지고 있던 하나님에 대한 신앙심을 학생들에게도 전해야지. 그리고 그걸 통해서 하나님을 전하자!'라고 결심하게 되었지요. 그리고 저 또한 음악인으로서의 바흐에 대한 존경을 넘어 바흐의 신앙을 본받고 살아가자 마음먹게 되었어요.

언젠가는 아버님의 책과 똑같은 이름으로 바흐의 음악으로만 구성된 연주회를 해 보고 싶다는 게 제 버킷리스트에도 추가가 되었습니다.^^ 바흐가 그의 작품을 완성하고 마지막 마디에 "Soli Deo Gloria"(오직 하나님께 영광)라고 새겨 놓았듯이 우리 모두 앞으로의 삶의 한 걸음 한 걸음도 S. D. G. 되길 원하고 바라고 기도합니다!

28. 할아버지와 나

강다준
(손자)

존경하는 할아버지

내가 호서유치원을 다녔을 때, 할아버지 사무실에 갔었다. 나는 그곳에서 뛰어다니기도 하고, 할아버지 의자에도 아무 거리낌 없이 앉아서 빙글빙글 의자를 돌리면서 놀았다. 또 할아버지와 같이 걸어갈 때, 주변 어른들이 모두 할아버지를 보고 인사하시는 것을 보며 '할아버지가 높은 사람이구나' 하고 생각했다. 나는 그때 할아버지의 손자라는 게 기분 좋았다.

포르투갈 축구 캠프

내가 5학년 때 다니던 축구 클럽에서 포르투갈에 2주간 전지훈련을 간다고 하였다. 엄마, 아빠는 돈도 많이 들고, 내가 어려서 걱정이 된다고 전지훈련에 가지 말라고 했다. 하지만 할아버지가 포르투갈에 꼭 다녀오라고 캠프 비용을 주셔서 갈 수 있었다. 포르투갈에서 축구 경기도 보고, 유소년팀과 경기도 뛰고, 훈련도 했다. 할아버지 덕분에 평생 잊지 못할 좋은 추억이 생겼다.

이발소 친구

할아버지는 항상 나를 데리고 쌍용동에 있는 삼원이발소를 가셨다. 내가 가기 싫고, 머리를 자를 때가 아직 안 되었어도 "머리는 짧게 잘라야 한다"고 꼭 나랑 같이 가셨다. 할아버지와 난 이렇게 억지로 이발소 친구가 되었다. 그런데 솔직히 말하자면, 그때 이발소에서 자른 머리는 내게 트라우마다. 내 헤어스타일에 대한 나의 의견은 중요하지 않고 할아버지 맘대로 밤톨처럼 짧게 커트를 했기 때문이다. 할아버지는 나를 데리고 이발소에 가는 걸 좋아하신다. 머리를 자르고 집에 돌아오는 길에 아이스크림을 하나 사 주시면서 할아버지랑 그 아이스크림을 나눠 먹었다. 그런데 할아버지가 마치 기린 혀같이 아이스크림 여기저기를 다 핥아먹으셔서 나는 먹기 싫었다. 여전히 할아버지는 삼원이발소에 가신다. 하지만 나는 요즘 내 친구들과 미용실에 가서 내가 원하는 스타일로 머리를 자른다.

강예루
(손녀)

산타할아버지

제가 4살, 5살 때 할아버지는 저와 오빠를 위해 크리스마스 때마다 산타 분장을 하고 선물을 주셨어요. 저는 할아버지가 진짜 산타할아버지인 줄 알았어요.^^ 솜으로 콧수염을 만드시고 빨강 산타 모자를 쓰시고, 선물 보자기를 어깨에 둘러메고, 산타 옷이 없으니 빨간색 파자마 가운을 입고 나오셨는데, '허허허' 웃으시며 너무나 산타 연기를 잘하셔서 우리 할아버지일 거라고는 감히 상상을 못 했었어요.^^ 정말이지 손자, 손녀를 위해 산타 분장을 하고 산타 연기를 하시는 할아버지는 이 세상에서 단 한 분, 우리 할아버지밖에 없을 거예요!

간식 부자

할아버지는 간식 부자이세요. 제가 할머니께 영어를 배우러 갈 때마다 과자, 사탕, 젤리, 초콜릿, 뻥튀기, 주스 등 이것저것 먹어보라고 많이 가져다주세요. 할아버지가 주시는 간식 덕분에 항상 힘이 나고 당 충전이 잘 되는 것 같아요. 그런데 가끔은 유통 기한이 지난 간식들이 있어서 조심해야 한다는 게 함정.ㅜㅜ 할아버지와 저는 과자 취향이 비슷해요. 저는 짭짤한 쌀과자를 좋아하는데 어느 날 할아버지 방에 쌀과자가 떡하니 놓여 있는 거예요. 그걸 제가 거의 다 먹어버려서 할아버지가 많이 못 드시게 되어 죄송했던 적도 있었어요. 할아버지, 제가 앞으로 맛있는 간식 많이 사 드릴게요!

뜨거운 열정을 지니신 분

양승조

(충청남도 지사)

강일구 총장님의 희수와 문집 발간을 축하드립니다.

총장님을 처음 뵌 것은 제가 17대 국회의원으로 당선된 2004년이 아닌가 생각됩니다. 당시 저는 국회 등원을 맞아 지역 인사들께 인사를 드리는 시간을 가졌는데, 총장님도 호서대에 취임한 즈음이어서 반가운 인사를 나누었던 기억이 있습니다.

그러다 더욱 가까이서 뵙게 된 것은 제가 호서대학교 최고위 과정에 29기로 입학한 2006년 가을부터입니다. 언제인지 어디인지 정확히 기억나지는 않지만, 최고위 과정 중에 총장님과 몇 분이 모여 차담을 나눌 기회가 있었습니다. 그 자리에서 총장님은 대학의 발전 방향에 대해서 말씀하셨는데, 구체적인 내용도 내용이지만 말씀 속에서 큰 비전과 불타는 열정을 고스란히 느낄 수 있었습니다.

여러 어려운 여건 속에서도 호서대학교가 끊임없이 변화하는 모습을 보여주고 마침내 사학의 명문으로 우뚝 설 수 있었던 점 그리고 대한민국 벤처의 대명사로 자리 잡을 수 있었던 것은 도전하고 또 도전하면 반드시 이룩할 수 있다는 총장님의 열정이 투영된 결과라고 생각합니다.

총장님의 그러하신 모습은 저에게도 커다란 배움이 되었습니다.

제가 민주당의 당세가 약한 천안에서 4선의 국회의원을 지내고 충남 도지사로 당선되어 재임할 수 있었던 것도 총장님의 도전하고 참여하는 열정이 제게 전달되었기 때문이 아닌가 생각합니다.

이제 희수를 맞으시고 후학들과 주위 분들이 마음을 모아 문집을 만들어 봉정한다고 하니, 거듭 진심 어린 축하를 드립니다. 앞으로도 지역과 나라를 위해 많은 가르침 주시길 바라면서 총장님의 건승하심을 기원드립니다.

감사합니다.

5

교수와 신학자
[1992~2004]

29. 어느 신임 교수 단상

함연진

(호서대학교 교수, 대학원장)

석사 장교라는 희한한 군 특례 덕분으로 일찍 군대를 마친 나는 20대 후반 총각의 딱지를 달고 호서대학교에 교수로 부임했다. 나중에 전해 들은 이야기는 이러했다. 당시 강석규 총장님께서 평소 친분이 있으셨던 나의 지도교수님께 똘똘한 제자가 있으면 좀 보내 달라고 부탁하셨다고 한다. 그분은 서울대 영문과 장왕록 교수님이신데, 서강대 장영희 교수의 부친이셨다. 그 후 나는 영문도 모른 채 선배 한 분과 호서대 영문과에서 대학교수의 첫발을 내딛게 되었다.

조금이라도 비가 오면 발이 빠질 만큼 학교는 열악했다. 산골짜기의 그런 지방대인 까닭에 대부분 젊은 교수들은 기회만 되면 서울로 튈 준비를 하고 있었다. 아니나 다를까, 함께 부임한 선배는 곧바로 서울에 있는 대학으로 튀었다. 하지만 세상 물정 모르고 어디 가나 적응을 잘하는 성격 덕에, 어언 삼십 년 넘게 나는 이곳에서 터줏대감처럼 진을 치고 있다.

부임한 지 얼마나 지났을까. 거의 전설이셨던 강석규 총장님의 말

아드님이 우리 학교에 교수로 부임하실 거라고 소문이 돌았다. 들리는 얘기로는 미국 유명 대학에서 학위를 하시고 현지에서 목회 활동을 하시던 중에 거의 강제로 소환되시는 거라고 했다. 후계자로 삼으시려고 불러들이신 게 분명하다는 말도 돌았다. 그 와중에 나는 내심 이런 생각이 들었다. 차라리 미국에 사시는 게 낫지 않을까. 틀림없이 저 무서운 총장님 밑에서 엄청 고생하실 텐데.ㅠㅠ

강일구 교수님은 소문대로 신학과에 부임하셨다. 지금도 그렇지만 당시 호서대 신학과는 정말로 쟁쟁하신 분들이 진을 치고 있었다. 아무리 총장님 자제분이라 해도 먹히지 않을 분위기였다. 나는 그런 분위기가 마음에 들었다. 그러던 어느 날, 종합정보관 9층 복도에서 처음으로 그분을 뵈었다. 사람은 누구나 첫인상이 중요한 법. 인물이 수려했다. 목사님이라는 신분에 앞서 학자다운 기품이 역력했다. 일단 합격!

그러던 중 한 번은 같은 과 김창익 교수님과 교수 식당에서 점심을 먹고 있었는데 일행과 함께 그분이 옆자리에 앉으셨다. 아직도 미국 냄새(?)가 풀풀 나는 특유의 밝은 미소로 인사를 건네시며 악수를 청하셨다. 역시 다르긴 다르네. 식사 중 자연스럽게 이런저런 얘기가 오갔다. 나는 그분을 파악하기 위해 한마디 한마디를 놓치지 않으려고 귀를 기울였다. 젊은 나이이긴 해도 나름 사람 보는 눈은 있었던 터라, 금방 그분의 면모를 알아챘다. 흐음, 나보다도 세상 물정에 어두운 분이시군….

나는 서울에 사는 대학 동창들로부터 가끔 세상 물정 모른다는 얘기를 들었다. 그럴 때마다 지방에 산다고 사람 우습게 보나, 싶어 그냥 웃어넘기곤 했다. 그런데 그날 나는 나보다도 더 세상 물정에 어두울 것 같은 분을 만나고, 왠지 모를 안도감마저 들었다. 솔직히 얘기하면 학자답게 매우 순수하고 세상의 때가 하나도 묻지 않은 맑은 영혼의 소유자였다. 아니나 다를까, 가끔씩 무릎을 꿇고 몇 시간 동안 추상같은 아버님으로부터 훈계를 들으신다는 얘기가 비밀처럼 들려왔다. 순간 동병상련이 느껴졌다.

세상에는 여러 부류의 사람들이 살고 있다. 아주 영악하고 약아서 조금의 손해도 보지 않고 사는 사람들이 있는가 하면, 세상의 흐름에 먼저 줄을 서지 못하고 매사에 무언가 손해를 보고 사는 듯한 사람들이 있다. 어떻게 사는 것이 과연 현명한 일일까? 늘 자문해 보지만 나는 아직도 그 답을 알지 못한다. 누구 말대로, 그동안 헛살았나 보다. 하지만 나는 결코 헛산 건 아닐 거라고 스스로를 위로한다.

요즘 들어서는 세상 물정에 어둡다는 말이 더 이상 부끄럽게 느껴지지 않는다. 오히려 가끔은 그렇게 사는 게 나을 거라는 생각이 들 때도 있다. 차라리 손해 보고 사는 게 오히려 편할지 모른다는 억울한 믿음마저 생기기도 한다. 한 번은 주일 날 교회 문을 나서는데 이런 생각이 문득 들었다. 이 세상에서 가장 세상 물정에 어두운 사람은 누구일까. 혹시 저분이 아니셨을까. 세상 물정에 어두워 속절없이 저 십자가 위에 달리셨던 그분 말이다.

30. 해물 칼국수의 맛

김완기

(호서대학교 벤처전문대학원 교학팀장)

내가 교목실에 근무하던 시절 강일구 교수께서 교목실장으로 부임하셨다. 여름의 끝자락을 알리는 매미가 캠퍼스에 크게 메아리치던 1996년 9월 초순이었다. 지금의 대학교회가 세워지기 전 아산캠퍼스 채플실은 강석규 교육관 5층에 있었다. 채플실 양옆으로 강의실과 신학과 교수님의 연구실, 교목실과 기도실이 줄지어 있었고, 에어컨도 없이 창문을 열고 예배드리던 시절이었다. 채플에 오는 수많은 학생과 신학과 학생들, 기독동아리 학생과 기도하러 오는 학생들로 복도는 항상 붐볐다. 출근하면서 마주치는 부스스한 얼굴은 밤샘 기도를 한 학생들이었다. 그들을 위해서 강일구 목사님도 늦게까지 연구실에 불을 밝히곤 했다.

늦더위에도 채플실에서는 거의 매일 예배가 진행되었다. 열린 창문으로 말벌이 들어오는 소동도 자주 있었다. 어느 날 어떤 성경 말씀에도 좀처럼 반응이 없는 학생들에게 목사님이 미국에서 낮에는 학교에 다니고 야간에는 청소하면서 공부하셨던 경험을 전했다. 그때야 학생들이 고개를 번쩍 들었고 눈빛이 반짝였다. 목사님의 얼굴에도 흐뭇한 미소가 감돌았다. 교수 연구실 심방도 다니셨다. 나도 몇 곳을 함께 방문했었는데 이런저런 고충을 듣고, 함께 마음을 열고 진심 어린 기도로 마무리하던 기억이 남아 있다. 우리 대학이 꽃들로 가득한

5월에 열리는 호서가족예배에 관심을 많이 두셨다. 어느 해보다 많은 교직원 배우자와 자녀가 참석하여 함께 예배를 드렸다. 예배 후 교직원 식당에서 다과를 나누며 참석하신 분들과 소탈하게 담소를 나누곤 하셨다.

학부 및 대학원 강의와 각종 예배를 주관하느라 쉴 틈 없는 일과 중에도 목사님이 교목실장으로 재직하는 기간 중 가장 큰 소임은 아산캠퍼스 대학교회 건축이었다. 아산캠퍼스 대학교회는 1996년 3월에 착공하여 1999년 6월에 완공되었다. 목사님은 1999년 2월까지 교목실장으로 재직하셨으니 재직 기간 중에 대부분의 건축이 이루어진 셈이다.

교회 건축 중 몇 가지 에피소드가 있다. 강 목사님은 교목실장으로서 당시 총장이신 강석규 총장님을 수행하여 여러 차례 건축 현장을 방문하셨다. 총장님께서 마음에 그리고 있는 교회를 구현하기는 쉽지 않았다. 처음 지붕이 뾰족한 형태로 설계되었고 철골 구조물이 설치되었다. 그것을 철거하고 지금의 돔 형태로 바꿨다. 교회 음향을 위해 전문가를 초청하여 여러 차례 시뮬레이션을 했는데 흡족하지 않아 변경을 거듭해야 했다. 본당 십자가도 처음 것이 작다고 하셔서 좀 더 큰 것으로 설치했다. 어떤 때는 총장님께서 불같이 화를 내기도 했다. 교목실장께서는 그 일들을 하나하나 수습하는 데 혼신의 힘을 다하셨다. 교회 로비에 설치된 십계명이 새겨진 돌은 모세가 십계명을 받았던 성 카타리나 성당 근처에서 가져 온 것이다. 그것을 설명하실 때마다 무척 감격스러워 하셨다.

어느 날 교목실장께서 직접 소형차를 운전해서 디자인학과 교수님과 함께 신축 교회 장의자를 사러 인천 남동공단에 있는 공장에 갔다.

여러 제품을 꼼꼼히 둘러보고 고심하던 끝에 누구나 기도하기 편하게 무릎 기도대가 있고, 오래 사용할 수 있게 오크로 된 의자를 선택했다. 지금 본당에 놓인 오크 의자가 그때 산 것이다. 돌이켜 보니 대학교회의 세세한 부분까지 교목실장의 마음이 녹아 있다. 그때 교목실장께서는 천안으로 돌아오는 길은 경치나 보며 가자고 지방 도로를 택하셨다. 길가에 있는 해물 칼국수 맛집에서 늦은 저녁도 함께 나누었다. 그 맛이 아직도 각별한 기억으로 남아 있다. 내가 경험한 강일구 교목실장님은 그 시절 따뜻했던 해물 칼국수 한 그릇으로 떠오르는 분이다.

31. 궁핍한 날의 벗

이문범

(호서대학교 산학협력단 부단장, 산학지원실장)

호서대학교 유학생의 수가 천명 단위를 넘는다. 과거를 생각하면 대단한 규모로 확대되었다. 그야말로 격세지감을 느낀다. 우리 대학교 국제협력원 구성원들이 '많이 힘들겠구나' 하는 생각과 함께 강석규 명예총장님이 생각난다.

우리 대학교 외국인 유학생 교육은 강석규 명예총장님의 애국적인 그리고 선교적인 의지였다. 연변의 우리 동포, 우즈벡의 한인 계열 동포 그리고 복음화를 위한 선교사들과의 현지 네트워크를 이용한 학생 교육 등 뚜렷한 목표를 가지고 유학생의 교육에 관심을 가지셨다. 이렇게 다섯 명에서 열 명 남짓 시작된 우리 유학생은 점차 그 수가 늘어나게 되었다.

그들 대부분은 우리 학교 장학금으로 초청된 학생들이었는데, 가난했던 터라 관리적인 부분에서 많은 에너지가 필요했다. 학생들의 끼니 문제, 질병 문제, 방학이 되면 생기는 거주의 문제, 생활비의 문제, 심지어는 연애사 문제까지 거의 '풀 패키지 서비스'를 제공해야 했던 것이다. 낮과 밤, 평일과 주말을 안 가리는 일이어서 우리는 '국제교육원은 이름만 고상할 뿐, 실제 하는 일은 노가다 십장'이라고 투덜거리기도 했다.

그런데 사실 이러한 원인은 국제교류부장을 역임하시던 강일구 총장님에게 있다. 이 분의 유별난 유학생 관리는 국제교류부장 시절부터 교무처장, 교육연수원장, 부총장 시절까지 지속되었으니, 그 열정이 참 대단했다. 연말이면 대학교회 지하에 간담회실을 열어 유학 생활의 어려움이 없는지를 공개 토론까지 했다. 그분은 유학생에 대해서는 정말 사소한 것까지 마음을 쓰셨다. 연말이 되면 유학생들 외롭다고 다 모이게 해서는 행사를 하고 기념품을 나누어 주었다. 누가 밥을 잘 못 먹는다는데, 누가 아프다는데 알고는 있나? 그런 것도 모르나? 아, 지금도 그때를 생각하면 너무 피곤했던 날들이었다.

이제 세월이 흘러 왜 그렇게 유학생들 문제에 세세한 관심을 가지셨을까 생각하게 된다. 그러면 배고프고 힘들었던 유학생 시절의 기억을 회상하시던 강일구 총장님의 말씀이 떠오른다. 유학 시절의 궁핍한 나날마다 고달픔, 배고픔, 이국에서의 외로움, 책임감… 이러한 감정과 느낌들이 항상 동행했던 것 아니었을까?

총장 재임 시절의 일이다. 가끔 커피를 드시면서 "이봐 제일 맛있는 커피가 뭔지 아나?" 물으신다. "글쎄요. 전 … 커피 맛을 잘 모르겠습니다" 하면, "아이구, 뭘 모르는구만!!! 자네 나가서 던킨도너츠에서 도넛 한 개랑 아메리카노를 마셔보게 그게 정말 맛있다네." 던킨 커피가 맛있는지는 정말 모르겠다. 하지만 분명 던킨도너츠와 함께 한 커피는 그 어려운 시절 맛본 궁핍한 추억의 맛이었으리라! 지금 호서대학교는 여전히 24시간 대기조로 오늘도 돌아간다. 그 덕분에 우리 대학의 유학생 관리는 주변에 소문이 자자하다. 나는 강일구 총장님의 유학생 관리 DNA를 실천해 주는 국제협력원이 참으로 감사하고 고맙다. 어찌 보면 궁핍하고 열정적인 젊은 유학생들에게 강일구 총장님은 조용하면서도 항상 꾸준히 그 자리에서 우정을 나눈 벗이 아니었을까 싶다. 그래서 나는 성재 강일구를 궁핍한 날의 벗이라고 부르고 싶다.

32. 과거로, 미래로 떠난 시간 여행

이상직

(호서대학교 은퇴 교수, 호서학원 이사)

잇고(connect), 만나서(encounter), 대화한다(dialogue)

교수님은 처음 뵐 때부터 범상치 않으셨다. 1972년에 서울신학대학에서 처음 만났을 때, 교수님은 한양공과대학을 졸업하고 현재의 석사 과정에 준하는 3년 과정의 BD(신학사) 과정에 입학한 신입생이었다. 교수님은 그 당시 전 세계를 무선주파수로 잇는 햄을 이용하여 친구를 사귀고 더불어 지구촌 도처에서 일어나는 사건들에 대하여 그 친구들과 대화를 주고받고 간접적으로 예수님을 증거하고 있었다. 나는 학보사 기자로 이 소식을 취재하여 학보에 실었다. 인터넷이나 휴대폰 발명 이전 이미 강 교수님은 이 시대가 요구하는 사회연결망(SNS)에 큰 관심을 갖고 있었다. 같은 과정의 신학생이었던 나는 그때 세계를 잇고, 무선통신으로 만나서, 대화하는 것이 꿈만 같았고 부러웠다.

20년의 세월이 흘러 1992년 9월 호서대학교 역사신학 교수로 부임하신 강 교수님을 만났다. 교수님은 *ad fontes*(원천으로)라는 슬로건을 내걸고 학생들을 가르치고 지도하였다. 교수님은 현재에서 과거로 시간 여행을 떠나 초기 그리스도교의 멋진 사람들을 잇고, 만나서, 대화하는 역사 통신사가 되어 있었다. 나는 무선 통신사에서 역사 통신사로 변신한 교수님을 20년 만에 다시 만나게 된 것이다.

그 후 다시 24년이 흘러, 나는 교회 현장에서 강 교수님을 만났다. 정년퇴임 후 나는 2016년 신촌성결교회 협동 목사로 적을 옮겨 강일구 교수님께서 위원장으로 봉사하는 신촌포럼의 위원이 되었다. 신촌포럼은 교회와 사회를 이어주고, 만나서 대화하는 목적으로 시작된 포럼이었다. 강 교수님께서 1997년부터 포럼 위원장으로 주제를 정하고 강사를 선정, 초청하며 전체를 기획하였다. 주제는 교회의 사회적 책임, 인구 변화에 따른 교회의 대응, 인공지능 시대와 설교, 세대 간의 갈등 해소 등 교회 현실의 어려움을 극복하고 새로운 미래를 열고자 하는 의도로 기획되었다. 역사 통신사에서 문화 통신사로 변신한 강 교수님을 또 한 번 만나게 되었다.

돌봄과 투쟁의 두 날개

역사 통신사로 강일구 교수님이 과거로의 시간 여행을 떠난 이유는 단지 과거의 인물들과 그들의 사상을 설명하고자 함이 아니었다. 교수님은 원천의 연구를 통하여 오늘 현장에서 부딪히는 여러 갈등과 문제들을 해결하는 열쇠를 발견하고 나아가 현실을 변혁시키는 투쟁적 에너지를 찾기 원하였다. 고전 연구는 강 교수님에게 이 갈증을 해소해 준 획기적 기회가 되었다. 13년 넘는 미국 생활을 통해 강 교수님은 목회와 학문 사이의 갈등을 경험했다. 목회는 돌봄을 빼면 남는 게 거의 없다. 반면에 학문은 지성의 정밀함과 투쟁적 반성을 요구한다. 이 갈등 속에서 강 교수님은 드루대학교 지도교수인 오든 박사의 도움을 받아 고전의 세계에 빠져든다. 성서를 다시 읽고, 교부들의 세계에 접속하고 그들을 만나서 대화하고, 수 세기에 걸친 교회 지도자들과 대화를 나누며 문제 해결의 단서들을 두 가지로 정리했다. 이 두 개의 단서들은 돌봄(cura)과 투쟁이다. 교수님은 저서인 『그대 레오를 아는가, 그대 키에르케고르를 만났는가』에서 이 두 개의 단서들에 대하여 설명했다. 교황 레오 I 세로 대변되는 돌봄은 가치관의 혼란과 정치·사회적 위기를 극복하는 데 필요한 열쇠였다. 반면에 정형화된 신앙이 메말라 생명력을 잃게 되면 키에르케고르로 대변되는 투쟁이 해결의 열쇠로 다가온다. 교수님은 역사라는 시간 여행을 통하여 돌봄과 투쟁이라는 두 날개를 발견한 것이다.

미네르바의 올빼미

돌봄과 투쟁이라는 두 날개는 성경에 나오는 제사장의 역할과 선지자의 역할에 상응하는 개념이기도 하다. 강 교수님의 주변에는 상처받은 사람들이 많이 모여든다. 교수님은 어느 누구도 먼저 내치지 않는다. 모두를 포용한다. 나도 그중 한 사람으로 생각된다. 감사를 드린다. 돌봄의 목적은 개인과 공동체의 치유이고 다시 미래를 향하여 새롭게 비상하기 위한 것이다. 교수님의 포용력과 영혼의 따뜻함은 학생들에게 그리고 동료들에게 치유와 재(再)비상의 기회를 제공했다.

강 교수님은 또한 영혼의 깨어있음과 현실의 대안을 찾는 투쟁을 중시한다. 현실의 대안을 찾는 작업을 벤처라고 부른다. 호서대학교 총장으로서 벤처를 통한 사회 변혁에 앞장선 것은 분명 돌봄과 투쟁의 두 날개로 비상하는 몸짓이었다. 뿐만 아니라 교회와 사회를 이어주고 문화와 정치, 여러 문제 속에서 서로 만나고 대화를 나누는 신촌포럼을 통하여 강 교수님은 돌봄과 투쟁의 봉사를 현장에서 실천하였다.

깨어 있는 영혼에게는 나이는 아무것도 아니다. 하나님은 깨어 있는 자의 편이시다. 깨어 있는 자는 변신하고 또 변신한다. 교수님은 현실의 대안을 찾아 저 광활한 땅 몽골과의 자유 왕래를 제안하고 예술과 과학의 획기적 발전이 가져올 미래를 꿈꾸기도 한다. 독일의 철학자 헤겔은 미네르바의 올빼미는 석양이 되어서야 두 날개를 활짝 펼쳐 비상한다고 말했다. 이 단언은 강일구 교수님의 학문적 여정에서 그 실체를 드러내고 있다. 대학의 행정가로, 역사신학자로서 강일구 교수님은 돌봄과 투쟁의 두 날개로 이제 황혼에 날아오른다. 나는 강 교수님의 비상을 성원하며 희수를 맞으심을 축하드린다.

33. 성재, 그는 어떤 신학자인가?

한미라

(호서대학교 은퇴 교수)

　　호서대학교 신학과 교수로 임용되어 첫 출근을 하던 날이었다. 나의 연구실 옆방에서 인기척이 있어 문을 열고 나갔더니 당시 강일구 학과장이 강냉이가 가득 든 비닐봉지를 들고 웃으며 서 계셨다. 그 후로부터 지금까지 신학자 강일구 교수는 나의 교수 생활에서 그리고 내 기억 속에서 '의미 있는 타자'(significant other)이시다.

　　성재의 외조부는 신학자 성재를 이해하는데 있어서 가장 먼저 언급되어야 하는 인물이다. 성재는 '신학자의 향'(香)이라는 표현으로써 그의 외조부의 고매한 인격과 경건한 영성을 회상하였다. 초등학교 시절 이후 성재에게도 교회와 거리를 두는 신앙의 정체기가 있었다. 대학교 3학년 때 청년 강일구에게 진짜 믿음의 사람은 오직 외할아버지였는데 그런 인물이 돌아가신 것이다. 외조부는 가족들에게 성경 한 구절씩을 남기셨는데 성재가 받은 마지막 선물은 "네가 하는 모든 일에서 주님을 인정하라. 그러면 주님께서 네가 가는 길을 곧게 하실 것이다"이었다(잠 3:6).

　　외조부의 죽음은 청년 성재의 믿음을 회복하는 데 큰 영향을 주었다. 참믿음의 사람의 마지막이 외조부처럼 아름답고 평화로운 것을, 성재가 아닌 그 누가 보았다고 해도 하나님을 인정할 수밖에 없지 않았을까. 성재는 그 후 일주일 동안 집중적으로 성경을 통독하기 시작한 지 나흘 만에 뜨거운 눈물의 회심을 체험하였다. 그리고 예수를 다시 영접하였고, 구원의 확신도 갖게 되었으며 교회로 다시 돌아가 마치 요즘 신학생 전도사들처럼 교회학교 교사가 되어 초등부 아이들을 전도하고, 가르치고, 예배 전 찬양도 인도하고, 금식과 기도 생활에도 열심을 내었다. 총장 재임 시절에 성재께서 신학과 학부 학생들의 영성 수련과 농촌 전도와 교회 봉사 활동에 유난히 관심을 가지셨던 이유를 이제야 알 것 같다.

1977년 학문의 부족함을 충족하기 위해 떠난 미국 유학 생활이 4년이 지났을 즈음 박사과정에 있던 성재는 목회와 신학 공부 사이의 괴리로 인해 정신적 허기짐을 느끼며 방황하고 있었다. 이때 Drew University의 박사과정 지도교수인 Thomas C. Oden(오든) 교수가 성경과 기독교 고전과 초기 교회 교부(敎父)들의 가르침 그리고 공의회(councils) 문서 등을 원전으로 읽어보라고 권하였다. 오든 교수가 이런 권면을 한 데는 사연이 좀 있었던 것 같다. 자신도 성재와 같은 내적 갈등을 가졌던 시절이 있었기 때문이다.

2016년 작고한 오든 교수의 마지막 회고록 *A Change of Heart*(마음의 변화)에서 성재가 신학자로서 오든을 지도교수로 만난 것은 축복이라고 본다. 성재에게 박사학위논문의 방향이 정해지고 평생 신학 연구의 향방이 정해졌기 때문이다. 오든 교수의 선배인 종교학자며 사회학자인 유대교 신학자 윌 헐버그(Will Herberg) 교수로부터 신학자란 모름지기 교회의 전통이나 아타나시우스, 어거스틴, 아퀴나스 등과 같은 기독교 고전 저자들을 제대로 공부하기 전까지는 신학자라고 할 수 없다는 충격적인 말을 들었다.

이것은 반평생을 급진 좌파 운동권 신학자로 살아온 오든 교수의 신학 노선을 기독교의 정통주의 신학으로 돌아가게 만든 획기적인 학문적 회심 사건(academic conversion)이었다고 나는 평가한다. 그 이후 생을 마감하기까지 40여 년간 오든이 내놓은 작품들은 고전 정통주의 신학(Paleo Orthodox Theology)이라고 분류되고 있으나 정확히 말한다면 오래된 것으로부터 새롭게 발견한 지혜들을 쓴 신학서들이었기 때문에 나는 '온고지신 정통신학'(溫故知新 正統神學)으로 명명하고 싶다.

신학자로서의 성재가 오든 교수와 같은 지도교수를 만난 것은 축복이라고 본다. 박사 논문의 방향이 정해지고 평생 성재의 신학 연구의 향방이 정해졌기 때문이다. 성재는 성경은 물론이고, 이레나이시우스, 테르툴리아누스, 오리겐, 아타나시우스, 암브로시우스, 카파도키안 교부들, 어거스티누스, 레오 1세, 레랭의 뱅상 등 고대 교회 교부들의 작품들을 읽었다. 오든 교수가 헐버그 교수로부터 받은 학문적 자극으로 인하여 '마음의 변화'가 생겼듯이 강일구 박사 후보생도 오든의 지도에 따라 방향 감각이 없이 떠다니던 현대 신학적 해석의 문제가 해결되고, 내적 갈등도 해소되었다. 목회와 학문 사이의 갈등도 회복되어 사고와 행동에서의 균형을 이룰 수가 있게 되었다. 박사 논문의 주제도 꼼꼼히 읽은 교부들 중에서 레오 1세 교황을 선택하여 "레오 1세 교황의 신학에서의 에큐메니컬 모델에 관한 연구"란 제목의 멋진 박사 논문을 완성하였다.

그의 논문은 한마디로 '기독교 고전 읽기 운동으로 세계 교회를 다시 세우기'라고 압축할 수 있다. 이는 고전 정통주의 신학과 기독교 원천으로 돌아가 기독교 고전의 지혜를 새롭게 발견하고 미래 한국교회의 생명력을 회복시키려는 원대한 신학적 꿈을 담은 것이다. 성재 강일구는 바로 그 꿈을 우리 학교에서 실천하고자 한 것이었으며 그의 이러한 비전은 현재 진행형이다.

호서대 교수가 된 지 얼마 되지 않은 추운 겨울이었다고 기억한다. 성재께선 나에게 자신이 쓴 원고를 읽어봐 달라고 부탁하신 적이 있었다. 당시 신학과 학과장이신 성재의 원고라 나름 철저히 교정하였다고 생각했다. 그런데 후에 선배 교수들로부터 "왜 성재를 화나게 했어?"라는 말을 듣고 의아하게 생각했다. 내가 뭘 잘못했지? 성재는 나에게 자신의 글을 읽어 보라고 준 것을, 나는 교정을 해 달라는 뜻으로 알아듣고 빨강 펜으로 잔뜩 메모를 써넣은 교정지를 돌려드렸다. 그런데 그때 성재의 얼굴을 떠올리면 자꾸 웃음이 나온다. 나의 의미 있는 타자이신 성재의 인품은 철없던 신임 교수인 나를 배려하느라 쓴소리 한마디 않으셨다.

그 이후로 내겐 성재의 원고를 읽을 기회는 없었다. 그러나 응용신학자인 나에게 성재가 끼친 선한 영향력은 다 셀 수 없다. 신학자 강일구 박사의 신학은 마음이 따뜻해지는 치밀한 신학이다. 학자로서의 성재는 '연구논문작성법'을 직접 저술한 저자이기도 할 만큼 논작법(論作法)에 철저하다. 성재의 아드 폰테스 신학을 제대로 계승하기 위해서 호서의 후학들의 갈 길은 아직도 멀기만 하다. 더 늦기 전에 성재의 순수하고, 고전 정통신학의 전통과 정석을 새롭게 부활시키려는 적극적, 학문적 연구가 다름 아닌 호서신학의 젊은 세대들에게로 전승되어 가일층 발전시켜 주기를 바란다.

34. 가을에 만난 교부학자

염창선

(호서대학교 교수)

점심을 먹으러 걸어가는 길에 내리는 10월 햇살은 오늘처럼 눈부셨다. 2003년 이화여대에서 열렸던 가을 학회에서 한국교회사학회장 강일구 교수님을 처음 만났던 날이었다. 교수님은 귀국해서 처음 참석한 소장 학자를 밝은 웃음으로 맞으며 따뜻한 격려와 기대감을 보여주셨다. 그때나 지금이나 가을 햇살은 여상(如常)한데, 벌써 18년이나 지나갔다는 것이 전혀 실감 나지 않는다.

내가 보기에 교수님은 목사직과 총장직보다 학자로서의 길을 더 즐거워하시는 것 같다. 학내외의 무거운 짐을 내려놓고 학자로 돌아가 학문적인 주제를 이야기할 때는 얼굴도 밝아지고 목소리도 높아진다. 주어진 의무감이나 사명감보다는, 학문의 자유 속에 진리를 깨닫고 나누는 것이 더 기쁘기 때문인 것 같다.

해마다 3월에는 한국교회사학회와 한국복음주의교회사학회가 공동으로 학회를 주최한다. 2012년 봄 학회에 기조 연설자로 초청된 교수님은 "원천으로 돌아가자"(ad fontes)는 주제를 발표하신 적이 있다.

그 안에는 그동안의 다양한 삶과 신앙의 경험들이 녹아들어 있었고, 폭넓은 인문학적 지식들이 신학적으로 통합되어 있었다. 이것은 80년대 말부터 20년 이상 지속된 학문적 관심사였고, 결국 2015년에 『원천으로 돌아가자』(ad fontes)는 제목으로 출판된 고희 문집에도 고스란히 반영되어 있다.

교수님처럼 조직신학을 공부한 다음에 교회사를 공부한 나는 "아드 폰테스"를 주장하시는 이유에 대해서 아주 깊이 공감한다. 그것은 교수님께서 '쿠라 아니마룸'(cura animarum)을 실천한 레오와 실존주의자 S. 키에르케고르나 윤리신학자 H. 틸리케 등에 천착하시면서 얻어낸 귀결이다. 특히 자주 언급하시는 '온고이지신'(溫故而知新)은 교회사의 우물에서 길어낸 '베테라 레노반테스'(vetera renovantes, 옛것을 새롭게)와 일맥이고, 과거를 현재에 '적용'하는 것이 아니라 어떻게 '활성화'해 내느냐는 문제는 H. 틸리케와 상통한다.

이런 일련의 지적 경험들은 왕복운동 끝에 결국 중심에서 멈추는 '진자 운동'과 같다. 교수님은 서울신학대학교에서 수학하던 시기에는 기도와 신유 같은 신비주의적 영성에 익숙했었지만, 유니온신학대학원에서는 '해방신학'이라는 전혀 낯선 학풍을 경험했다. 그 후 드루대학교에서 지도교수였던 토마스 오든을 만난 다음부터는 양극단으로 흔들리던 진자 운동이 드디어 중심을 잡았다. 결국 신앙과 신학의 '뿌리로 돌아가' 교부들의 문헌 속에서 만난 전통과 정통을 '새롭게 재해석해 내는' 신학화 작업을 하게 된 것이다.

교수님은 사순절 기간 동안 특히 고난주간에는 J. S. 바흐의 〈마태수난곡〉을 즐겨 들으신다. 어느 날 대화 중에 바흐가 도중에 장조를 단조로 바꾼 신학적 이유에 대해서 무척 궁금해하셨다. 그러나 음악과 신학의 틈새에서 제기된 물음이기에 나의 일천한 지식과 통찰로는 좋은 답을 드릴 수 없었다. 그리고 몇 년 더 지난 2012년에 교수님께서는 『바흐, 신학을 작곡하다』(동연)를 출판하시면서 그 궁금증을 학문적으로 풀어내셨다. 마태복음서의 수난사화를 음악으로 표현한 바흐의 신학 세계는 인간의 원죄로 침해된 하나님의 공의를 순수한 죽음을 의미하는 십자가 중심의 신성의 차원으로 승화시켰다고 파악하시면서, 바흐를 '옛것에 머물지 않고 새로운 길을 만들어' 나간 인물로 제시하셨다. 같은 시기에 출판된 『그대 레오를 아는가. 그대 키에르케고르를 만났는가』(킹덤북스, 2012)에서 교수님은 돌봄의 신앙인 레오와 투쟁의 신앙인 키에르케고르를 대조적으로 풀어내기도 하셨다.

이처럼 작은 것 하나에도 예리한 통찰력으로 깊이 숙고하시고 바쁜 일정에도 학문적 작업을 쉬지 않으신다. 최근에 보내 주신 문자에서 "매사에 의심하는 것은 학자의 좋은 자질"이라는 표현을 보았을 때, '방법론적 회의'를 사고의 출발점으로 삼았던 R. 데카르트가 언뜻 떠올랐다.

총장님과 겪은 즐거운 기억 중 하나는 여러 해 전 학과 교수들과 저녁 식사를 마치고 불당동 뚜주루에 갔던 일화다. 총장님께서는 5,000원 이하로만 주문하라고 말씀하셨는데, 내가 마시고 싶은 카푸치노는 7,000원이었다. 그래서 나는 "카푸치노를 5,000원어치만 주세요!"라고 주문하자, 점원은 어쩔 줄 몰라서 머뭇거렸고, 일행은 모두 박장대소했다. "그럼 염 교수만 7,000원짜리 마시고 나머지는 다 5,000원짜리로 마셔!" 하시면서 총장님도 웃으셨다. 언젠간 나도 꼭 7,000원짜리 카푸치노를 사드려야겠다고 생각했는데, 그게 또 여러 해가 훌쩍 지나버렸다. 그래도 그날은 비싼 가격만큼 유쾌했고, 카푸치노만큼이나 달달하며 따뜻했다.

처음 뵈었을 때 총장님은 바로 지금의 내 나이셨는데 그새 희수를 맞이하시다니, 그 긴 세월이 지나가는 속도는 마치 〈권학문〉(勸學文)에 이른 "未覺池塘春草夢 階前梧葉已秋聲"이라는 표현에 딱 어울린다. 세월은 과연 무상(無常)하다. 그러나 학문적 대화에 대한 그리움과 따뜻했던 추억들, 가을 햇살만큼 밝고 따뜻한 만남과 밝은 미소 그리고 학자풍의 소탈한 분위기도 예나 지금이나 여상하니, 앞으로도 계속 그러하시길 기도한다.

35. 한국교회사학회의 든든한 반석

김문기

(평택대학교 교수, 총장직무대행)

늘 영원한 청년으로 보이셨던 강일구 박사님이 벌써 희수를 맞이하신다니 세월의 흐름이 얼마나 빠른지 새삼 느낍니다. 강일구 박사님과 개인적으로 처음 만난 것은 유학에서 돌아온 후 6개월 정도 지나서였습니다. 강 박사님이 1996년 봄학기부터 호서대학교와 연합신학대학원에 강의를 부탁하신 것입니다. 저는 그때 강사를 하고 있었기 때문에 강 박사님의 부탁이 매우 고마웠습니다.

제가 독일에서 귀국한 1995년을 즈음하여 서울신학대학교 출신의 교회사학자들이 서울신학대학교 개교 이래 가장 많았던 때였습니다. 강 박사님은 서울신학대학교의 강근환 교수님을 모시고 앞장서서 후배 교회사학자들과 성결교회 교회사학자들의 모임을 이끌어 가셨습니다. 그때 강의가 없는 날인 토요일 아침 일찍 모여서 각자의 전공 분야 논문을 발표하고 학술 교류를 했습니다. 그런데 후배 교회사학자들이 잘 이어가야 했는데 이 모임은 몇 해 동안 하다가 지속되지 못해 아쉽습니다.

강 박사님은 한국교회사학회 발전에 언제나 큰 관심을 가지시고 각 신학대학의 교회사 전공 교수들이 연합하여 학문적 성과를 이끌어 내는 데 큰 공헌을 하셨습니다. 그 가운데 특히 두 가지는 강 박사님이 한국교회사학회를 위해 든든한 반석의 역할을 하신 것입니다. 한국교회사학회의 모든 학회원이 오랫동안 간직하고 감사해야 할 일입니다.

지금은 한국교회사학회의 학술지가 한국연구재단의 등재지로 교회사학회의 대표적인 학술지의 위치를 굳게 지키고 있는데, 이렇게 되는 데 확고한 반석을 마련한 분이 바로 강일구 박사님입니다. 강일구 박사님이 한국교회사학회 회장이실 때 등재지가 되는 데 심혈을 기울이셨고, 그 결과 등재 후보지가 되었던 것입니다. 한국교회사학회지는 기독교 신학의 다른 분야의 학회지보다 일찍 등재지가 되었습니다. 지금은 매년 3회씩 발행하는 한국의 대표적인 교회사 학회지가 되었습니다.

또 하나의 공헌은 강 박사님이 세계적으로 인정받고 있는 교회사 전공 서적의 번역과 출판을 이끌어 주신 것입니다. 독일의 Evangelische Verlagsanstalt에서 출판한 교회사 시리즈인 Kirchengeschichte in Einzeldarstellungen (KGE) 가운데 15권을 한국어로 번역하고 출판하는 데 재정적인 비용을 전부 부담하신 것입니다. 당시 저의 친구인 욥스트 렐러(Jobst Reller) 박사는 저에게 이 시리즈를 한국어로 출판하는 데 독일 출판사에 내야 할 인세를 독일 루터교회연합회와 독일 바이에른 루터교회선교부의 후원을 받아 해결해 주었습니다. 그런데 문제는 한국에서 번역과 출판 비용이었습니다. 대부분의 출판사가 경제성이 없으면 출판을 선뜻 나서지 않는데, 강일구 박사님은 한국 신학계와 한국교회의 발전을 위해 번역비와 출판비를 호서대학교출판부에서 전적으로 담당하게 해 주신 것입니다. 물론 이 시리즈의 번역을 위하여 수고하신 많은 교수님의 노고 또한 값진 것이지만, 강 박사님의 결단과 후원이 없었더라면 불가능했을 것입니다.

　강 박사님은 언제나 자상한 미소로 만나는 사람을 편안하게 해 주시는 은사를 지니신 분입니다. 남은 생애가 하나님 앞에서 더욱 값지고 귀하게 쓰임을 받으시길 바라며, 항상 건강하시길 기도합니다.

36. 교부학회의 황금기를 여시다

서원모

(장로회신학대학교 교수)

강일구 박사님과 교부학회를 만든 때가 기억납니다. 박사님은 5세기 교황 레오에 대해 논문을 쓰시고 교부학 공부를 하면서 신앙에 대한 열정을 회복하셨기 때문에 교부학과 교부학회에 대한 관심이 남달랐습니다. 지금도 교부학회 모임이 있어 참여가 가능한지 연락을 드리면, 언제나 일정을 확인하겠다고 흔쾌히 대답을 주시는 것이 늘 고맙고 감사합니다. 학술대회에 참여하실 때는 새로운 내용을 배우려는 마음으로 진지하게 경청해 주셔서 발표자에게도 큰 힘이 되었습니다.

교부학회는 창립 때부터 대강절이 되면 남산 한정애 박사님 댁에 모이곤 했습니다. 말테 교수님이 손수 독일 쿠키를 구워주시고 독일 찬송가를 같이 부르기도 하고 선물 교환도 하면서 가족과 같은 분위기를 느끼곤 했습니다. 교부학회에는 독일에서 공부한 회원들이 많기에 이 모임은 '독일'을 경험하는 시간이 되었습니다. 강 박사님은 바쁜 일정 속에서도 대강절 기념 모임에 참여해서 격의 없이 소탈하게 대화를 나누셨습니다. 박사님이 계셨기에 분위기가 더욱 화기애애할 수 있었습니다.

강 박사님은 교부학회 초대(初代) 회장으로 교부학회의 기초를 닦아 주셨습니다. 처음 학회를 세울 때 학회 운영을 위해 100만 원을 지원해 주셔서 수년간 학회 재정을 걱정하지 않고 활동할 수 있었습니다.

또 사업자 등록증을 만들 때는 호서대학교에 주소지를 마련해 주셔서 큰 어려움 없이 등록증을 받을 수 있었습니다. 아마 당시나 지금이나 한국에서 사업자 등록증을 가진 학회는 교부학회밖에 없을 것입니다.

당시 교부학회 총무였던 저는 임원회를 할 때마다 늘 신이 났습니다. 계획하는 모든 사항을 적극적으로 밀어주셨고, 실행할 수 있도록 도와주셨기 때문입니다. 강 박사님은 가톨릭 교부학회와의 관계도 관심을 두셔서 가톨릭 교부학 연구회와 개신교 교부학회 대표들의 만남이 이루어질 수 있었습니다. 당시 가톨릭 측에서는 이형우 아빠스와 최원오, 하성수 박사가 참여했는데, 개신교와 가톨릭 학자들이 만나 교부학을 두고 허심탄회하게 이야기를 나눈 것은 강 박사님의 교회 일치와 교부학에 대한 열정과 열린 마음이 있었기에 가능했습니다.

2007년에 교부학회 회원들은 4년마다 열리는 옥스퍼드 교부학회에 참여했습니다. 강 박사님은 한국 신학자들이 좁은 한국의 울타리에서만 머물지 않고 국제적인 시야를 가지기를 원하셔서 적극 지지해 주었습니다. 당시 강 박사님은 다른 일정으로 영국에 와 계셨지만, 교부학회 회원들과 일정을 맞추어 옥스퍼드에서 같이 시간을 보냈습니다. 총장을 맡으시면서 학교 일도 바쁘실 텐데, 옥스퍼드 교부학회에서 만날 수 있다는 것 자체가 저희에게는 큰 힘이 되었습니다.

옥스퍼드 교부학회를 통해 일본과 호주 학자들이 환태평양 교부학회(지금은 아시아-태평양 고대기독교학회)를 주도한다는 사실을 알게 되었고, 저와 이은혜 박사는 2008년 1월 멜버른에 열린 환태평양 교부학회에 참여했습니다. 이 학회에 참여하면서 저희는 세계 교부학회 동향에 눈을 뜨게 되었고, 호주와 일본 학자들과의 국제 교류를 강조하여 "고대 후기 로마제국의 가난과 부"라는 연구재단 공동연구

(2008~2011년)를 시작할 수 있었습니다.

이처럼 강 박사님을 통해 교부학회는 국제적으로, 국내적으로 든든한 토대를 세울 수 있었고, 작지만 강한 학회로 성장할 수 있었습니다. 지금도 교부학회 회원들은 강일구 박사님이 회장으로 계셨을 때 황금기를 누렸다고 회고합니다.

37. 회색 카디건을 입으신 교수님

김지나

(호서대학교 교수)

2021년 7월 집중 휴가 기간에 나는 학부 때 나의 스승 중 한 분이신 강일구 박사님의 희수 기념문집 원고를 부탁받았다. 그 후 나는 수일간 타임머신을 타고 과거로 돌아갔으며 오랫동안 잊고 지냈던 기억들을 떠올려 보았다. 영화의 장면들처럼 많은 신(scene) 그리고 에피소드가 쏟아졌다. MT, 사은회, 졸업식 등등 대학 시절 추억들이 소환되었다.

강일구 교수님께서는 내가 대학 신입생이던 시절, 2학기에 우리 대학 신임 교수님으로 오셨다. 선배들 사이에서 교수님에 대한 이런저런 이야기가 들려왔지만 나에게 교수님은 그저 미국에서 갓 유학하고 오신 세련된 박사님 같아 보였고 가을학기에 입으신 회색 카디건이 너무 잘 어울리셨다. 강의 중에 쓰시던 안경을 벗고 안경다리를 접어 넣으시며 생각을 정리하시던 모습은 내 눈에 이국적이며 멋져 보였다.

교회사 수업이 가장 좋았다. 미국 학부 수업과 유사하게 한 챕터가 끝날 때마다 교수님은 퀴즈를 내셨다. 퀴즈 준비를 하다 보면 저절로 중간고사, 기말고사 문제 예측이 가능했다. 기독교 그리고 교회의 역사에 대한 학문적인 접근에 대해 설명하시면서 칠판에 추(pendulum)를 그리셨다. 좌로 우로 갈라지는 신학자들과 학자들의 입장을 묘사하기 위함이었다. 학부생인 우리에게는 좌나 우로 치우치지 말고 균형 잡힌, 중간적인 입장을 당부하셨다. 그래서인가? 나는 아직도 균형 잡힌 삶(well balanced life)을 추구하는 경향이 있다.

우리 대학에 국제교류부가 처음으로 생긴 1997년에 교수님께서는 초대 부장이 되셨고 나는 조교를 하게 되었다. 그때 내가 본 교수님은 교실에서의 이미지와는 달랐다. 해외 대학들과 교류를 본격적으로 시작하던 시기라 업무가 많았는데 교수님께서는 큰 숲을 보는 능력이 있으셨다. 오랜 해외 경험 때문이었는지, 특유의 리더십 때문인지 비전을 제시하시며 직관적으로 의사결정을 하시는 모습이 놀랍게 느껴졌다. 당시 잘 키워 보라고 주신 베고니아 화분은 생명력이 얼마나 강하던지 아주 오랜 시간 나와 함께했다. 내가 현재 그 부서인 국제협력원에서 부원장으로 봉사를 하고 있으니 인생의 운명과 섭리를 생각하면 숙연해진다.

돌이켜보니 강일구 교수님과는 무척 많은 일들이 있었다. 1994년 3학년 수학여행을 가고자 김포공항에 모였으나 태풍으로 인해 비행기가 결항 되어 제주도에 가지 못한 사연이 있다. 당시 교수님께서는 "야, 내가 무지 바쁜데 하늘이 도왔구나. 너희에게는 미안하지만 난 여행이 취소되어 좋구나!" 하셨다. 당시에는 그 말씀이 서운했는데 지금 내가 일에 쫓기니 그 말씀이 너무나도 공감되고 이해가 된다. 당시에는 졸업전에 학과 교수님들을 모시고 식사를 하는 행사가 있었다.

1995년 사은회 때에 강일구 교수님께서 지목하셔서서 나는 난생처음으로 샴페인을 직접 터뜨렸다. 그런데 얼마나 떨리던지 그때의 떨림은 아직도 생생하다.

그 외에도 1996년 대학 4학년을 앞둔 겨울방학에 노르웨이 릴리하메르 동계올림픽에 문화사절단으로 파견되었던 제자가 KBS 뉴스에 호서대학교 이름을 걸고 출연했을 때 크게 기뻐하시며 축하해 주시던 모습, 타 대학에서 근무하던 시절 어려움을 겪던 내게 큰 용기를 주시던 말씀, 모교 출신 교수가 되었을 때 한없이 흐뭇한 표정으로 봐 주시던 나의 교수님. 오늘도 나는 나의 스승님을 따라 좋은 교육자가 되기 위한 최선의 노력을 해 본다.

38. Big idea가 된 짧은 대화

황준철

(제일기획 신문화팀 부장, 국무총리실 국정조정실 청년정책 자문위원)

어느덧 내가 무언가를 선택하고 책임질 나이가 되었다. 다행히도 그 선택에 어느 정도의 자신감이 생겨 지금이야 원하는 것처럼 간절함은 사라졌지만 20, 30대의 학창 시절, 사회 초년생 그리고 미래를 준비해야 하는 첫걸음 하나하나의 과정에는 자신감도, 확신도 없었다. 그러다 보니 무언가 굵직한 선택을 해야 하는 상황이 되면 나를 자식처럼 생각하고 조언해 줄 누군가가 간절히 필요했다.

이런 불안과 두려움이 가득했던 20대에 나를 위해 고민해 주고, 챙겨 주며, 지원해 주셨던 분이 강일구 교수님이시다. 95년 군 제대 이후 복학 첫해, 당시 강일구 교수님의 학생 조교를 맡았다. 그 덕분으로 자주는 아니지만 가까이에서 교수님과 이런저런 이야기를 나누게 된 것이 교수님과 인연의 시작이다.

교수님은 신학을 기반으로 한 다양한 학문 간의 융합, 새로운 경험의 시도, 큰 그림을 볼 줄 아는 눈 등에 대해 연구실에 계시는 짧은 시간 동안 설교 아닌 설교를 하셨고 아무 생각 없었던 젊은 청년의 마음을 서서히 젖어 들게 하였다.

우연한 기회에 OM이라는 선교단체의 DOULOS 선교선을 타고 인도양을 누비며 선교 훈련을 할 수 있도록 용기를 주셨다. 센터너리 대학교(Centenary Univ.) 교환 학생을 가야 하는 상황에서도 늘 용기를 주시며 잘 할 수 있을 거라는 인사이트를 주셨다. 항상 새로운 것에 대한 도전을 가이드하셨고, 당장 옳고 그름이 아닌 장기적인 그림을 볼 수 있도록 훈련하셨다.

교수님은 장황하거나 논점에서 벗어난 말을 두리뭉실하게 끌어가지 않는다. 핵심이 명확하고, 전달해야 할 말이 깔끔하셨다. 그래서 어찌 보면 차갑다는 생각이 들기도 하지만, 늘 생각이 깊으셨고 고민이 많으셨다.

짧게 끝날 것 같았던 유학 생활은 학부와 함께 석사까지 이어졌고, 졸업 이후 미국에서 모바일 게임 관련 사업을 시작하게 되었다. 당시만 해도 미국은 핸드폰을 전화만을 위한 기기로 생각했기에 3년간의 고생은 안타깝게 정리의 수순을 밟았다. 실패라고 생각할 수 있겠지만, 이 시간을 통해 '철저하게 전문가가 되어야겠다'와 '내가 누군가를 찾아가는 것이 아닌, 누군가가 나를 찾아오게 할 수 있는 사람'이 되어야겠다는 생각을 갖게 되었다.

이러한 삶의 기준을 가지고 청년기와 장년기를 최선과 최고가 되기 위해 노력했다. 상담, 심리, 교육학을 전공하며 학문적인 기반을 다졌다. 조직, 컨설팅, 인사, 전략 등의 경험적 기반을 차분히 쌓아 올렸다. 교수님은 내가 박사학위 과정 입학을 준비할 즈음 추천서를 써 주시면서 최선과 최고에 대해 말씀해 주셨다. "최선이 최고는 아닐 수 있으니 최선이 최고가 되기 위해서는 노력해야 한다!"

이후 시간이 정말 빠르게 흘렀다. 지금의 내 삶이 최선과 최고인지는 아직 모르겠다. 단지 가야 할 길이 아직도 많이 남아 있고, 해야 할 일들이 넘쳐난다는 것만은 확실하다. 그러기에 어린 시절 총장님께서 짧지만 지속적으로 들려주셨던 깊이 있는 삶의 지혜들을 big idea로 환원시키는 작업을 오늘도 열정적으로 끌어올려 본다.

39. 오, 캡틴! 마이 캡틴!

최광진

(서울호서전문학교 교수)

그러면, 우리 전공에 들어와야지!

대학을 졸업한 후 신학에 대한 관심을 가졌던 나는 청년 시절 신앙 생활에 열심이었다는 이유와 출석하고 있던 교회에서 영어 성경 공부를 지도하셨던 이상직 협동목사님의 추천으로 신학을 공부하기로 했다. 1997년 호서대학교 연합신학대학원 입시 면접에서 나는 면접위원들에게 신학을 왜 하게 되었는지, 신학의 어느 분야에 관심이 있는가를 긴장한 가운데 나름, 열심히 설명하고 있었다. 그때 한 면접위원이었던 강일구 교수님의 소리가 들렸다. "그러면, 우리 전공으로 들어와야지!"

이것이 강일구 교수님과의 첫 만남이었다. 신학에 대해서 문외한이었던 나로서는 전공에 대해서 어떠한 정보도 갖고 있지 않았던 터라 이 한마디에 당황하고 말았다. 교수님의 이 한마디로 나는 더욱 긴장하게 되었고 말을 제대로 이어 가지 못하는 지경까지 이르렀다. 나중에는 다른 교수님 한 분이 나를 대신하여 변호해 주셔서 함께했던 면접위원들을 웃게 만드는 상황이 되었다. 이 경험은 신학대학원 입시 결과를 혹시나 하는 마음으로 기다리는 동안에 내가 공부하게 될 전공(조직신학)에 대해서 조금이라도 준비하게 만드는 계기가 되었다. 비록 전공은 달랐어도 나는 대학원에 다니는 7년 동안 교수님께서 개설한 과목을 하나도 놓치지 않고 모두 수강하였다. 지금 생각하면, "우리 전공에 들어와야지!" 이 한 말씀 때문일지도 모른다.

자판기 커피 한잔

강일구 교수님의 대학원 세미나에는 항상 수강 인원이 많았다. 교회사 전공자 이외에도 여러 다른 전공자들도 함께 세미나를 수강했기에 세미나는 언제나 원생들로 넘쳐났다. 특별히 그리스도교 초기 역사와 교부신학을 가르치는 세미나 시간에는 항상 큰 세미나실이 배정될 정도로 많은 대학원생이 수강했다. 단순히 수강 인원만 많았던 것은 아니다. 호서대학교 연합신학대학원의 특성상 다양한 교단적 배경을 지닌 원생들이 함께 모였기에 세미나 시간은 언제나 토론과 학문적 논쟁으로 활기가 끊이지 않았다. 원생 중에는 원생들 간의 토론과 학문적 논쟁이 좋았던지 다음 세미나 시간이 기대된다는 원생들도 많았다.

지금도 기억되는 세미나 시간의 풍경 중 하나는 입가에 뜻 모를 미소를 지으면서 원생들 간의 활발한 토론을 지켜보시면서 손에 들고 계시던 '자판기 커피 한잔'이다. 교수님은 좋은 원두를 갈아서 정성스럽게 내려진 커피를 담은 멋진 컵이 아니라 자판기 커피를 담은 하얀색 종이컵을 들고 계셨다.

때때로 원생들의 뜨거운 토론으로 인하여 경직된 세미나실의 분위기를 풀기 위해서 교수님은 자판기 커피에 대한 예찬을 원생들에게 들려주곤 하셨다. 동전 몇 개(당시 학교에서 판매하고 있던 자판기 커피 한 잔의 가격은 150원이었다)로도 쉽게 내릴 수 있는 커피지만 마시는 사람에게 이만한 만족을 주는 것도 없다고 하셨다.

시간이 흘러 교수님의 자판기 커피 한잔에 나는 다음과 같은 의미를 부여했다. 혹시 원생들에게 자판기 커피의 조화의 신비를 알게 하려고 하신 것은 아닐까? 서로 다른 재료들이 조화를 이루었을 때에 가장 좋은 맛을 만들어 내는 것처럼 원생들에게 그 조화를 알려 주려고 하신 것은 아닐까? 세미나 중간 휴식 시간이 지난 뒤에는 교수님의 책상 위에는 자판기 커피가 담긴 종이컵이 여러 잔 놓여 있을 때가 많았다. 그리고 나는 지금도 달달한 믹스 커피를 마실 때마다 때때로 교수님의 손에 들려있던 자판기 커피 한잔을 떠올리며 뜻 모를 나만의 미소를 지어 본다.

다양성 속의 일치를 지향하며!

앞서 말한 것처럼 호서대학교 연합신학대학원은 다양한 신학적, 교단적 배경을 지닌 원생들로 구성되어 있었다. 이렇게 배경이 다르다 보니 원생들 가운데는 사소한 부분에서 의견 충돌이 있을 때가 종종 있었다. 세미나의 분위기가 토론을 넘어서 원생들 간에 편을 나누는 상황이 되려고 하면 교수님은 중재자의 역할로 등장하셨다. 교수님은 "지금도 우리가 그리스도교 핵심 가치로 여기고 있는 '신앙의 기준'(regula fidei)에 대해서는 일치해야지만, 다른 영역에 대해서는 서로 자유롭게 '열어 놓으라!'"고 하셨다. 또한 교수님께서는 '규범하는 규범과 규범된(되어진) 규범'이라는 가르침을 통해서 원생들의 사소한 의견 충돌을 멋지게 중재해 내셨다. 지금도 호서대학교 연합신학대학원과 신학부의 정신은 '다양성 속의 일치!'이다. 이 정신은 다양한 학문의 영역 속에서 자유로운 연구 활동을 보장할 뿐만 아니라 서로 다른 환경 속에 목회하고 있던 원생들에게도 현대 목회의 방향을 잡아가는 데 큰 도움과 도전을 준 정신이 되었다.

다시 근원으로! (*Ad Fontes!*)

교수님으로부터 대학원 강의를 듣던 2000년대 전후반은 전 세계적으로 다양한 시대적 아젠다들이 표출되던 시대였다. 신학의 영역에도 이러한 흐름은 그대로 반영되었고, 다양한 신학 방법론들이 논의되고 있었다.

교수님께서는 '초기 그리스도교 사상사'를 강의하시는 세미나 시간에 이러한 흐름을 원생들에게 세밀하게 가르치셨고 신학 영역에서의 이러한 흐름이 패션을 닮았다고 비유적으로 설명하시면서 '패션 신학'(Fashion Theology)이라고 명명하셨다. 패션은 특정한 시기에 주요 흐름처럼 보이도록 나타나는, 유행하는 현상이다. 새롭게 보이는 이런 현상들이 시대의 흐름을 반영하다 보니 많은 사람의 관심을 받게 되지만 그리스도교의 오랜 전통 속에서 이러한 흐름은 교리적으로도, 사상적으로도 그 기반이 너무나도 빈약하기 마련이라 얼마 지나지 않아 잊힐 현상이라고 하셨다. 때문에 당시 원생들로 하여금 우리가 왜 초기 그리스도교 교리 형성과 사상의 흐름을 배우는 것이 얼마나 소중하고 의미 있는 것인지를 깨닫게 하셨다. 초기 그리스도인들이 생명을 걸고 지켜내었던 신앙과 정신, 바로 그 근원(fontes)에 기반할 때만 오늘의 시대 상황에 올바로 집중할 수 있다는 가르침이었다. 원생들은 교수님의 이러한 가르침을 얼마 지나지 않아 학문의 영역과 목회의 영역에서 모두 경험하게 되었다.

태양을 향하여!

하루는 세미나에 들어가기에 앞서서 성경 한 구절(잠 29:18)을 읽어 주시면서 교수님께서 묵상하셨던 내용을 원생들에게 이야기해 주셨다. "비전이 없는 곳에서(비전이 없는 시대를) 살아가는 백성들은 멸망한다." 교수님은 비전을 꿈과 연관 지으면서 꿈이 우리 삶의 기반이며, 경계(boundary)라고 말씀하셨다. 그렇기에 그 기반을 어떻게 다지고, 그 경계를 어디에 두어야 하는지가 얼마나 중요한지를 원생들이 스스로 깨달아 알 수 있도록 영적인 도전을 던져 주셨다. 꿈의 내용, 꿈에 대한 평가를 말씀하신 것이 아니라 '꿈꾸는 것' 그 자체의 의미와 소중함이 무엇인지를 가르쳐 주신 것이다.

천안캠퍼스의 범상찮은 벽에 이런 문구가 적혀 있다. "태양은 항상 태양을 향하여 걷는 자 앞에만 나타난다." 교수님으로부터 비전에 대한 영적 도전을 받았던 사람들은 이 문구가 이전과는 전혀 다르게 다가올 수밖에 없었다. '죽은 시인의 사회'에서 학생들은 키팅 선생님을 향해 뜨겁게 불렀다. "오, 캡틴! 마이 캡틴!"(Oh, Captain! My Captain!) 나 또한 월트 휘트먼(Walt Whitman)의 시를 인용하여 큰 존경과 사랑을 담아 총장님을 부른다. "오, 캡틴! 마이 캡틴!"

천안에 전차가 운행되었으면…

성무용

(제14대 국회의원, 민선 제3~5기 천안시장)

강일구 총장님의 희수연을 진심으로 축하드립니다.

총장님께서 호서대학교 총장으로 봉직하실 때(2004~2016), 저는 천안시장으로 재직(2002~2014) 중이어서 공적으로 혹은 사적으로 오랫동안 인연을 맺어 왔습니다. 우리의 일생은 만남 속에서 이루어집니다. 우리는 만남을 통해서 서로를 발견하게 되고 서로에게 의미를 부여하게 되지만 특별한 경우를 제외하고는 모든 인간관계는 만남으로 끝남이 대다수입니다. 총장님께서는 그동안 쌓아 오신 경륜과 덕망을 바탕으로 상대방을 존중하시고, 잠시 스쳐 가는 인연이라도 만남을 소중히 여기셔서 훌륭한 인간관계를 쌓아 오셨습니다. 특히 총장님의 소탈하고 소박한 성격은 존경의 대상이 되었고, 그러한 총장님의 삶이 오늘날 호서대학교가 중부권 사학의 명문으로 성장한 것이 아닌가 생각합니다. 총장님께서는 급속히 발전하는 천안시를 보시면서 기회 있을 때마다 천안 발전에 관한 조언을 주셨습니다.

도시의 발전은 양적인 성장도 중요하지만, 시민들의 삶의 질을 향상시키기 위하여는 문화, 예술, 교육, 환경, 건강 등에 관심을 두어 시민들의 정신적 만족도를 높여 줘야 한다고 말씀하셨습니다. 천안다움을 상징하는 볼거리를 만들어 우리의 옛것을 되찾아 그것을 새롭게 살려 천안시만의 새로운 멋을 찾아보자고 강조하셨습니다. 좋은 예로 천안의 주요 도로에 1950년대 서울에서 운행되는 전차를 시설하여 그 당시 복장을 한 전차 차장이 전차를 운행하는 정다운 모습을 재현하였으면 좋겠다는 조언을 주셨습니다. 복잡한 교통 문제를 해결해주고 젊은이들에게는 우리의 옛것을 보여주고 연세 드신 분들은 옛날을 회상하는 좋은 볼거리가 될 것이라고 말씀하셨습니다. 그 당시 여러 법적 문제 등으로 시행이 안 되어 지금도 총장님을 뵈면 죄송한 마음을 갖게 됩니다.

총장님, 희수를 진심으로 축하드립니다.

항상 건강하시고 호서대학교의 발전을 기원합니다.

6

대학 경영
[2004~2016]

40. 국책사업과 벤처 DNA

설용태

(호서대학교 교수, 전 학사부총장)

먼저 강일구 총장님의 희수를 축하드립니다.

1993년 6월 7일은 한 기업뿐 아니라 한국의 운명까지도 뒤바꾼 의미 있는 날이었습니다. 다름 아닌 삼성전자의 고(故) 이건희 회장이 "마누라와 자식만 빼고 다 바꾸라"는 '삼성의 제2의 창업인 신 경영 선언'을 한 날이기 때문입니다. 이는 국내의 기업을 세계 일류 기업으로 키워 내어 오늘날 한국을 선진국에 진입하게 한 결정적인 계기가 되었습니다.

저는 운이 좋게도 설립자님을 비롯하여 호서대학의 역대 여러 총장님을 가까이에서 모실 수 있었습니다. 모든 분이 그때마다 훌륭하게 주어진 사명을 수행하시어 오늘날 호서대학의 탄탄한 초석을 다져 놓은 것은 다 하나님의 뜻이요 은혜라고 생각합니다. 여러 총장님 중 제가 가장 오래 모신 강일구 총장님을 생각하면, 서두에 언급한 고 이건희 회장의 '신 경영 선언'이 떠오릅니다.

처음에 삼성전자의 가전제품은 1990년대 초 미국 내 가전제품 매장에서 일본 제품에 치여, 한 귀퉁이에 초라하게 전시되었습니다. 하지만 신 경영 선언 후 30여 년이 지난 지금 삼성전자는 세계 일류 브랜드로 자리를 잡았고, 나아가서 국가 경제의 한 축을 담당하는 대들보 역할을 하고 있습니다. 강일구 총장님의 화두는 호서대학을 단순히 지역 내에서의 일등이 아닌 글로벌 경쟁력을 갖는 대학을 만들자는 것이었습니다. 이것은 Vision 2030으로 구체화되었지요. 그런데 마치 삼성전자의 제품처럼 Vision 2030은 호서대학의 구성원들에게 그리 공감을 얻지 못했습니다.

하지만 강일구 총장님의 Vision 2030의 성과는 1998년 정부의 BK21, 1단계 사업에서부터 나타나기 시작했습니다. 설립된 지 30년도 안 된 신생 호서대학교가 국내 유수의 대학들과 경쟁하여 지방대학에서는 드물게 특수 대학원으로 벤처전문대학원 사업이라는 대형 국책사업을 따낸 것이었습니다. 이는 호서대학교가 오늘날 벤처 특성화로 국내외적으로 명성을 얻게 된 계기가 되었고, 충청권에서 서울 지역까지 대학의 영향력을 확장하는 기반이 되기도 했습니다.

강일구 총장님의 뛰어난 리더십은 그 후로도 계속 발휘되어 누리사업, 산학협력중심대학이라는 대형 국책사업에 동시에 선정되는 쾌거를 달성하기도 했습니다, 지방 대학으로서는 정말 드문 일입니다. 이러한 대형 국책사업 수주 성과를 통해서 호서대학은 짧은 역사에도 불구하고 지역 내에서뿐만 아니라 국내외로도 명문 사학으로 인정받을 수 있었습니다. 이제 세계적인 대학으로 발돋움하기 위한 Vision 2030의 실현 가능성은 더 높아진 것입니다.

최근 강일구 총장님은 그동안 주로 연구와 산학협력에 국한되어

온 벤처 정신을 교육과 학교 운영 등에도 확대하려고 합니다. 학생과 교직원 등 호서가족 모두에게 남들이 가지 않은 새로운 길에 도전하는 벤처 DNA를 새겨 넣고자 애쓰십니다. 하지만 보다 여유 있는 재정을 확보하여 학생과 교직원들에게 더 나은 교육 환경, 연구 환경, 직무 환경을 제공할 수 있는가 하는 문제는 여전한 문젯거리입니다. 뒤에 총장님은 지역 내 유명 기업들을 직접 설득하시어 그들로부터 산학 장학금을 유치하여 호서대학교의 우수한 신입생들을 글로벌 수준으로 성장할 수 있도록 '글로벌 인재 양성 프로그램'을 만드는 데에 각고의 노력을 기울이셨습니다. 그때 그의 노심초사하시는 모습을 안타까움으로 뵙던 일이 생각납니다.

물론 대학 재정의 어려움은 비단 호서대학만이 아닌 것 같습니다. 최근 보도에 따르면 세계에서 제일 재정이 튼튼하기로 유명한 미국의 하버드 대학마저 2020 회계연도 기준 약 1,005만 달러(약 114억 원)의 손실을 내었고, 한국의 사립 대학 118곳 중 72%에 해당하는 85곳이 작년에 적자였다고 합니다. 그런데 이러한 국내외의 사립 대학이 처한 어려운 환경에서도 다행히 호서대학은 재정 운영이 건실할 뿐만 아니라 최근 시행된 대학역량진단 3주기 평가에서 A등급으로 통과되었고, 각종 연구 국책사업 등에서도 좋은 성과를 거두고 있습니다. 저는 이러한 성과들이 지난 30여 년 동안 강일구 총장님이 애쓰신 Vision 2030을 통한 대학의 글로벌 경쟁력 확보의 성과라고 생각합니다.

많은 사람이 오늘날의 대학을 걱정합니다. 그러나 호서대학은 강일구 총장님의 벤처 DNA를 바탕으로 글로벌 경쟁력을 갖는 명문대

학으로 발전할 것입니다. 그리하여 설립자의 바람처럼 진정으로 하나
님을 기쁘게 하는 대학으로 성장할 것입니다. 감사합니다.

41. 도전 정신을 심어 주신 총장님

김 홍

(전 호서대학교 교수, 산학협력단장)

호서대학교의 벤처 정신의 시발점은 1995년 5월에 국내 최초로 지방 정부인 충청남도와 사립 대학인 호서대학이 공동으로 설립한 호서신기술창업보육센터의 설립이다. 당시 호서대는 천안캠퍼스에 있는 인문사회대학도 모두 아산캠퍼스로 이전하여 천안캠퍼스는 야간 학과 및 평생교육원이 사용하고 있었다.

나는 강석규 총장에게 호서대를 빌 게이츠와 같은 위대한 창업가를 양성한다는 비전으로 공간이 남아도는 천안캠퍼스에 창업보육센터를 설립하자는 제안을 하였다. 강석규 총장의 수락을 받고는 당시 박중배 충남도지사에게 "호서대는 공대 중심 대학으로 많은 이공계 교수와 학생들이 있으나 천안 지역에 기업체가 열악하여 교수 연구와 학생 취업이 저조하니 독일 Dortmund 대학의 Technology Center 처럼 아이디어를 가지고 찾아오는 사람들에게 창업 공간을 지원하고 교수와 대학원생들이 기술을 지원하여 첨단 기업을 양성하는 창업보육센터를 설립하여 지역 경제를 활성화해 보자"라고 제안하였다. 박중배 도지사가 흔쾌히 수락하여 마침내 1995년 3월 28일 충남도지사실에서 두 기관장이 참석하여 협약서에 사인하였다. 협약 내용은 "충청남도는 호서대학교에 창업보육센터 설립을 지원하고 30년 동안 운영비를 지원하겠다"이었다.

호서대는 천안캠퍼스 2호관(1,000평)을 제공하여 보수한 후, 그해 5월 10일 입주업체 10개를 모집하여 신기술창업보육센터를 개소하였다. 이것이 오늘날 호서대가 창업 보육의 메카로 인정을 받는 계기가 되었던 것이다. 신기술창업보육센터는 입주 기업들과 협업하여 그동안 연구개발의 불모지였던 호서대에 1996년 과학기술부의 RRC(반도체제조장비국산화연구센터), 1999년 교육부의 BK21사업 벤처전문대학원, 2003년 산업자원부의 RIC(나노소재 및 응용제품지역기술혁신센터), 2004년 중소기업청의 창업대학원, 2004년 교육부의 산학협력 중심대학 등 많은 국책사업을 유치하는 기반이 되었다.

호서대학교의 벤처 정신이 논의되기 시작한 계기는 1999년 교육부로부터 BK21 벤처전문대학원을 유치하고 난 이후부터이다. 1999년 5월 BK21 사업 선정 대학 명단이 발표되자 호서대학은 축제 분위기였다. 그해 6월, 당시 강석규 총장께서 선진국의 벤처 교육 현황을 살펴봐야겠다고 제안하시어 강일구 교무처장, 황희용 연구처장, 강박광 산학위원, 양창영 산학위원, 나 등 총 6명이 10일 동안 독일 Dortmund 대학(Technology Centrum의 창업 지원 프로그램), 캐나다 워털루대학(Co-op 프로그램: 현장 실습 특화 프로그램. 1년 3학기 중 1학기 현장 실습), 미국 유타대학(바이오의학 창업 보육 프로그램 및 대학 내 벤처기업) 및 미국 스탠포드대학(기업가정신센터 및 벤처 창업 교수 면담) 등을 방문하였다.

짧은 일정이어서 낮에 대학을 방문하고 밤에 호텔에 들어와서 조사한 내용에 대해서 다시 정리하는 식으로 진행했다. 그러면서 벤처 창업 관련 제도 및 운영 실태를 조사하고 장차 벤처대학원 및 벤처사업 활성화를 위한 계획을 수립하였다. 우리는 방문 마지막 일정으로 로스엔젤레스 시내에 있는 대한항공호텔에서 강석규 총장님 주재로

회의하였다. 거기서 벤처사업지원시스템에 대해서 주로 논의하였고, 학부 학생(동아리)에 대해서 탐색 연구비를 지원하고 교수, 대학원생 및 일반인들에게는 교수를 통하여 벤처 연구비를 지원하는 프로그램을 마련하였다. 이때 준비된 벤처사업지원시스템은 그해 6월 말 종강 교수회의에서 전체 교수에게 발표하고 2000년부터 본격적으로 시행하였다.

이 회의를 마치고 자유롭게 시간을 보내는 가운데 강일구 교무처장께서 "지금 논의하고 있는 벤처사업은 그 대상이 이공계이므로 호서대 전체 학생을 대상으로 하기에는 한계가 있다. 따라서 대학 구성원 전체를 대상으로 폭을 넓혀 생각해 보자. 먼저 호서대가 지향하는 기독교 정신을 비추어 생각해 보면, 우리 대학은 벤처 정신이 투철한 학생을 양성시키는 교육을 통해서 타 대학과 차별화하는 것이 필요하다"라고 제안하셨다. 참석자들은 대부분 공감하였으나 당시에는 우선으로 벤처사업을 추진하고, 나중에 벤처 정신을 고려해 보았으면 하는 분위기여서 더는 진행되지 못했다.

현재 호서대의 아이콘인 벤처 정신은 2000년 강일구 부총장이 부임하여 그 후 4년간의 준비 과정을 거쳐 무르익었다. 2004년 3월 강일구 총장이 취임하면서 '벤처 정신으로 앞서가는 세계 수준의 대학'이라는 비전을 제시하고, '맞춤형 벤처 교육을 통해 현장형 리더를 육성하는 대학'으로 자리매김할 것을 목표로 하였다. 이후 네 차례의 총장 재임 중, 강일구 총장께서는 호서 가족들에게 호서대 제2의 건학 이념으로서 벤처 정신을 강조하셨다. 2016년 학위 수여식에서 "남이 하지 않는 일을 한 걸음 앞서 먼저 실천하겠다는 창조적이고 적극적인 벤처 정신으로 아름다운 꿈을 꾸십시오!"라고 하였는데, 이것은 호서 공동체 모두를 향한 말이기도 하다.

　지금 호서대학교는 기독교 정신과 벤처 정신이라는 큰 두 축을 가지고 'Venture 1st'를 모토로 국내 최초 창업보육센터를 설립했듯이 창조 정신과 도전 정신을 가지고 자신의 꿈을 실현하고자 노력하는 학생들을 위한 최상의 교육 환경을 갖추어 취업에 강한 대학, 벤처에 강한 대학으로 성장하고 있다. 호서대의 아이콘 벤처 정신은 강일구 총장님의 아이디어에서 시작되었고, 완성되었으며, 앞으로도 계속해서 추진되어야 할 가치이자 아이콘이다.

42. 호서비전 2030, 그 가슴 뛰는 꿈

한상태

(호서대학교 교수, 대학혁신지원사업단장)

나는 호서대학교와 아무런 연고가 없었다. 1997년도 교수 초빙에 지원하면서 호서대학교와의 인연이 시작되었다. 강일구 교수님께서는 당시 교목실장이었다. 면접 시 처음 뵌 기억으로는 굉장히 인상이 좋았다. 말씀도 따듯하셨다.

호서대학교에 임용되고 얼마 후 강일구 교수님께선 교무처장이 되셨다. 나는 입시 분석과 벤처대학원 입학생 모집 관련 설문 조사에 대한 통계 분석을 도와드리며 가까이에서 뵐 수 있었다. 강일구 교수님께선 신학을 전공하셨는데도 데이터 분석 결과는 누구보다 빠르게 파악하셨다. 또한 입시 분석 보고서를 읽으실 때 밑줄을 그으면서 정말 꼼꼼하게 파악하려 하셨다. 강일구 교수님은 매우 실무적인 분이시다 생각하였다.

이후 입학전형위원회 회의에서 입시분석보고서의 중요성을 말씀하시면서 매년 반드시 보고서를 만들라고 말씀하셨다. 회의에서 그에 대한 수고를 크게 격려해 주시니, 학교 일을 하면서 처음으로 보람을 느끼기도 하였다.

2000년, 강일구 교수님께선 부총장이 되었고 나는 기획처 일을 돕기 시작하였다. 그때부터 학교의 미래에 대한 비전과 꿈을 놓고 부총장님의 고뇌와 생각을 함께하였다. 학교와 부총장님의 가슴 설레는 꿈과 비전을 실무적으로 뒷받침하는 게 나의 일이었다.

2004년 3월, 강일구 교수님께선 호서대학교 제5대 총장으로 취임하셨다. 취임 후 총장님께서는 내게 두 가지 중요한 말씀을 하셨다. 첫째, 강석규 명예총장님께서 추구하시던 벤처 특성화를 지속 발전시키고 벤처 정신의 의미를 새롭게 정립하자는 것이었다. 둘째, 향후 20년에서 30년(한 세대)을 위한 새로운 비전과 꿈을 준비하여 앞으로 다가올 어려운 환경에 대비하자는 것이었다.

첫 번째 말씀에 대한 실천적 결과는 벤처와 산학협력 특성화로 나타났다. 벤처 정신이란 성서적으로 무에서 유를 창조하는 정신(창의성)이고, 믿음에 기초한 도전성과 의지이며, 목적으로서의 섬김의 자세와 행동이라 하였다. 이는 오늘날까지 기독교 정신의 바탕 위에 학교 구성원들의 긍정적, 적극적 사고방식 및 어떠한 시련도 극복할 수 있는 의지, 즉 굴하지 않는 도전 정신(벤처 정신)의 결과라 할 수 있다. 이 정신이야말로 우리 대학의 모든 구성원이 기꺼이 공유해야 할 정신적 자산이요 대학 발전의 원동력이 되어야 한다는 것이다.

두 번째 말씀, 곧 한 세대(2030)를 위한 미래의 비전과 꿈을 준비하기 위해 공식적으로는 기획처를 중심으로 발전계획위원회를 가동하였다. 비공식적으로는 형식에 구애받지 말고 젊은 인재들의 아이디어를 발굴해 보자고 하였다. 다섯 명의 교수가 수시로 만나 아이디어를 발굴하고, 심층적으로 논의하며, 기록으로 정리하였다. 나는 그중 나이가 제일 많았다. 일을 마무리할 즈음, 총장님께선 다섯 젊은 교수들을 근사한 레스토랑으로 초대하셨다. 저녁을 사주시면서 장시간에 걸쳐 그동안 준비한 내용을 진지하게 경청하시고 꼼꼼히 메모하시면서 질문도 숱하게 하셨다. 총장님은 모든 사람에게 손수 맥주를 따라주면서 소탈하게 분위기를 이끌었다. 분위기가 편하니 우리 젊은 교수들은 마음속 생각을 자유롭게 이야기할 수 있었다. 지금도 그때 그 분위기, 함께 했던 동료 교수들 모습이 생생하다.

2030 미래의 비전과 꿈은 총장님의 굳은 신념과 호서 가족 모두의 마음에서 탄생하였다. 그리고 2월 교수 연수회를 앞두고 총장님은 오전 9시부터 오후 늦게까지 문장의 토씨 하나까지 직접 검토하셨다. 발전계획안은 이렇게 완성되었고, 2008년 2월 전체 교수 연수에서 "Hoseo Vision 2030"의 이름으로 발표되었다. 나는 교수 연수 연단에서 직접 발표를 맡았다. 그때의 긴장과 두려움 그리고 설렘이 지금도 내 가슴에 남아 있다.

나는 아주 가까이에서 총장님을 지켜보고 느꼈다. 강일구 총장님은 젊고 활기찬 분이다. 마음속에 갖고 계신 신념과 끈기는 정말 대단하시다. 총장님께선 으레 말씀하셨다. 왜 외국 대학은 되고 우리 대학은 안 되는가? 우리는 반드시 할 수 있다. 호서 공동체 모두가 같이 노력하면 우린 반드시 이루어 낼 수 있다. 지금도 희망과 결의에 찬 총장님의 육성이 가슴속 깊은 곳에서 들려온다.

우리는 더 이상 현재의 성공에 머물러서는 안 됩니다. 한 세대 내에 세계 수준의 명문 대학과 어깨를 견줄 수 있는 대학! 적어도 한 세대 내에 3~5개 분야(연구, 교육, 벤처창업 등 어느 분야라도 상관없이)에서 세계 수준의 명문 대학과 어깨를 견주는 대학으로 성장한다는 목표를 가지고 때로는 길을 만들어 나가는 대학이 되어야 할 것입니다. 이를 위해 우리 대학은 Hoseo Vision 2030 발전계획을 수립하였고 이를 시행하게 됩니다. 학령 인구 감소로 인한 대학 구조개혁이 필요하고, 4차 산업혁명 사회로 진입하는 변곡점에 대학교육의 철저한 혁신이 요구되고 있습니다. 다양한 대내외적 상황을 분석 검토하여 선제 대응을 통해 세계적 수준의 대학으로의 도약이라는 우리의 목표가 실현되어야 할 것입니다.

43. World Class의 꿈과 비전을 준비한 리더

양진욱

(호서대학교 사무처장)

벤처 정신을 구현하는 세계 수준의 대학!

"공부하는 일류 명문교 건설"이라는 다소 계몽적인 슬로건은 우리 대학을 설립하신 명예총장님이 세우신 첫 번째 발전 계획이었다. 대학 초창기 이러한 대학을 이루기 위해 공동체의 신앙 강화와 교수 자기 향상, 강의 충실, 산학협동 등을 전략으로 계획하고 꼼꼼히 달성도를 체크해 나갔다. 나는 입사 후 몇 년 동안 교무과에서 수업 담당자로 근무하면서 설립자 명예총장님의 교육에 대한 깊은 뜻을 이해하게 되었다.

삼십 년 전, 신입 직원으로 정신없을 때, 여러 교수님 중에 유난히 빛난 얼굴과 밝고 생기 넘치는 강일구 교수님과 만나게 되었다. 그 후 몇 년 지난 1997년 우리 대학에 국제교류부가 처음으로 만들어졌다. 강일구 교수님은 초대 국제교류부장으로 보임되셨고, 나는 국제교류부 직원으로 발령을 받으면서 직장 상사로 직접 모시게 되었다. 그때부터 해외 대학들과 교류 업무를 체계적으로 시작하였다.

국제교류부는 몇 명 되지 않는 유학생들과 외국인 교수님들의 출입국 업무를 돕는 일을 하게 되었다. 특별히 강일구 국제교류부장님은 외국인 유학생들에 대한 관심이 많으셨다. 이들에게 작은 일을 주고 근로장학금을 받게 하여 생활비로 사용할 수 있도록 세심한 배려를 아끼지 않으셨다.

교목실장과 교무처장을 거쳐 부총장으로 재직하시던 어느 날 강일구 총장님은 나를 집무실로 호출하셨다. 기획처에서 일해 줄 것을 말씀하셨다. 나는 어디에서 일하든 학교를 위한 것이니 최선을 다하겠다고 말씀드렸다. 나는 2000년부터 2018년까지 기획처에서 일했다. 그 기간 대학의 경영자로서 우리 대학의 미래에 대한 강 총장님의 끝없는 고민과 대학 발전에 대한 꿈을 알 수 있었다.

지역 대학으로서의 한계와 사립 대학으로서 향후 발전 방향에 대한 고민을 누구보다 많이 하셨다. 어느 날, 나의 결정이 학생들뿐만 아니라 몇백 명의 교직원과 그들이 부양하는 가족들의 생계까지도 영향을 미칠 수 있다고 하신 말씀에서 경영자의 무거운 책임감을 느낄 수 있었다.

강일구 총장님은 2004년 3월 제5대 총장으로 임명된 뒤 비전 제시를 위해 발전 계획을 새롭게 수립할 필요를 절감하고 3차 발전 계획에 심혈을 기울이셨다. 먼저 사업 중심의 '벤처'를 도전 정신, 개척 정신의 의미를 담은 '벤처 정신'으로 계승 발전하였다. 그리고 목표를 지역과 국내에서 세계로 향한 계획을 수립하였다.

강일구 총장님의 '세계적 대학에 관한' 비전은 2006년 3월 개강 교수회의에서 최초로 선포하였다. 강일구 총장님은 비전을 구체화하기 위해 대학 발전 전략과 특성화 전략의 2개 영역으로 분리하여 소규모 전략 그룹의 정책 연구를 추진하였다. 그해 11월 주요 보직 교수와 전문가 30여 명으로 구성된 혁신계획추진단을 구성하여 공동체의 의견을 수렴하여 World Class 2030 프로젝트의 추진 전략을 구체화하였다.

우리 대학의 3차 발전 계획은 'HOSEO VISION 2030'(2009~2030)의 비전을 '벤처 정신을 구현하는 세계 수준의 대학'으로 하였다. 먼저 첫 단계로 World Class 대학으로 나가기 위해 기반을 조성하고, 5~6개 분야에서 국내 선두를 달성하는 것이다. 그리고 장기적으로 한 세대 후인 2030년에는 2-3개 분야의 World Class 수준 도달과 Global Standard로의 확산 전파를 통해 국가와 미래 사회에 기여하겠다는 원대한 포부가 담겨 있다.

이러한 계획에 대해서 교내에서 여러 의견도 있었지만, 외부 전문가들의 긍정적인 평가도 많았다. 삼성경제연구소 류지성 박사는 "World Class 2030 프로젝트는 주목할 만한 대학 특성화 전략이다"라고 하였다. 경북대 김정상 교수와 조선대 이종국 교수는 "호서대학 World Class 2030 계획은 일반 대학에서는 시행하기 힘든 과감한 특성화 전략이다. 향후 지역 대학의 귀감이 될 정책으로 평하고 싶다"고 밝혔다.

우리 호서대가 짧은 역사 속에서 중부권 최대 규모의 사립 대학으로 발전한 것은 발전 계획을 통한 공동체의 비전을 제시한 총장님의 혜안을 통해 항상 한걸음 먼저 내디며 길을 만들어 나아가는 데 따른 것이라고 생각한다. 4차산업의 도래와 학령 인구 감소로 인해 우리나라 대학 교육의 어려움이 예상된다. 그러나 현실을 직시하고 이에 대응하는 발전 전략의 실행과 호서 가족 모두가 한마음으로 함께할 때 우리는 한 세대 후 더 강한, 더 큰 호서가 되어 있을 것이다.

강일구 총장님 집무실 책상 위에 놓여 있는 오뚝이 인형이 생각난다. 쓰러지면 다시 일어서는 오뚝이처럼 환경을 극복하고 일어서는 호서의 힘은 미래를 꿈꾸게 하는 리더십의 힘이다.

18장 사람을 아끼다

44. 내강외유의 다이아몬드!

박진규

(호서대학교 교수, 전 호서대 인문사회대학장)

다이아몬드는 탄소 결정체로서 천연 광물 중 가장 굳기가 강하며, 광채가 뛰어난 보석 광물이다. 그래서 '정복할 수 없다'라는 뜻의 그리스어 아다마스(adamas)에서 다이아몬드의 명칭과 돌 중에 '가장 강하고 귀하다'는 뜻으로의 우리말 금강석(金剛石)이란 명칭이 유래하였다.

내가 만난 강일구 총장님은 어떤 분일까? 특별히 중요한 의사 결정의 과정과 공식적 회의석 상에서 비춰지는 강일구 총장님은 어떤 분일까? 여러 날과 밤에 걸쳐 생각해 보았다. 또한 고민도 하였다. 강일구 총장님은 다이아몬드, 금강석과 같은 분이다.

발광(發光)하는 화려한 빛에 가려져서 실제 그 실체의 모양은 잘 알 수 없는 다이아몬드와 같이 강일구 총장님의 실제 모습(품격)을 알아차려 기술한다는 건 쉬운 일이 아니다. 그리고 비치는 빛과 상황에 따라 반짝거리는 다이아몬드의 빛이 다르듯, 강일구 총장님은 특정의 몇 상황에서만 봐서 올바르게 그려내기는 더욱이 쉽지 않은 분이다.

그럼에도 불구하고 내가 만난 강일구 총장님은 늘 일관된 언행과 지향하는 지조(志操)로 다이아몬드에 비유할 수 있는 분이다. 회갑(回甲), 고희(古稀)를 거쳐 이제는 희수(喜壽)를 맞이하시는 강일구 총장님의 경륜과 그 경륜에서 발광(發光)하는 내강외유(內剛外柔)의 빛도 금강석과도 많이 닮았다 하겠다.

핵심 이유가 뭐예요?

아직도 여전히 그렇긴 하지만 졸업생 취업률의 수준이 지금보다도 더 대학 정량 평가의 중요한 준거가 되던 때가 있었다. 2010년대 초반이 바로 그때였다. 그때는 각 대학교가 졸업생의 취업률 향상을 위한 기구와 제도를 마련하고, 대학 가용 자원을 총동원하기도 하였다. 특히 앞선 연도 졸업생의 취업률을 결산하는 당해 8월 중에는 대학 구성원이 갖고 있는 총역량을 집적하는 때였다. 그리하여 우리 호서대학교도 당시로는 다른 대학들보다는 더 발 빠르게 인재개발처를 대학 본부 직제에 처음 신설하여 취업을 담당케 하고 있었다. 나는 그 당시 그 신설 부서의 책임자로서 처장의 역할을 감당하고 있었다.

문제는 당시 우리 대학교 취업률이 목표 수준에 크게 밑돌고 있던 것이었다. 당시 총장직에 계셨던 강일구 총장님의 불호령이 떨어졌다. 취업 담당 처장과 해당 학과의 취업 책임 교수가 총장실에 호출되었다.

"(취업률이 저조한) 핵심 이유가 뭐예요?"

"……."

"여러분이 말하지 않지만 나는 여러분이 말하려는 답을 이미 알고 있어요. 상황에 따라 이런저런 이유를 들어 말하려고 하는!! 그런데 핵심 이유는 각 학과가 취업률 제고(提高)를 위한 자율적 방책을 책임 있게 강구하고 있지 않다는 데 있어요. 여러분의 각 학과가 아닌, (대학 본부가) 조건을 다 갖춰 놓은 다음 취업률 올리는 일은 누가 못하겠어요? 졸업생을 사랑하는 마음으로 각 학과가 방책을 마련해 보세요. 담당 처장은 학과에서 제안된 방책 중 대학 본부가 지원할 것이 있으면 적극 도우세요!"

그 해당 연도 우리 호서대학교의 취업률은 중부권 대학 중에서 최고의 수준을 기록했다.

외국인 유학생을 통한 기회

"일류 명문 대학으로서의 호서대 위상은 외국인 학생들에게 더 쉽게 각인될 수 있다….'

지금 2020~2021년 학년에 이르러서는 우리 대학교에 외국인 학생 천여 명이 등록하고 있지만, 2000년도 초반에는 우리 대학에 외국인 유학생은 학부에는 거의 없었고, 대학원, 그것도 몇 개의 전공에 수 명의 학생만이 등록하고 있는 상태였다. 강일구 총장님은 "일류 명문대학으로서의 호서대 위상은 외국인 학생들에게 더 쉽게 각인될 수 있다. 그러기 위해서는 우리 대학교에 외국인 유학생, 특히 동남아 국가의 유학생들이 더 많이 등록하도록 하는 방안을 찾아 봐야 하는데!"라는 말씀을 자주 하셨다.

그러한 강일구 총장님의 관심과 지원으로 맺어진 결실이 바로 네팔의 대표적인 대학교인, 트리부반대학교(Tribhuvan University)와의 학술 교류 협정이었다. 이는 대학과 대학 간의 단순한 교류 협정이 아니라 네팔과 한국을 대표하는 두 고등교육기관 간의 상호 교류 협정이었다. 그 협정으로 그 뒤 우리 호서대학교는 4명의 네팔 유학생을 받아들여 그들에게 기숙사비와 일련의 수업료를 장학금으로 지원해 주었다. 아직도 네팔 교육부에서는 자국 국립대학인 트리부반대학교가 호서대학교와 맺은 교류 협정을 공식 인정하여 네팔 내 다른 대학의 교육 과정 운영에 반영하고 있다.

다이아몬드는 스스로 단단하여 어떤 물질에도 긁히지 않지만, 그 자체가 갖는 결정체의 특징, 즉 평행한 방향으로 쪼개지는 벽개가 잘 발달하여 충격을 받으면 균열이 생기거나 조각날 수 있다. 그래서 주위에서 가치 있게 보존하고 활용하여야 한다. 강일구 총장님이 금강석처럼 빛나고 단단하여 더 귀하게 쓰임 받을 수 있으려면 주위의 도움이 필요하다는 말이다. 나는 그렇게 되길 마음 깊이 소망한다.

45. 금도(襟度)

김성룡

(호서대학교 교수, 전 인문대 학장)

강일구 박사께서 우리 학교에 부임하신 것은 1992년이라고 한다. 나는 1993년에 부임하였으니, 어쩌면 강일구 박사와 입교 동기가 될 뻔했다. 그 무렵, 선배 교수들이 무슨 큰 비밀이나 안 것처럼 총장님의 아드님이 신학과의 교수로 부임하였다는 말씀을 소리를 낮추어가며 이야기하곤 했다. 그러나 그들이 소리 낮추어 이야기하는 것이야말로 오불관언(吾不關焉)의 일, 그야말로 그러거나 말거나 할 남의 일이 아닌가?

그리고 나서 두세 해가 지났다. 나는 인문대학의 교수협의회 총무 일을 보아야 했다. 그 무렵의 교수협의회와 학교는 썩 사이좋은 관계는 아니었으나, 그것이 그리 중요하게 여겨지지는 않았다. 공동의 가치는 어느 편에서 보든 동일하다고 믿고 있었으니까. 그런 터에 마침 사립학교법에 관한 대학 교수 의견을 조사하는 일이 전국교수협의회연합회에서 내려왔다. 교수협의회는 인문대학 교수 의견은 인문대학 지회 총무가 모으라고 했다.

나는 나처럼 나이도 어리고 학교에 들어온 지도 얼마 되지 않은 사람이 선배 교수들께 설명도 없이 배포하는 것은 무례하고 무책임한 일이라 여겼다. 그래서 일일이 가져다 드리며 설문지랍니다라는 최소한의 인사말이라도 건네야 한다고 결심했다. 처음에는 순조로웠다. 4

층 신학과로 올라가기 전까지는.

4층 복도에서 어느 연구실을 먼저 들러야 하는가 하고 두리번거리는데, 강일구 교수와 복도에서 마주쳤다. 그게 무어요? 설문집니다. 뭔 설문이요? 사립학교법에 관한 거랍니다. 왜 들고 다니시는 거요? 제가 인문대 총무라서요, 인사드리고 드리려고요.

그렇게 수인사가 끝나자, 그다음부터는 목소리가 조금 높아졌다. 그거 뭔지 알고 하는 거요? 그때만 해도 무시하며 들어오는 공격에는 참지 못하였던지라 대답은 당연히 거칠었다. 그럼 모르고 할 것 같습니까? 거기서부터 나도 무슨 말을 했는지 모른다. 한 시간을 복도에서 소리 높여 싸우고 있었으니까. 결국 그 긴 시간 동안 연구실에서 참고 있던 서용원 교수께서 나섰다. 하지만 우리 둘을 신학과의 골방으로 밀어 넣는 것이 고작이었다. 골방에서 다시 2차 언쟁이 시작되었다. 요지인즉, 그렇게 갖고 다니면 압박이 아니냐였다. 답인즉, 젊은 놈이 설명도 없이 의견 달라고 하면 무례하다 하지 않겠느냐였다.

잔뜩 상기된 얼굴로 내려왔는데 마침 국문과 선배 교수들과 만나게 되었다. 자초지종을 듣더니 아연, 너, 그분이 누군지 알고나 그런 거냐? 한다. 그게 무슨 상관이야, 의견을 듣고 의견을 내고 하는데…. 선배 교수 중 한 분은 진심으로 나를 걱정하였고, 그 이후에도 여러 번 걱정하였다.

그 이후 강일구 교수께서는 교무처장, 부총장, 총장을 역임하셨다. 그러나 그러는 동안에 요만한 불편함이나 불이익은 전연 없었다. 그것 보아, 교수는 자유의 표상이야. 훔볼트가 말한 대학의 이념이 바로 이거야라고 생각했다.

몇 년이 더 지났다. 우리 학교는 2006년에 혹독한 감사를 받았다.

재단의 해산과 총장의 해임이라는 말까지 들리니 정말 파국이 왔나 보다 했다. 그러다가 2007년 강일구 총장이 복귀한다, 재단에서의 재임이 핵심이다라는 말이 들렸다. 학교 안은 끓기 시작했고 교수와 학생들의 움직임들도 심상하지 않았다. 그런 엄중한 시간에 강일구 총장께서 나를 비서실장으로 부르셨다. 전언(傳言)으로는 눈만 끔벅거리고 있으면 된다고 하셨단다.

주변에서도 의아해했고, 당사자인 나는 더 의아했다. 두어 시간이 넘게 복도와 골방을 오가면서 목청을 높이며 싸운 나를? 대들보만한 미운털이 박힌 나를? 그것도 가장 지근(至近)거리 보좌를 해야 하는 자리에? 나는 그 그릇의 크기에 눌리고, 그 기에 거꾸러지는 느낌을 받았다. 이 정도의 포용을 갖춘 분이 오너십을 잃지 않도록 경영권을 방어하는 데 힘을 보태는 것이 나의 일이라고 다짐까지 했다. 아무도 예상하지 못한 실장으로서 첫 출근을 하던 날, 총장께서 부탁하신 것은 눈만 끔벅거리는 일 말고도 기록을 잘하는 일이었다.

과연 감사 뒤의 경영진 복귀로부터 이루 말할 수 없는 크고 험한 사건들이 쏟아지기 시작했다. 하루하루를 그야말로 꾸역꾸역 살아갔다. 마침내 이듬해 2월, 재조직된 이사회를 통해 강일구 총장의 재임이 확정되었다. 내가 생각했던 나의 의무는 이젠 다한 것이다. 그래서 그 며칠 뒤에, 경영권 방어의 일이 나의 역할이라 생각하였고, 이제 그 소임을 다하였으니 물러간다고 하였다. 강일구 총장께서는 한동안 어이없다는 듯이 보시더니 나가는 나의 팔을 붙드셨다. 사흘 줄 테니 그동안 생각해 보시오.

나는 다시 돌아가지 않았고, 이렇게 여덟 달 만의 비서실 나들이는 끝났다. 팔을 뿌리치고 나온 이후에도 전과 마찬가지로 요만한 불편함이나 불이익은 역시 없었다. 자유의 표상으로서 대학, 자율적 존재로서의 대학교수의 이념이 이러한 형식으로 현상하는 것이라고, 여전히 그렇다고 하면서도 거기에는 조건이 따른다는 것도 알았다.

옷깃을 금(襟)이라 한다. 국량을 도(度)라고 한다. 옷깃이 넓고 마음이 커야 많은 것을 품는다. 비슷한 것만 품어서는 큰일을 할 수 없다. 돌이켜보니, 나는 그동안 그 큰 사람의 그 금도 안에서 요만한 불편함이나 불이익 없이 참으로 편안하게 놀고 있었던 것이었다.

46. 네 가지 은혜와 소망

김동주

(호서대학교 교수, 연합신학전문대학원 원장)

인자의 은혜

"안녕하십니까? 강 박사님이신지요?" 2002년 뜨거운 여름 10년의 미국 유학을 마치고 강일구 총장님을 뵙기 위해 내가 걸은 첫 전화였다. 당시 강 총장님은 총장 직무를 맡으시기 전이었다. "네 누구시지요?" "네, 저는 보스턴대학에서 역사신학 공부를 한 김동주라고 합니다. 강 박사님께 인사드리고자 실례를 무릅쓰고 전화 올립니다." "아, 오세요. 반갑네요. 시간 되면 오후에 와도 돼요."

그렇게 해서 인자한 음성의 총장님과 잊을 수 없는 첫 대면이 일어났다. 처음 뵈던 강일구 총장님은 지금도 그러하시듯 자상함 그 자체이셨다. 첫날 만남부터 맛있는 차를 주시며 학교 안내도 해 주시고 아들 같은 젊은이를 관대하게 받아 주셨다. 다양한 통찰과 학문적 지혜를 인생살이 설익은 내게 공급해 주셨다. 공부하느라 수고가 많았다는 위로에서 앞으로 어떠한 자세로 활동하고 연구해야 하는지까지 조언을 주셨다. 방금 받은 학위가 전부였던 내게, 은근 자신감과 숨은 위축감 사이에 있던 내게 총장님과의 두세 시간 만남은 시원한 생수를 마시고 두 눈과 마음이 밝아지는 빛을 본 시간과 같았다. 그날 나를 긍휼히 여긴 강 박사님은 내가 강사로서 강의할 수 있도록 당신 자신의 과목을 직접 배정해 주셨다.

나는 유학을 마친 후 한국 귀국 직전 살 집을 마련할 경제적인 여건이 어려워 대한민국 지도를 꺼내놓고 하나님께 살 집을 구하였다. 일하고 섬길 곳을 찾는 것은 그다음에 주님이 알아서 주실 것으로 또한 믿었다. 친지들이 천안을 추천하였는데 당시 집세가 쌌고 교통 요지라서 무작정 천안으로 내려와 세가 싼 집을 구했다. 사실 나는 호서대학교에 임용되기 전부터 먼저 천안에 와서 살았던 것이다.

이제 시간강사 할 학교를 구할 차례인데 호서대학교가 바로 집 근처에 있었다. 내 전공을 점검하실 수 있는 분은 당시 신학과의 강일구 박사님이셨기에 전화를 올렸다. 나는 인생 최초의 시간강사와 첫 강의를 하나님이 세우신 호서대에서 시작했기에 영원한 인생 기록이 되었고, 매일 얼마나 감사하고 즐겁게 다녔는지 모른다. 강의가 없는 날은 학생들에게 영어를 가르쳤는데 시간 많은 내게 일부러 배워 주고 무의미한 생활이 되지 않게 해 준 당시 학생들에게도 진심 감사하다.

사랑의 은혜

"김 박사, 잠시 학교 들어왔으면 해요." 학기가 마감되고 어느 날 강일구 박사님께서 내게 전화를 하셨다. 박사님과의 만남은 늘 즐거운 배움과 누림의 시간이기에 한걸음에 달려갔다. "이거 받아요. 요즘 방학이지." 흰 봉투 하나를 주셨다. 무엇인지 여쭙지는 않았지만 아마 돈일까 싶었다. 두 손으로 집어넣고 오는 길에 열어 보았다. 정말 거기 새 컴퓨터를 살 정도의 엄청, 큰 액수의 돈이 들어 있었다. 강 총장님은 내가 방학에 강사 수입이 없는 것을 아셨고, 사랑의 격려로 주신 것이다. 한 마디로 총장님의 사랑은 결코 잊을 수도 없고 갚기도 어려운 것이다. 이후 나는 후배들을 만나면 총장님께 배운 대로 가급적이면 내 강의라도 주고자 하고 작은 것이라도 선물하고자 했지만, 나의 인색함은 숨길 수가 없다.

격려의 은혜

어느 날 강일구 박사님을 찾아뵈었는데 이렇게 말씀하셨다. "내가 곧 총장직을 맡게 되는데, 내가 가르치던 교회사 전공 교수를 뽑으려고 해. 김 박사가 그 전공이 맞고 후보로도 좋은데 말이지. 근데 내가 총장으로서 특채로 그 자리 교수를 뽑을 수는 없고 공채로 하려고 해. 그러니 다른 후보자들과 당당하게 경쟁해. 내 생각에는 김 박사가 경쟁에서 좋은 결과를 얻을 수 있을 거라고 믿어."

신학과를 사랑하시고 하나님의 사역자들을 위해 기도하시는 총장님은 학과에 중요한 교원 자리를 개설하고 지원을 격려하시고 공정한 경쟁에서 성공적인 결과를 얻도록 축복해 주셨다. 감사하게도 하나님께서는 하나님의 사람들의 손길을 통하여 내 일생 가장 귀한 축복인 호서대학교에서 섬길 수 있게 해주셨다. 매일 출근하면서 항상 그때의 감격을 새기며 교문으로 들어선다. 매일 찬송이 흘러나온다.

절제의 은혜

강일구 총장님과 서용원 교수님은 의도치 않은 대결을 벌인 적이 있다. 십여 년 전 겨울, 성지의 대표 나라 터키를 갔을 때이다. 15일간의 여정은 대부분 버스를 타고 진행되었고 폭설을 헤치며 여러 곳을 누볐다. 노아 홍수의 아라랏산, 야곱의 성공지 하란, 이방인 교회 본부 안디옥 등을 다니며 가슴 뛰는 시간을 가졌다.

그런데 문제가 하나 있었으니, 터키 중동부에 한식당이 없어서 매일 세끼 현지 음식만 나오는 것이었다. 향신료 강한 양고기, 케밥, 노란 초르바 콩 수프, 구운 빵 등이 연속으로 십 일이 넘도록 나온 메뉴의 전부였다. 이삼일 만에 40여 명의 순례 팀은 거의 대부분 식사 때마다 "윽" 소리를 내며 챙겨온 한식으로 버텼다. 입이 무척 짧은 나도 가져온 김치, 김, 된장국 등을 다른 사람들 나눠줄 여유 없이 혼자 몰래 호텔 방에서 먹었다.

그런데 놀랍게도 강 총장님과 서용원 교수님은 날마다 너무나 잘 드시지 않는가! 하루 세끼 어떤 음식이 나와도 두 분은 마치 경쟁하듯이 서로 현지식을 즐기셨다. 그러던 어느 날 현지식 행진이 일주일도 훨씬 이어진 때 서용원 교수님이 조용히 내게 이렇게 말씀하셨다. "김 박사, 컵라면 하나 있나요?" 나는 당장 가져다 교수님께 드리면서 강 총장님께도 이렇게 여쭈었다. "총장님, 혹시 컵라면이나 한식 드시겠습니까?" "아냐, 필요 없어. 난 현지식 맛있는데." 한 마디로 단호하셨다. 현지 음식을 너무나 잘 드셨던 서용원 교수님도 강일구 총장님과 보이지 않은 음식 대결에서 일 패를 하였다고 농 반으로 말할 수 있다.

내가 이렇게 여쭈었다. "총장님, 물리지도 않으신가요? 어떻게 뭐든 잘 드실 수 있는지요?" "평소 싱겁게 먹어야 해. 자극적인 맛에 매이면 다양한 것을 못 먹는 거야. 피하고 절제해. 그러면 어떤 음식이든 먹을 수 있어." 그렇다. 절제가 비결이구나 이를 깨달았다. 평소의 절제는 역경에서도 인내를 내기 때문이다. 성경에는 "어떤 사람은 모든 것을 먹을 만한 믿음이 있고 믿음이 연약한 자는 채소만 먹느니라" 말씀이 있다(롬 14:2). 이는 음식만 말씀하는 것이 아니다. 음식은 대표 언어다. 음식도 그러하거니와 다른 것들에도 나는 자극을 추구하고 자극에 매여 있었다. 진정 믿음의 사람이 어떤 것이든 먹을 수 있기 위해 성경은 믿음과 절제가 필요함을 말씀하고 있다. 총장님이 짚어 주신 절제의 교훈은 하나님의 말씀에 근거한 것으로서 어떤 사상에나, 사람에나, 사안에나 늘 큰 효능을 내는 인생 비법이다.

많은 허물과 부족에도 불구하고 개인적으로 총장님께 입은 은혜는 진실로 너무 커, 한정된 지면으로는 이루 다 적을 수 없다. 총장님이 보여주신 인자, 사랑, 격려, 절제 등은 나의 일생 간절히 기도하고 소망하는 덕목들이 되었다.

47. 변화하는 과정은 보이지 않는다

한정희

(홍익대학교 교수, 산학협력단장)

밤늦게 시작된 눈이 아직도 내리고 있었다. 다음 날 아침 시험이 있었던 터라, 거의 뜬눈으로 밤을 보내고 새벽 일찍 일어나 관악산 캠퍼스로 향했다. 정월달의 매서운 추위에 밤새 내린 눈은 빙판으로 변해 있었다. 매일 오전 8시 전까지 정해진 실험실에서 출석 체크를 받아야 했다. 아주 귀하게 잡은 학위과정 생활은 새벽 눈길 위에서 출발했다.

박사과정 공부를 위한 준비 과정이 순조롭게 이뤄지는 중에, 모시던 고(故) 강석규 명예총장님께서는 '서울벤처대학원대학교'를 만드시고 바로 그 학교의 총장으로 "당분간 일하겠다"고 말씀하셨다. 신설 대학원대학교 개교 관련 일을 할 몇 명의 직원이 필요해 호서대학 직원 중에서 찾으셨다. 이 일이 강일구 박사님께는 퍽 부담이 되셨을 듯 싶었다. 그도 그럴 것이 호서는 소수 정예가 아닌가.

이건 아니다 싶다는 생각이 들어 명예총장님께 "제가 당분간 대학원대학교 개교 일을 돕겠습니다" 말씀드렸다. 대학원 진학을 이미 알고 계셨던 명예총장님께서는 "그럼 서울대 대학원 공부는 어떻게 할 거야?" 물으셨다. 잠시 대답을 주저하자, 명예총장님께서는 말씀을 이어가셨다. "그럼 호서대에서 공부해. 그렇게 되면 일도 하면서…" "명예총장님, 일단 서울대 대학원 입학을 미뤄놓고 개교와 교학 업무

등 갈무리를 하는 데 진력하겠습니다." 명예총장님께서는 그 특유의 간명한 말씀으로 답하셨다. "그랴, 그럼." 이렇게 나의 서울 생활은 시작되었다. 물론 새로 학교를 하나 만드는 일이 말처럼 쉬울 수는 없다. 몹시 분주하고 바쁜 일들이 벌어져, 과장하자면 초 단위로 진행되었다. 학생 모집까지 해야 하니 그때는 휴일조차 없었다. 그러던 어느 날 회의를 마치고 별도로 부르셨다.

"한 비서, 난 미국대학에서 박사 했다 해도 하버드, 스탠퍼드 뭐 이런 대학이 아니면 실력을 인정하지 않아. 대학원은 어떻게 되었어?" 내가 답을 주저하는 사이, 계속 말씀을 이어 나가셨다. "나는 한 비서가 미국 그런 대학 간다면 보내 줄 수 있어. 잘 생각해 봐." 당황하여 불그스레 변한 얼굴을 보셨던지, 당신의 최고 칭찬, "우리 비서들은 입이 무거워"로 말씀을 마치셨다. 순간, '아, 서울대학원 진학은 물 건너 갔구나' 하는 생각이 들었다.

나는 나를 각별하게 챙겨주셨던 강일구 박사님께 이에 대하여 모두 말씀드렸다. 말씀을 들으시고 난 후 강일구 박사님께서는 "한 선생, 기회를 봐서 하면 되지 뭐. 대학원에서는 학문도 중요하지만, 사람을 사귀어야 해. 그것이 학교에 더 큰 쓰임새가 될 수 있어."

실망한 맘을 위로하시려는 의도에서일까, 당신의 미국 유학 생활에 관해 긴 시간 동안 말씀하셨다. 그 시간 동안 나는 당신의 그 삶이 크게 변화하는 과정에 겪으신 많은 고생, 고통스러웠던 공부의 순간순간, 가족을 책임진 가장으로서 이겨내야 했던 가슴 아픈 삶의 여러 색깔이 어떤 것이었는지 알게 되었다. 그래서일까, 당신은 참으로 겸손하셨고, 욕심이 없으셨다. '공부를 마치면 호서를 위해 더 크게 일하자. 혹 호서에 어려움이 있을 때 새로운 쓰임이 그곳에 있겠다.' 그렇게 마음먹었던 강일구 박사님과의 두 시간이었다.

그로부터 2년이 지났다. 어렵사리 시작된 전일제 공부였지만, 직장에서 찾기 일쑤였으니 공부를 하기 어려웠다. 공부하라고 호서대 산학협력팀으로 발령까지 해 주셨는데…. 이래서는 공부를 마칠 수 없겠다 싶어, 공부를 포기하기로 결심했다. '학교 업무를 위해서'라는 그럴듯한 명분도 있으니 강일구 박사님께서도 이해하시고 어쩌면 더 좋아하실지도 모른다는 생각도 했다. 이를 말씀드리려 천안으로 출발했다.

서울에서 천안까지 1시간여 홀로의 시간을 갖게 되었던 바로 그때였다. 문득 강일구 박사님의 말씀이 떠올랐다. 미국 유학 시절, 그 변화의 과정이 얼마나 힘드셨을까. 그런데 이 과정은 보이지 않지 않은가! 그때 내 마음속에 '이건 아니다'라는 생각이 들었다. 열등감에서 대학원을 포기하려는 명분을 찾아내는 비겁한 모습 아닌가. 모두 공부의 선수들인 젊은이들 사이에서 유일한 지방대학 출신이라는 패배의식과 공부량 부족의 핑계를 나이 먹었다는 데서 찾던 나 아닌가! 눈물이 났다. 참으로 비겁했다.

천안으로 향하던 차를 돌렸다. 눈물로 각오를 다지며 처절히 공부했던 5년이었다. 지금은 호서가 아닌 다른 곳에서 교수로 일하고 있다. 호서에 어려움이 있을 때마다 '강일구 박사님 곁에서 호서를 위해 쓰임의 도구가 되겠다'라는 각오가 그리움처럼 다가온다.

변화의 과정은 보이지 않는다. 쌀이 밥이 되는 과정을 보기 위해 솥뚜껑을 열지 않듯, 나의 그 과정을 강일구 박사님은 지켜주셨다.

48. 천사의 미소와 주님의 영광

김창익

(하늘뜻교회 목사, 전 호서대학교 인문사회대학장)

2012년 6월쯤 있었던 일이다. 호서대학교는 제27회 전국대학교수 선교대회를 유치하여 대회 준비를 하고 있었다. 그런데 세상일이 늘 그렇듯이 대회 준비가 순탄할 리가 없었다. 여기저기서 펑크 나는 소리가 들렸다. 그럴 때면 준비 위원 모두가 서로 머리를 맞대고 논의하며 하나하나 땜질 처방도 하면서 해결해 나갔다.

사실 이 일은 이미 한 번 경험한 터라 내 어림짐작에 조금은 자신감이 있었다. 1999년 제14회 선교대회가 본교에서 개최되었을 때 준비위원회의 총무로서 일했기 때문이다. 자신감과 경험을 가지고 일을 시작하였지만, 여전히 생경한 느낌이었다. 재정과 조직과 강사 섭외가 항상 난제였다. 난제를 만날 때마다 준비 부위원장 김경식 교수님, 총무 권정태 교수님과 함께 조태연 교목실장님께 찾아가 의논해서 많은 것들을 해결해 나갔다. 목사님의 조언과 격려로 준비 중반에 이르기까지 별 탈 없이 진행되었다. 그래서 끝까지 그렇게 갈 줄 알고, 나는 혼자서 룰루랄라하며 마음속 콧노래를 부르고 있었다.

핀치 히터 아니면 구원투수

그런데 이게 웬일인가? 준비 중후반에 이르러 강사 섭외가 어려움으로 대두되었다. 하나 같이 우리가 염두에 두고 있는 인사와 연락이 안 되는 것이었다. 천신만고 끝에 연락이 되었을 때도 우리가 얻은 반응은 초청에 응할 수 없다는 것이었다. 실망과 당황스러움이 밀려왔다. 1년 내내 기도하고 준비해 온 것이 허사요 물거품이 될 위기였다. 솔직히 말해 울고 싶은 심정이었다. 왜냐하면 아무리 다른 준비를 잘했다 해도 명망 있는 인사를 초청해 놓지 않으면 그 대회가 매력이 없어지기 때문이다. 기도를 해도 응답이 없었다. 우리가 염두에 둔 목사님은 조용기 목사님과 김삼환 목사님이었다.

더군다나 설상가상으로 대회 일자가 다가왔을 때 대회장이신 강일구 총장께서 준비 상황에 대해 알고 싶다는 전갈이 왔다. 그래서 난 얼굴을 들 수 없는 상황이지만 각오하고 준비 상황을 솔직하게 총장께 보고하였다. "아직 주 강사 확정이 안 됐습니다. 제힘으로는 안 될 것 같습니다." 나는 만약의 일을 상상해 보았다. 주 강사를 못 구해 임시방편의 다른 강사를 섭외한다면 먼저 전국 대학교수의 참여율이 저하될 테고 대회 매력도 떨어질 터이며 본교의 위상을 떨어뜨릴 것이니 생각만 해도 몸서리쳐지는 일이었다.

그때 총장께서 상황을 짐작하고 별다른 표정 없이 "알았다"라고만 말씀하셨다. 그런 후 며칠 후 좋은 소식이 들려왔다. 알고 보니 총장께서 조용기 목사님을 직접 찾아뵙고 요청하여 흔쾌히 참석 약속을 받았다는 것이었다. 이것이 나에게는 지금까지 미스테리로 남아 있다. 총장님은 절대로 직구 스타일이 아닌데 어떻게 그렇게 화끈하게 일을 성사시켰는지 도무지 이해가 안 간다.

야구에는 핀치 히터 혹은 구원투수라는 용어가 있다. 야구 게임 중 후반에 게임을 유리하게 이끌려고 감독은 대타나 대투수를 쓴다. 한 방 날리든지 잘 던지든지 하여 승리로 이끌기 위해서다. 나는 그 야구 용어를 끌어들여 그는 나에게뿐만 아니라 선교대회에 진심으로 핀치 히터요 또한 구원투수였다고 생각했다.

며칠 뒤에 선교대회를 앞두고 강석규 명예총장께 준비 상황을 보고할 자리가 있었다. 주 강사로 조용기 목사와 김삼환 목사를 모시게 되었다고 하니 명예총장께서 거동도 불편하신데 의자에서 벌떡 일어나 활짝 웃으시며 우리에게 악수를 청하시면서 칭찬하셨다. "잘했어요." 처음 겪는 일이었다. 그 모습이 지금도 내 눈에 선하다. 그러나 칭찬을 받으면서도 마음 한쪽 구석은 송구했다. 재주부린 사람은 따로 있었으니까….

예방 주사의 효과

대회를 준비하고 치르는 동안 오래 기억에 남을 일이 참 많았다. 준비위원회는 9개 분과 60여 명으로 처음부터 규모가 컸다. 모두들 맡은 바 역할을 수행하며 치밀하게 계획하고 착오 없이 착착 준비하였다. 강일구 총장님은 일찌감치 행사 장소를 아산캠퍼스 제2공학관 104호로 결정하셨다. 하지만 대학 내 가장 유력한 사람들로부터 대학교회로 옮겨야 한다는 여론이 끊이질 않아, 준비 기간 1년 내내 정말 애를 먹었다.

주제 선정에 별의별 의견과 제안이 나왔지만, 교목실장님은 일절 반응이 없었다. 그런데 대회를 불과 몇 달 앞뒀을 때, 돌연 모이자고 연락이 왔다. 전국대학교수선교대회 27년 역사와 우리 대학이 추구하는 기독교 정신이 만나는 지점에서 주제를 정하자는 것이었다. 그렇게 해서 강일구 총장님을 면담하여 주제를 "내 길을 열라!"로 정하였다.

대회 두어 주를 앞두고는 단과대 학장님들을 식사에 초대하였다. 교수님들이 많이 참여하여 은혜 받고 우리 대학의 기독교적 정체성을 더욱 높이자고 호소하였다. 단과 대학별로 학장님들께서 협조해 주시니 유아교육학과 간호학과 등등에서 전원 등록의 잭팟이 터졌다. 감사하게도 우리 대학 교수님들만 해도 136명이나 등록, 참석하였다.

대회를 닷새 앞두고는 핵심 준비 위원들이 모였다. 교목실장님이 우리 모두에게 예방 주사를 놔주셨다. "큰 행사를 치르다 보면 늘 그런 편인데, 행사가 코앞이거나 지금 막 시작했는데, 헐레벌떡 뛰어와서 숨넘어가는 소리로 이게 잘못됐고, 저게 잘못됐고… 이걸 이렇게 고쳐야 하고, 저걸 저렇게 수정해야 하고… 별의별 문제 제기와 대안이 쏟아져 나올 것이다. 유력한 분이 그런 지적과 대안을 제시한다고 체면 봐서 들어주면, 대회 규모가 커서 어느 구석에서 어떤 변화가 생겼는지 전체적으로는 알 수도 없고… 이렇게 되면서 대회 전체가 망가져 나가는 것이다. 우리가 1년 내내 기도하고 면밀히 시뮬레이션 돌리면서 준비하지 않았나? 이것은 약속이다! 가장 좋은 것은 천재지변이 아니면 원안대로 가는 것이다! 그러면 설령 작은 실수와 좀 큰 잘못이 있어도 적어도 기본은 유지한다…." 놀라운 점은 대회 전날 저녁과 당일 오전까지 대회 장소를 대학교회로 옮기자는 등등 정말 그런 치명적인 위기가 많이 발생했다는 사실이다. 그러나 예방 주사를 한 방 크게 맞은 덕분인지, 준비위원회는 흔들림 없이 대회를 치러 낼 수 있었다.

대회 이틀 전의 그 순간을 잊을 수 없다. 기독학생들로 선발된 진행요원(도우미) 사오십 명이 모여 있었다. 교목실 목사님들께서는 학생들에게 일일이 역할을 맡기고 훈련 시키는 중이었다. "전국 대학에서 모여든 교수님들 앞에 여러분이 한번 예쁘게 웃을 때마다 하늘의 천사도 미소를 짓고 캠퍼스엔 주의 영광이 빛날 것입니다. 힘든 중에도 여러분이 한번 친절을 베풀 때마다 친절을 경험한 교수님들은 전국의 대학으로 흩어져 그 친절 속에 복음을 전할 것입니다." 제27회 전국 대학교수선교대회는 이렇게 해서 천사가 미소 짓고 주의 영광이 빛나는 대회가 되었다.

49. 호서에 하나님의 길을 열던 날

권정태

(호서대학교 교수, 중앙도서관장)

2012년 6월 28일~30일, 제27회 전국대학교수선교대회를 우리 호서대학이 개최하였다. 나는 준비위원회의 총무로 봉사하며 다른 분들과 함께 대회를 준비하였다. 1년 가까이 준비한 날들과 대회의 3일은 호서대학교 교수로 일한 긴 기간 중, 평생 잊지 못할 나의 가장 큰 추억이다.

조용기 목사님(여의도순복음교회)을 첫날 저녁 예배 주 강사로 모시기로 하고 연락을 취하였는데, 이미 중대한 선약(전국여전도회대회)이 있고 건강이 여의치 않아 도무지 교수선교대회 참석이 불가하다는 답변을 받았다. 이것은 준비과정에서 만난 첫 번째 난관이고 가장 큰 어려움이었다. 왜냐하면 조용기 목사님은 우리 대학의 초대 이사장으로서 학교에 많은 도움을 주셨을 뿐 아니라 강석규 명예총장님께서 가장 존경하는 목사님이시기 때문이었다. 또한 명예총장님과 함께 전국대학교수선교회를 조직하신 장본인이시기도 하였다.

준비위원장 김창익 교수님과 함께 강일구 총장님께 이런 상황을 보고드렸다. 총장님은 크게 실망하셨고, 긴장된 분위기가 역력하였다. 이때 조태연 교목실장님의 아이디어가 번뜩였다. 첫날 저녁엔 선약과 건강상의 이유로 예배 참석이 불가하시다 하니, 할 수만 있으면 개회 예배의 설교자로 모시자는 것이었다. 이에 강 총장님께서는 다음 날 새벽같이 서울로 올라갔다. 그리고 조용기 목사님을 만나 끈질기게 설득하였다. 조용기 목사님께선 선교대회 첫날 개막식 및 개회 예배의 주 강사로 오시겠다고 승낙하셨다.

6월 28일 오후 2시, 제27회 전국대학교수선교대회가 시작되었다. 대회의 주제는 너희는 주의 길을 예비하라는 말씀(막 1:3)을 기초로 "내 길을 열라"였다. 대학마다 하나님의 길을 열기 위해 기독인 교수들이 먼저 은혜를 체험하자는 취지였다. 화려한 개막식은 세 가지 프로그램으로 나타났다. 첫째, 교수선교대회의 27년 역사를 담은 슬라이드 쇼는 '과거로부터 현재로' 교수들을 인도했다(시간). 둘째, 연합회 회장단 및 9개 지회의 회장단이 모든 참석자에게 인사의 말씀과 더불어 대회를 향한 기원의 메시지를 전할 땐 우리의 시선을 '전국에서 호서로' 모았다(공간). 셋째, 갈릴리교회 어린이들의 뮤지컬 댄스는 빠른 음악에 맞춘 격렬한 몸짓으로 하나님의 나라를 연출하며 호서에서 하나님의 길을 열고자 하였다(선교)!

개회 예배에서 조용기 목사님의 설교는 감동적이었다. "할 수 있다, 하면 된다, 해 보자!" 27년 전, 조용기 목사님은 명예총장님과 함께 캠퍼스의 복음화를 위하여 전국대학교수선교대회를 조직하였다. 이후 대회가 거듭할수록 선교대회는 지속적으로 발전하였다. 하나님께서 주신 비전을 이루기 위해 혼신의 노력을 다해야 한다.

설교 후 조용기 목사님께서 강석규 명예총장님께 공로패를 수여하는 시간이 있었다. 우리 호서대학교로서는 13년 만에 두 번째로 대회를 주최하고 있었다. 때마침 대회의 설립자이신 명예총장님께서 정확히 100세가 되시는 해였다. 80이 넘은 조용기 목사님은 100세가 되신 명예총장님께 공로패를 전해드리고, 볼을 쓰다듬으며 포옹해 드렸다. 나는 기억한다. 참석하신 교수님들은 모두 크게 웃으며 환호했다. 그런데 우리 대학의 많은 교수님은 너무 감동을 받아 눈시울이 뜨거워졌다. 중간중간 목이 메여 신음하듯 울먹이며 눈물을 훔치던 교수님들도 보였다. 명예총장님께선 많이 만족해하셨다. 강일구 총장님께선 이 모든 광경을 흐뭇하게 바라보셨다. 나도 모르게 내게서도 안도의 한숨이 흘러나왔다.

이번 대회엔 총 51개 대학에서 400명 이상이 참석하여 역대 최고의 행사로 평가되었다. 우리 대학만 해도 교수님들이 136명이나 등록하였다. 13년 전 우리 대학이 대회를 개최할 때 30여 명이 등록한 것과는 대조적이었다. 단순히 참가자의 규모에서뿐만 아니라 행사 내내 참석자들에 대한 세심하고 따뜻한 배려와 섬김이 충만하였다.

둘째 날 아침 생활관 식당, 총장님의 식탁에서 있었던 대화다. "이봐, 이봐, 이봐. 이번 대회는 모든 게 완벽한데, 영쩜 영녕녕녕녕녕 일 프로 부족한 게 있어! 그게 뭔지 알아?" 총장님의 질문이 떨어지기 무섭게 교목실장이 대답했다. "날씨도 좋고 캠퍼스가 아름다운데, 사람들이 셔틀버스로 식당에 이동하는 것이 아쉽습니다." "어? 그걸 어떻게 알았어? 권 교수, 지금부터라도 행사장과 식당을 걷게 하면 어떨까? 시간 되지?" 이렇게 하여 참석자들은 캠퍼스 구석구석을 거닐게 되었다.

화려했던 개막식, 서늘한 초여름 저녁 강석규 기념관 앞에서 잔디광장과 들녘을 내려다보며 나눈 최고의 만찬, 아름다운 연주와 열정으로 모두를 흥분케 한 가스펠 콘서트, FD들의 도움으로 일사불란하고도 완벽했던 진행, 극도로 절제하면서도 최고로 세련된 예배 구성과 감동의 설교…. 둘째 날 낮이 되자 다른 대학의 교수님들로부터 다양한 찬사가 쏟아졌다. 캠퍼스가 멋진 대회, 도우미 학생들의 미소와 친절이 아름다운 대회, 프로그램이 세련되고 진행이 매끄러운 대회, 27년 역사에 가장 완벽한 대회….

둘째 날 저녁 김삼환 목사님을 모시고 은혜의 시간을 가졌다. 집회가 끝나고 숙소로 돌아가야 하는데, 장대비가 쏟아졌다. 우리 대학의 준비위원회는 순식간에 대형 우산을 많이도 동원하였다. 그리고 운영위원들과 도우미 학생들이 통로 양옆으로 도열하여 우산으로 공중 터널을 만들었다. 그 길로 사람들이 지나며 셔틀버스를 타고 생활관 숙소로 이동했다. 비는 맞지 않았어도, 참가자들 모두 크나큰 감동과 행복감에 젖어 들었다.

셋째 날 폐회 예배로 모든 행사가 끝이 났다. 사람들은 이전 대회와는 비교 자체가 불가능한 대회라며 입에 침이 마르도록 칭찬에 칭찬을 쏟아냈다. 생활관 식당에서 점심 식사를 마치고 모두들 헤어지는 순간이었다. 또 한 번 비가 시원하게 내렸다.

일련의 모습들이 지금도 내 눈에 선하다. 3일 내내 행사장을 지키신 강일구 총장님은 귀가하시는 명예총장님을 배웅하셨다. 명예총장님이 타고 떠나시는 자동차를 향하여 총장님은 한참 동안 고개 숙여 인사하셨다. 지독한 가난과 고난을 꿈과 비전으로 버티며 오직 믿음으로 삶을 역전시킨 작은 체구의 노부(老父)에 대한 경이로운 존경심이랄까. 그때의 그 선명한 장면에서 난 지금 일제 강점기와 한국전쟁을 겪으시며 가난 속에서도 부모님을 모시면서 5남매의 자식들과 2명의 조카를 모두 대학까지 공부시키신 작은 체구의 내 아버지를 떠올리고 있다.

벤처 신화의 함정과 지혜
[2017~2021]

50. 호서의 아드 폰테스, 벤처 정신!

이종원

(호서대학교 교수, 전 기술경영전문대학원장)

제가 강일구 총장님을 만날 기회는 많지 않았습니다. 총 횟수가 10 여 회 남짓이니까 평균적으로는 1년에 한 번 뵙기도 어렵습니다. 그 리고 저와 워낙 직급과 나이가 차이가 나다 보니, 늘 대화가 어려웠 고, 말씀을 제대로 이해하지 못하는 경우도 많습니다.

제가 이해력도 부족하고 눈치도 없다 보니 항상 깨달음이 늦었고, 만남보다는 총장님께서 주신 책을 통해 많은 영감을 받았습니다. 총 장님께서 제게 주신 책은 총 3권입니다. 총장님께서는 정성스럽게 첫 장에 "사랑하는 이종원 교수님께 드립니다"라고 자필로 써주셨습니 다. 그리고 그 책은 항상 제 연구실 책꽂이에 있습니다. 그 3권의 책 중에 제게 가장 큰 영향을 준 책은 『아드 폰테스』입니다. '아드 폰테 스'는 라틴말로 근본으로 돌아가라는 뜻이라고 합니다. 즉, 어떤 문제 에 부딪혔을 때 그 문제를 푸는 것은 근본이 무엇인지 생각해 보고 문 제를 해결하라는 것이었습니다.

2015년, 기술경영전문대학원을 시작할 때 저는 정말 막막했습니다. 연세대, 고려대, 서강대, 성균관대, 한양대, 유니스트 등 쟁쟁한 대학이 준비하고 있었습니다. 반면, 우리 대학은 상대적으로 기반이 많이 부족했습니다. 많은 분이 제게 여러 염려의 말씀을 해주셨습니다.

늦은 밤 연구실에서 고민하던 때 책상에서 보였던 책이 『아드 폰테스』였습니다. 그때 머리에서 번뜩 스치는 생각이 있었습니다. 그래 근본으로 돌아가야지, 그럼 우리 대학의 근본은 무엇일까? 그리고 생각난 키워드가 늘 총장님께서 강조하셨던 새로운 것을 시도하는 '벤처 정신'이었습니다. 그래서 저는 '세상에 처음인 대학원'을 만들어 보자고 생각했습니다. 즉, 논문을 써서 연구하는 대학원이 아니라 기업인들에게 돈을 벌어주는 대학원을 만들어 보려고 생각했습니다. 그리고 강의를 교실에서 교과서로 하는 수업이 아니라 기업 현장에서 실제 문제를 해결하는 수업을 기획하고, 실행하였습니다.

그 결과, 우리 호서대는 산자부 평가에서 4년 연속 최우수 대학원으로 인정받았습니다. 대학원 학생들이 우리 대학원을 통해서 직·간접적으로 벌어간 돈도 300억 원이 넘습니다. 그리고 우리 대학원 게시판 벽면에는 학교에 기부한 학생들의 명단이 빼곡히 들어있습니다. 제게는 아드 폰테스가 현재의 문제를 해결하는 만능열쇠입니다.

강일구 총장님의 아드 폰테스와 벤처 정신이 있기에 우리 대학이 World Class 대학으로 발전할 수 있는 좋은 기회입니다. 왜냐하면 지금 대학은 변화하지 않으면 생존이 어렵기 때문입니다. 특히 우리 대학은 벤처, 산학협력의 기반 위에 있습니다. 산학협력과 교육을 슬기롭게 융합하여 '세상에 처음인' 교육 방식을 개발할 수 있습니다. 저는 기업에 가서 재직자 대학원생과 전일제 학부생이 공동으로 기업의 현안 문제를, 실험을 통해 해결하는 수업을 상상합니다. 이를 통해 기업에는 커다란 이익을 주고, 우리 학생들에게는 현장에서 배운 지식으로 더 크게 성장시키는 꿈을 꿈니다.

과거에는 우리 대학이 너무 세상을 앞서가는 '프런티어'(Frontier)였기에 고난이 많았습니다. 그러나 이제는 세상이 우리 대학을 통해 많이 배웠고, 우리는 또 법과 제도의 기반도 완비하였습니다. 이제 마음껏 우리의 꿈을 펼친다면 Leader가 될 수 있으리라 생각합니다. 이러한 꿈은 강일구 총장님이 제게 주신 책처럼 우리에게 아드 폰테스가 있기 때문에 가능합니다.

51. 벤처 산학으로 호서의 길을 만들어 가시다

김동환

(호서대학교 은퇴 교수, 전 대학원장)

2002년도 중반 무렵 갑작스레 그분을 모시고 일할 기회가 주어졌다. 연봉제 추진 건으로 교협과 갈등이 야기되던 시기였다. 사안을 다루는 의사 결정 과정에서 당시 부총장이셨던 그분의 진면목을 볼 수 있었다. 문제의 본질을 정확히 꿰뚫고 진단과 처방을 제시하시는 모습이 내겐 신선한 충격으로 다가왔다. 합리적이고 빈틈없는 사고와 논리, 냉철하고도 강직한 추진력이라 할까? 연봉제(안)는 조정 과정을 거쳤으나 시행은 유보되었다. 하지만 이 사건은 앞으로 다가올 본 대학의 변화에 적잖은 교훈과 시사점을 안겨 주었다. 지금 생각해 보면 연봉제를 추진할 때도 그분의 지론인 '원천으로 돌아가자'(ad fontes)와 융합적 상생으로 제3의 길을 제시하고자 한 의도가 반영된 것이리라.

2004년 총장님으로 취임하셨던 때는 국내외적으로 엄청난 변화와 혁신이 요구되는 시기였다. 특히 국내 벤처 붐이 조성되었고, 모든 대학은 각자의 생존을 위해 근원적인 변화를 추구해야만 했다. 강 총장님은 '기독교 세계관을 가진 인재 양성'과 '길을 만들어 가는 대학 Venture 1st'라는 두 개의 수레바퀴를 학교 발전의 성장 엔진으로 삼았고, 호서대의 설립 정신을 지속시키는 원동력으로 하였다. 이를 통해 벤처 분야에서 호서대가 세계의 대학들과 당당히 어깨를 견줄 수 있는 비전과 꿈을 공유하고자 하셨다.

벤처와 산학 연관으로 특성화된 호서대의 변화된 위상은 대학 문화를 송두리째 뒤바꿔 놨다. 벤처의 요람지이자 선도자적 역할로 대학의 품격을 가일층 격상시켰다는 표현이 맞지 않을까 싶다. 2004~2014년 당시 총장님의 수상 경력이 이를 짐작하게 한다. 강 총장님께서는 선도적 지역 혁신과 지역 산업진흥발전에 대한 공헌으로 2번의 대통령상, 3년 연속 대한민국참교육대상, 한국을 빛낸 창조경영대상, 국가브랜드대상 등을 수상하셨다. 하지만 벤처 산학교육과정에는 극상품의 포도만이 열리는 것은 아니다. 시고 떫은 들포도가 열릴 때도 있다. 남이 가지 않는 힘든 길을 가야 할 때도 많다. 강 총장님의 입장에서는 명예총장님의 업적을 계승하고 발전시켜야 하는 '연속성'과 벤처 궤도를 시대에 맞게 수정해야 하는 '불연속성'을 함께 고려해야 했을 것이다. 그분만의 차별화된 성과를 이루기 위하여 얼마나 많은 고뇌와 번민의 시간을 보냈을까? 선도적으로 벤처를 추진하는 과정에서 발생하는 법과 제도와의 괴리감, 명예총장님의 무언의 채근, 벤처 연구비의 제약 속에서 대학 수장이라는 이유로 도덕적인 책임과 법적인 책임을 모두 감내해야만 하셨다.

창업보다 수성이 더 어렵다는 말이 있다. 특히 벤처의 경우 무척 실감 나는 말이다. 미래의 벤처 산학교육사업의 위험과 앞으로 다가오는 고난은 이제까지 겪어 왔던 것들보다 훨씬 더 클 수도 있다. 당장 우리 눈 앞에 펼쳐지고 있는 상황들만 보더라도 그렇지 아니한가? AI와 같은 최첨단 과학기술의 가속화, 기후 변화와 생태계의 파괴, COVID 19 팬데믹이 가져온 충격, 대학 학령 인구의 감소와 대학들의 미달 사태, 벤처 후발 대학들의 추월 경쟁 등 어느 것 하나도 만만치가 않다.

다행히도 우리에게는 강 총장님과 함께 공유하여 온 위대한 비전과 벤처의 열정, 백절불굴의 신앙의 유산이 있지 아니한가? 실패를 두려워하기보다는 걸림돌을 디딤돌로 밟고 가는 지혜가 필요하지 않을까? 주마가편의 각오로 "21세기는 창의적이며 첨단 과학 기술의 상호 융합적인 사고 없이는 이 시대를 선도할 수 없다"는 그분의 선견에 귀 기울여보자. 총장님의 재충전을 기회로 삼아 그분의 완숙한 역량을 더 펼칠 수 있는 그날을 기대해 본다.

벤처로! 세계로! 미래로! 길을 만들어 가는 대학, 빛나는 호서대학을 위하여!
강일구 총장님의 희수(喜壽)를 진심으로 축하드립니다.
다시 한번 총장님의 빛나는 업적과 눈물 어린 노고에
깊은 경의를 올리오며 항상 건강과 행복이 충만하시길 바랍니다.

52. 파란(波瀾)의 삶을 살아오신 스승님

이병선

(전 호서대학교 교수, 감사실장)

그런즉 누구든지 그리스도 안에 있으면 새로운 피조물이라

이전 것은 지나갔으니 보라 새 것이 되었도다(고후 5:17).

중심되신 그리스도의 품 안에서 알을 깨고 나오며 성장하는 인간의 삶은 지혜와 연륜으로 이어지기에 결실의 계절, 가을을 닮아 있다. 문득 2006년의 늦가을이 떠오른다. 간절한 마음으로 서울 종각에 있던 교육부 별관 감사실에 찾아갔을 때 교육부 감사관은 우리를 냉랭하게 문전 박대했다. 그때 강일구 총장님께서는 호서의 미래를 위해 자존심을 조용히 내려두시고 마음의 십자가를 스스로 짊어지신 채, 어려운 현안들을 묵묵히 헤쳐 나가셨다. 그 끈기와 용기를 지켜보며 앞으로 호서인으로서 나의 운명을 총장님과 함께하리라 결심했다.

그 결심이 마음에 뿌리를 내린 지 벌써 30년이다. 법의 산실인 국회를 설득해서라도 대한민국과 호서대학교의 성장 동력인 벤처 정신

을 구현하시려던 총장님의 모습은 '한결같음' 그 자체였다. 총장님의 한결같음은 김대중 정부에서 꽃을 피웠고, 현재 대한민국을 벤처 강국으로 만드는 데 초석이 되었다고 감히 생각한다.

사람에게는 하나로서의 개인과 우리로서의 사회인의 모습이 존재한다. 강일구 총장님은 늘 하나님의 원칙인 자신에게 한없이 엄격하고 청빈하셨고, 이웃 돌봄에 자신을 던진 희생과 봉사에는 언제나 앞장서셨다. 사회적 활동에서도 결코 안주하지 않으시고, 부단한 학문적 정진과 호서대학의 2030 발전프로젝트까지 깊은 지혜와 통찰을 바탕으로 계획하고 실천해 나가셨다.

대나무는 숲을 이루기 위해 땅 아래에서는 뿌리를 뻗어 새순을 올리고, 위로는 마디를 맺어 유연한 단단함을 더한다. 총장님께서는 대학의 어려운 순간마다 늘 간곡한 기도와 하나님의 말씀으로 어려움의 한가운데에서 호서인들을 이끌고 난관을 이겨내셨다. 누군가에게는 고집스럽게 비쳤을 그 모습들 뒤에 숨은 스승님의 깊은 고민과 애정을 알기에 나 역시 호서의 숲에서 함께 견뎌낼 수 있었다.

세월은 흐르고 사회가 달라지는 가운데 구성원들의 사회적 약속 체계와 미래의 호서인들을 맞이하는 면에서도 많은 변화가 일어나고 있다. 서로 한 방향으로만 고집스레 얽혀 자라나는 칡나무와 등나무가 불통의 상징일 수도 있으나, 마주하고 서로 다른 점을 소통하려는 노력을 포기하지 않는다면 서로를 지탱해 주는 굳건한 기둥이 될 수도 있을 것이다.

새로운 시대의 파도가 몰려오는 시기, 호서의 과거와 현재, 미래를 잇는 총장님의 깊은 연륜과 빛나는 혜안이 다 함께 바라볼 북극성을 열어 주실 수 있으리라 믿고 있다. 세대를 넘는 공감과 시대를 뛰어넘

는 혁신의 설계로 위기의 파도를 새로운 도약의 기회로 삼아 새롭게
비상하는 모교가 되기를 간절히 소망한다.

53. 최고 지도자로서 책임을 다하신 총장님

권인호

(호서학원 법인사무국장, 전 호서대학교 사무처장)

강일구 박사님은 1992년 9월 1일에 호서대학교 신학과 교수로 임용되셨다. 그 이후 호서대학교의 교수로서 그리고 여러 부서의 보직을 맡은 책임자로서 열정을 다하셨다. 그러고 나서 2004년 3월 1일부터 2016년 7월 3일까지는 호서대학교 총장으로서 봉직하셨다. 그 총장 재임 기간 중 강일구 박사님은 그 누구도 따라 할 수 없는 열정과 호서대학을 사랑하는 마음으로 봉직하셨다. 그 열두 해 동안 호서대학교를 세계적인 글로벌 대학으로 성장할 수 있는 기반을 다지는 큰 업적을 남긴 참교육자로 기억되고 있다.

강일구 박사님은 재직하시는 내내 온화하신 성격으로 모든 교직원을 믿음으로 대하시면서 학교 보직자들의 의견을 적극적으로 수용해 주셨다. 그 성품은 학교에서 오랜 시간 근무한 나에게는 늘 든든한 버팀목이셨다. 그리고 내가 판단하고 결정한 부분에 늘 힘을 실어주셨다. 그런 덕분에 나는 큰 어려움이 없이 일을 추진할 수 있었고 보람도 많이 느낄 수 있었다. 그래서 가장 인상 깊은 총장님으로 남아 있다.

그러나 강일구 총장님은 호서대학교를 글로벌 명문 사학으로 만들기 위해 구성원의 의견을 믿음으로 수용하는 과정에서 일어난 불미스러운 일로 남은 임기를 마치시지 못하셨다. 그가 호서대학교 발전을 위해 누구보다 열정적으로 노력하셨던 것을 그리고 얼마나 청렴하신 지를 너무나 잘 알기에, 나에게는 지금까지도 몹시 가슴 아픈 일로 남아 있다. 이 일은 호서대학교의 발전에도 큰 걸림돌이 되었다고 생각한다.

내가 교무처에 근무하던 때 강일구 총장님의 인사 철학은 어려운 대학 현실에 미리 대비하는 것으로 요약할 수 있다. 그러기 위해 인사 제도에 많은 변화를 주기 위하여 노력하셨다. 특히 우수한 교수님들을 모셔 오기 위하여 다른 대학에서는 거의 시행하지 않는 연봉제를 도입하셨다. 열심히 일하는 사람에게는 그에 합당한 충분한 보상이 있어야 한다는 것이 연봉제의 도입 취지였다. 또 우수한 교수님들을 모셔 오기 위해 구성원들이 직접 발로 뛰어다녀야 한다고 강조하셨다. 이후 교무 인사를 맡은 보직자들께 우수 교수 초빙 리스트를 갖고 있느냐고 채근하시곤 하셨다. 그 모습이 아직도 기억에 생생하다.

강일구 박사께서는 설립자이신 고 강석규 박사님의 장남이지만 매우 어려운 유학 생활을 하셨다. 아마 지금의 검소함과 근면함은 그때부터 생활화된 것 같다. 강일구 박사께서 학교 앞 작은 아파트, 아마 신라아파트였을 것이다, 거기서 생활하신 적이 있다. 나는 학교의 일로 그 아파트로 찾아가 뵈어야 했던 적이 있었다. 그때 집에서 보신 신문을 버리지 않고 한 곳에 모두 모아두셨다. 작은 집에 한구석을 차지하고 있는 게 이상해서 왜 신문을 버리시지 않느냐 여쭈었다. 그랬더니 그것도 모이면 폐지로 팔 수도 있고 다 쓸 데가 있다고 하셨다. 나는 그 모습을 잊을 수가 없다. 그러한 검소한 생활의 모습은 나에게 항상 모범이 되었다.

그렇게 청렴하셨던 분이 일부 보직자가 저지른 잘못된 행정으로 인한 과오를 고스란히 안으셨다. 총장으로서 책임을 다하기 위해 경제적 피해도 감수하셨다. 그뿐만 아니라, 말로 하기 어려운 참으로 힘든 고통의 시간도 감내하셨다. 그러나 몇 년이 지나자 그러한 희생을 다 잊어버린 듯 행동하는 일부 학교 보직자들의 이해할 수 없는 행동을 보면서 실망하지 않을 수 없었다. 그분께 아무런 도움이 되지 못했던 나 자신이 한심하기만 했다.

강일구 박사님께서 고초를 겪고 계시는 동안 호서대학교는 이해하기 어려운 일들이 많이 일어났다. 그러는 중에 일부 구성원들은 교직원으로서 가져야 할 정체성마저 잃어버리고 학교보다는 개인의 안위에 집중하는 모습을 보이기도 했지만, 대부분은 학교의 미래를 걱정하고, 학교의 정상화를 위해 알게 모르게 맡은 바 제 자리에서 열심히 제 역할을 하였다. 그러한 덕분으로 그 어려운 환경을 몇 년간 겪어냈다. 지금은 박사님이 총장으로 재직하셨을 때의 호서대학교 모습을 점점 찾아가고 있어서 다행이다.

강일구 박사님의 호서대학교에 대한 열정 그리고 비전과 꿈을 알고 있기에, 앞으로 더욱 세계적인 글로벌 대학으로 성장할 수 있도록 이끌어 주시는 모습을 뵐 수 있다는 생각에 한결 마음이 편해진다.

54. 예레미야의 기도

김영선

(호서대학교 정보전산원장, 전 중앙도서관장)

정갈한 목소리와 깔끔한 외모 그리고 부드러운 인상은 내게 떠오르는 강일구 총장님에 대한 대표적인 기억이다. 경리과에서 근무하던 시절, 늦은 시간 행정 부처 시찰을 하시던 당시 강일구 부총장님은 나에게 "혼자 무섭지 않아요? 얼른 들어가세요"라는 말씀을 하셨다. 당시 우리 사회에 일반적이었던, 조직 사회에서의 엄격하고 명확한 지시어에 익숙했던 나에게 이런 부드러운 어투는 야간 근무의 어려움을 씻어 버릴 만큼 낯설게 그러면서도 포근하게 다가왔다.

부총장님과 따뜻한 첫 만남 이후 2004년부터 2016년까지 12년 동안 비서실에 근무하며 강일구 총장님을 모셨다. 참 오랜 기간이었는데 뒤를 돌아보니 순식간에 지난 것 같은 세월이다. 그 오랜 기간 동안 내가 느꼈던 총장님의 품격은 늘 따뜻하고 부드러운 그러면서도 밝고 긍정적인 아우라가 함께 하는 것이었다. 호서대학교의 모든 행사와 행정 절차에 깔끔한 형식과 매끄러운 진행이 자리할 수 있었던 것은 이러한 강일구 총장님의 개인적인 퍼스낼리티와 무관하지 않다고 생각한다. 긴장의 연속이었고 쉽지 않은 시간이었지만 총장님의 업무를 보좌하면서 많은 것을 배울 수 있던 내 인생의 감사하고 귀한 시간이었다.

강일구 총장님과 함께했던 따뜻한 시간 중 유일하게 어둡고 날카로운 소리로 단절된 기억이 있다. 기억조차 거부하고 싶은, 2014년의 겨울 천안 지청의 어느 대기실에서 총장님과 영장 심사의 결과를 기다리고 있었다. 기나긴 기다림 끝 자정 즈음 밝은 모습의 총장님을 모시고 다시 집으로 돌아갈 수 있으리라던 기대는 여검사의 날카로운 구두굽 소리와 함께 산산조각이 났다. 말도 안 되는 현실의 칠흑 같은 어둠 속에서 난 억울함과 가늠할 수 없는 두려움에 절규하였다. 정신없이 황망한 상태에서 어떻게 집까지 돌아왔는지, 어떻게 사모님께 결과를 알려드렸는지 모른다. 오랜 시간을 내내 기도하며 기다리셨던 사모님도 충격에 소리조차 내지 못하며 눈물을 흘리셨고, 난 그 모습을 차마 볼 수 없어 고개만 떨구던 못난 밤이었다.

까마득하다. 영어의 상태에 계신 총장님을 뵈러 다닌 그 시간이, 그 계절이 어떠했는지 정말 까마득하다. 가장 기억에 남는 것은 그 순간에도 강 총장님은 만나는 사람들에게 늘 부드러웠고 깔끔했으며 밝고 긍정적인 자세를 잃지 않았다는 사실이다.

총장님께서는 고통을 전혀 내색하지 않으셨고 이곳도 사람 사는 세상이라며 오히려 학교와 남겨진 사람들을 염려하셨다. 그 모습은 진정한 외유내강의 모습이었다. 그 긴 세월 동안 사모님은 담대하고 꿋꿋하게 총장님을 뒷바라지하셨다. 그 대단한 정신력이 참으로 놀라웠다. 이렇게 두 분이 단단하게 버티는 모습은 나에겐 정말 존경으로 다가왔다.

그때 많은 분이 기도의 동역자가 되었다. 총장님을 위해, 학교를 위해 기도했지만 인간 강일구 총장님을 위해서도 기도했다. 그리고 그 기도의 맺음은 언제나 눈물로 끝났다. 그러나 그 기도는 이스라엘을 위해 눈물로 기도했던 예레미야의 기도와 같았다. 슬프고 절망적인 기도가 아니라 학교의 모든 잘못과 불합리를 총 책임지신 총장님께 대한 감사와 응원 그리고 다시 만날 날에 대한 고대의 기도였다.

내가 본 총장님은 현재와 상황에 붙잡힌 사고가 아닌, 항상 비전을 꿈꾸고 이루기를 갈망하는 분이셨다. 총장님의 고뇌의 시작은 바로 지리적 위치로 인해 지방대라는 수식어에 사로잡혀 더 나은 미래를 상상하지 못하는 고정 관념에 대한 안타까움에서 비롯되었다. 창의력과 상상력이 누구보다 뛰어나시기에 더 나은 것에 대한 비전을 끊임없이 꿈꾸고 설파하셨다. 총장님의 벤처는 도전이었고 불굴의 의지였다. 모두가 원대한 꿈을 꾸고 도전하기를 기대하셨다. 현재의 악조건과 제약에 굴복할 것이 아니라 우리의 일이 하나님 보시기에 기쁘고 합당한 것이라면, 제도에 도전하여 새로운 질서를 만들어 가는 것이 총장님의 벤처인 것이었다.

창학 이래 호서대학교는 여러 어려움 중에도 혁신과 성장을 멈추지 않았다. 이러한 발전이 가능했던 것은 혼란의 시기에 보여준 총장님의 용서와 포용이 우리 가운데 있었기 때문이라고 생각한다. 화해와 화합을 통해 보다 공고한 신뢰의 초석을 다져왔기에 현재의 호서대학교가 존재한 것이다.

강일구 총장님의 희수를 진심으로 축하드리며 마음 운동장에 아름다운 꽃으로 가득 채워 축하드린다.

55. 오뚝이와 자전거

정동철

(호서대학교 교수, 기획처장)

2015년 봄, 대학 본부 2층 회의실에서 벤처프런티어 장학생 면접을 하던 중 복도에서 우연히 강일구 총장님을 뵈었다. 2014년 가을부터 학내에 혼란스러운 일들이 발생하면서 자리를 비우시게 된 총장님께서 돌아오신 모습을 뵈니 안심과 반가운 마음이 들었다. 인사를 드리니 밝은 웃음으로 받아 주셨고 총장님께서는 잠시 차 한잔하자고 하셨다. 한 시간가량의 대화와 가벼운 실랑이(그 당시 나는 국책사업단장을 맡고 있었다)가 오간 후 비서실장직을 맡게 되었다.

사실 나는 강일구 총장님을 잘 알지 못하였다. 10년 가까이 대학에 근무하면서 한두 번 정도 잠시 이야기를 나눈 것이 전부였고, 그 내용도 기억이 잘 나지 않는다. 비서실장이 된 이후 학교 경영에 대해 전혀 모르던 나는 총장님께 많은 가르침을 받았다. 대부분 우리 대학이 어떤 정신으로 설립되고 성장해 왔는지 그리고 대학의 미래를 위해 무엇을 준비해야 하는지에 대한 고민이었고, 인생 선배로서의 경험담도 말씀해 주셨다. 총장님은 목회자이시며, 학생을 가르치는 교수이기도 하셨고, 틈만 나면 글을 쓰시는 학자이기도 하셨다. 하지만 총장실에 계실 때만큼은 대학의 생존을 책임지고 발전을 독려하시는 경영자의 모습이셨다.

총장실 탁자에는 플라스틱으로 만든 장난감 오뚝이와 조그만 모형 자전거가 항상 놓여 있었다. 총장님께서는 이 두 가지 물건이 우리 대학의 철학을 분명하게 이야기해 준다며 매우 아끼셨다. 오뚝이는 아무리 어려운 시련이 있어도 다시 일어설 수 있는 정신을 상징한다. 자전거의 앞바퀴는 대학이 나아갈 방향을 뜻하고, 뒷바퀴는 미래를 향해 나아가기 위한 추동력을 의미한다. 대학의 구성원들이 이런 정신으로 일하면 못 이룰 것이 없다는 메시지다. 총장님의 힘찬 말씀을 듣다 보면, 나를 가르칠 뿐만 아니라 당신 스스로 다짐하신다는 생각이 들기도 하였다. 아마 총장님께서 겪어야만 하는 어려운 사정 때문이었을 것이다.

총장님께서는 대학의 일로 오랜 기간 재판을 받으셔야 했다. 그때마다 나는 총장님을 수행하였다. 그 과정에서 상당한 심리적 압박을 받으셨을 법도 한데, 총장님은 항상 평온함을 유지하려 노력하셨다. 많은 말씀을 하시지는 않았지만, 말씀은 늘 담담하고 또렷하였다. 나라면 그렇게 담담할 수는 없었을 것 같았다. 재판 때마다 나는 사소한 것 하나까지 신경이 곤두섰으나, 총장님은 오히려 평온하셨다.

항소심 판결이 있던 날 영어의 몸이 되시던 순간에도 마찬가지였다. 전혀 예상치 못했던 가혹한 결과였고, 모든 이들은 망연자실할 수밖에 없었다. 아직도 다른 사람의 손에 이끌려 문 밖으로 사라지시던 총장님의 그 모습을 난 잊을 수 없다. 그 순간조차도 담담한 표정으로 걸음을 옮기셨다. 당신도 사람이기에 황망함과 두려움이 엄습해 올 것을 생각하니, 나는 가슴이 멍해졌다. 총장님을 차가운 곳에 두고 돌아오는 길은 무거운 마음과 복잡한 생각들로 가득하였다. 총장님 개인에 대한 걱정뿐이 아니었다. 대학이 혼란스러워질 수 있다는 우려가 무겁게 다가왔다.

판결 후 총장님을 뵈러 갔을 때, 총장님은 착잡하면서도 담담한 모습이셨다. 예상치 못한 상황으로 인해 처리해야 하는 여러 가지 일들을 길지 않은 시간 동안 차분하게 말씀하셨다. 처한 상황에 당혹해하시는 모습보다는 이 상황에서 최선이 무엇인지 고민하고 계시는 것 같았다. 미리 정리해 놓으신 메모를 보시며 꼼꼼히 지시하셨고, 그중에는 책을 집필하기 위해 필요한 것들도 있었다. 생각할 시간이 많아서 책 쓰기에 참 좋다고 하시며, 지금이 그동안 미루었던 집필을 마무리할 기회라 하셨다. 그 안에서 좀 불편하기는 하지만 글쓰기에 적절한 환경을 만들어 놓으셨다며 우리를 안심시키셨다.

영어의 몸이 되신 총장님을 오랫동안 뵈면서 가끔 총장실 테이블 위에 있던 오뚝이를 떠올렸다. 쓰러져도 다시 일어나는 오뚝이는 역경에 굴하지 않고 어려움을 극복하기 위해 부단히 노력하시는 총장님 당신이셨다. 환경이 열악해졌다고 늘 하시던 일을 포기하지 않으셨다. 낯설고 어려운 환경에서도 최선을 다하셨다. 총장님의 이런 모습이 나는 아프면서도 존경스러웠다.

고초를 겪으시고 난 후 총장님을 뵐 때가 가끔 있다. 늘 운동을 챙기시는 덕에 그 연세의 다른 분들에 비해 좋은 건강을 유지하고 계신다. 운동만이 아니라 생각도 많이 하시는 것 같다. 비록 대학을 떠나 계시긴 하지만 대학의 미래에 대한 고민은 예전보다 더하신 것 같다. 대학 안에서 정신없이 일 처리를 하다 보면 미처 생각해 내기 어려운 아이디어를 주시기도 하신다.

총장님의 여러 생각들을 정리해 보면 대략 두 가지로 정리된다. 하나는 우리 대학이 그리고 대학의 구성원들이 오랫동안 이 사회에 기여하기 위해 대학이 어떤 모습으로 변화해야 하는가에 대한 것이다.

바로 자전거의 앞바퀴를 의미한다. 다른 하나는 그런 변화를 신나고 즐겁게 할 수 있는 동력을 어떻게 확보할 수 있는가에 대한 것이다. 어떤 일이든 정말로 하고 싶어 하는 사람들이 모여 일을 해야 즐거움과 보람을 느끼면서 좋은 성과도 낼 수 있다고 믿으신다. 이것은 자전거의 뒷바퀴인 것이다.

총장님께서는 탁자 위의 오뚝이와 자전거를 늘 마음의 중심에 담고 계신 것 같다. 그리고 그 정신을 실천하기 위해 끊임없이 생각하시고 노력하신다. 총장으로 재직하실 때도 그러하였고 영어의 몸이 되어 계셨을 때도 그러하셨으며 지금도 여전히 그러하시다. 오히려 대학의 현안을 처리하시던 총장 재직 시절보다 조금은 시간적으로 여유로운 요즘에 더 많은 고민을 하시는 것 같다. 그런 생각과 말씀들이 있었기에 지금의 호서대학이 존재하는 것이고 미래의 발전된 호서대학도 존재할 것이다.

어느덧 총장님께서 희수를 맞이하신다. 총장님을 처음 보필하기 시작할 때가 칠순 다음 해였으니 6년이 넘게 흘렀다. 그 시간이 더 길게 느껴지셨겠지만, 몸은 더 건강해지신 오뚝이 같은 강일구 총장님의 희수를 진심으로 축하드린다.

56. 태양을 향한 걸음

신대철

(전 호서대학교 총장)

부총장으로 임명을 받고 나서 얼마 되지 않았던 때이다. 강일구 총장께서 보자고 하셔서 갔더니만, 개강이 이제 2주 남았으니 학교를 한 바퀴 돌아보자 하셨다. 나는 캠퍼스를 걸으면서 새 학년, 새 학기의 학사 운영이나 학교 경영에 관한 말씀을 나누시리라 생각했다. 본관에서 이런저런 말씀을 가볍게 나누고 있으니 곧 신운호 팀장 등 직원들이 몇이 더 모였다. 강 총장께서는 "갑시다" 하시고는 가볍게 나섰다. 아직 겨울방학이 끝나지 않았으니 학생은 많지 않았고 날씨도 여전히 쌀쌀했다.

본관에서 나온 발길은 바로 공대 건물로 시작했다. 그런데 공대 한 층 한층, 실험실 하나씩, 창고 하나씩 살펴보는 게 아닌가. 가끔 멈추어서는 실험실의 용도나 관리에 대해서 묻곤 하셨다. 공학관 하나만 해도 실험실이 몇 개며 기자재 관리실은 또 몇 개던가. 공대로, 자연대로, 체육관으로, 테니스장으로, 골프장으로… 여정은 끝날 것 같지 않은데, 학생들이 계단을 오르는 난간도 한번 흔들어보고, 도무지 총장께서는 쉴 생각을 하시지 않는다. 그리고 웬 걸음이 그리도 빠른지 차분히 곁에서 응대할 겨를이 나지 않는 것이다.

공대만 한 바퀴 돌아보는데 온몸에 땀이 나고 그렇지 않아도 좋지 않았던 관절은 힘들다고 신호를 보내기 시작하였다. 기숙사를 돌아보고 내려올 때는 개천가를 따라 걸었다. 총장께서는 몇 번이나 걸음을 멈추고는 여기저기 자라고 있는 나무가 풍경과 어울리는지 어떤지를 말씀하셨고 개천의 청결 상태에 대해서도 무척 걱정하셨다. 그때 나는 '우리 학교 캠퍼스가 이렇게 아름답고 청결하게 유지되는 것은 이러한 관심에서 오는 것이구나, 그 용모만큼이나 성품도 깔끔하기 이를 데 없구나' 하는 것을 새삼 느끼게 되었다. 나중에 내가 그 직을 맡게 되었을 때 천안, 아산, 서울, 당진 네 캠퍼스를 청결하게 관리하는 일만큼은 반드시 받들려고 했다.

학교의 일로 강일구 총장께서 고초를 겪으시던 때의 일이다. 수사다 조사다 해서 온갖 고초와 수모를 겪으시더니 갑자기 일이 나빠지고 말았다. 학교는 학교대로 경황이 없는 터라 우선 간신히 수습만 하는 수밖에 없었다. 대전으로 옮기시고 나서야 비로소 면회를 할 수 있었다. 뵈러 가는 내내 그리고 기다리는 내내 마음은 착잡하기 짝이 없었다. 얼마나 기다렸을까. 유리 벽 너머로 강 총장께서 들어오셨다. 그런데 환하게 웃으시는 것이다. 그리고 멀리까지 왔다고 위로하시기까지 한다. 얼마나 억울하고 분할까, 얼마나 힘들고 괴로울까 하는 생각으로 뵙기가 송구하다 했는데, 그분의 마음은 그런 범인(凡人)의 마음과 달랐던 것이다.

그때 나는 울컥 눈물이 나왔다. 학교의 일로써 이런 고초를 겪는 데 대한 미안함과, 그럼에도 여전히 따뜻함을 잃지 않고 도리어 우리를 위로하는 데 대한 존경심이 한데 섞였던 것이다. 남의 잘못으로 인하여 존귀한 자리로부터 저러한 곳으로 하루아침에 처지가 바뀌었으면 원망과 분노가 일 법도 한데, 도대체 그 힘은 어디에서 오는 것일까. 그 개결하고 깔끔한 성품은 원망과 분노와 같은 일말의 누추함과 비루함도 마음에 두지 않게 하는 것인가?

잠깐 옆을 돌아보니 사모님 역시 조그마한 그늘이나 근심도 내색하지 않는다. 이후에 알게 된 일이지만 사모님은 총장께서 고초를 겪으시는 내내 단 한 번도 찾아뵈는 일을 거른 적이 없다. 틀림없이 예의 그 평온한 표정으로 뵈었을 것이다. 그것은 아무나 할 수 있는 일이 아니다. 그 터무니없는 상황을 견디어 내고 마침내 이겨낼 수 있던 힘은 바로 그 강인함에 있었다. 그것은 선함으로부터 비롯하는 힘이었던 것이다.

악함의 힘이 난폭함으로 나타난다면 선함의 힘은 강인함으로 나타난다. 그 힘으로 세상의 난폭함에 맞서고 이기는 것이다. 나는 그것을 거기서 보았다. 가장 고통스러운 절망의 순간에 반짝거리는 희망의 빛을 거기서 느꼈던 것이었다. 지금 돌이켜 생각해 보니, 그때 울컥 치밀어 올랐던 그 감정이 회한이나 절망에서 온 것은 아니었던 것이다.

천안캠퍼스를 내려다보는 산 아래 담에는 "태양은 항상 태양을 향하여 걷는 자 앞에만 나타난다"는 문장이 적혀 있다. 나는 처음 그 문장을 보았을 때 이루 말할 수 없이 깊은 감동을 느꼈다. 태양을 향하여 걷는 자의 꾸준한 걸음과 그 얼굴로 비치는 맑은 빛의 이미지가 무척이나 강렬하였다. 사회로 나아가는 학생들에게, 결혼해서 이제 막 어른이 되어 나아가는 이들에게는 이 말을 전하면서 태양을 향하여 걷기를 당부하였고 그 얼굴에 항상 환한 빛이 비치기를 축복하였다.

나는 요즘 그 문장이 더욱 절실하게 생각난다. 그러면서 태양을 향하여 걷는 것은 저절로 이루어지는 것이 아님을, 태양을 향하여 걸으려는 의지의 결과임을 깨달았다. 그 의지로 인하여 환한 빛이 작열하는 것이고 맑은 희망이 항상 감도는 것이라는 것도 알았다. 강일구 총장 내외께서는 걷는 속도도 서로 닮았다. 그 고난의 시간 속에서 두 분은 함께 그 희망으로의 길을 걷고 있었던 것이다.

57. 걱정하지 마십시오

김대현

(호서대학교 총장)

강일구 총장님과의 첫 대면은 그때 이루어졌다

박사학위를 받은 후 전남 나주에 소재한 동신대학교에서 전임강사로 2년 동안 첫 직장 생활을 마친 나는 새 직장을 찾고 있었다. 1998년은 IMF 사태가 시작된 후 첫해여서 직장에서 나오는 사람은 많았지만 새 일자리를 찾기에 성공한 사람은 매우 적었다. 어렵게 호서대학교의 신임 교원 충원 과정 중 서류전형을 통과한 후 최종 3배수 후보자에 선정되어 면접을 보게 되었다.

호서대학교의 신임 교수 면접은 독특했다. 타 학교의 경우 최종 선정된 3배수 정도의 후보자들은 대부분 총장 면접을 통해 임용 여부가 결정되었다. 그런데 호서대학교는 10명 정도의 실·처장이 번갈아가며 집중 인터뷰를 했다. 학생 지도, 연구 활동 계획, 학교 기여 방안, 학과 발전 계획 등등 신임 교수가 직접 처리해야 하는 실제적인 문제에 대한 구체적인 답변이 요구되었다. 처음 겪어보는 인터뷰 형식에도 당황했지만 약 5~6시간 정도 걸렸던 시간은 과도한 집중력이 요구되는 무척 힘든 순간이었다.

교목실장 보직을 맡고 계셨던 강일구 목사님은 단아하고 깔끔한 분위기에 부드러운 어투를 사용하셨다. 신학과 교수님이며 설립자의 장남이라는 배경지식이 전혀 없었던 차에 교목실장이라는 명패는 인터뷰에 지친 나에게 잠시 쉬어가라는 사인과 같았다. 왜냐하면 청년 시절을 온통 교회에서 보낸 나에게 목사님과 장로님은 언제나 내 편을 들어주는 우군이었고, 그 연장선에서 교목실장님 역시 목사님으로 내 편이라는 심리적 선입견이 작용했기 때문이었다.

문제는 인터뷰 기초 자료에 적힌 주일예배 참석 회수였다. 한 달 평균 주일예배에 몇 번 참석하느냐는 질문에 솔직히 한 번이라고 답할 수밖에 없었다. 이것은 "한 달에 한 번 주일예배에 참석한 것으로 신앙생활을 잘했다고 할 수 있겠어요?"라는 질책성 질문으로 이어졌다. 목사님 앞이라고 약간 방심한 상태에서 내 신앙의 진정성을 어필해야 했던 나는 얼떨결에 이렇게 말하고 말았다.

목사님, 신앙은 걱정하지 마십시오

연극 전공의 특성으로 대사에 따라 자세도 결정되기에, 답변하는 나의 자세는 조금은 껄렁하게 비스듬히 앉아서 자신만만한 그리고 조금은 교만한 표정이 혼합된 것이었다. 지금 생각하면 자다가도 이불킥을 할만한 발언이었다. 무엇이 그런 성급하고 엉뚱한 대답을 하게 했을까? 또 듣는 목사님은 어떤 마음으로 그 대답을 들으셨을까? 아마도 인터뷰를 잘 치러내고 싶은 마음과 과도한 긴장으로 쪼그라든 상태에서 내 편일 목사님께 치기 어린 투정을 부렸던 것은 아닌지 모르겠다.

호서대학교에 새로운 보금자리를 마련한 후 10년이 지난 2008년부터 총장 비서실장이 되어 강일구 총장님을 가까이에서 모셨다. 첫 보직이었던 관계로 무엇을 어떻게 해야 하는지 모른 채 이리저리 열심히 뛰기만 했다. 부족한 것이 너무 많아서 남들은 1년, 또는 2년이면 졸업하는 비서실장 보직을 나는 5년을 했다. 보직은 잘할 때까지 하는 것이라더니…. 그러나 처음 경험하는 비서실장 보직을 통해 학교 경영과 인사, 의사결정, 판단, 크고 작은 것 구별하기, 맞서는 사안에서 균형잡기 등 많은 것을 경험했고, 또 그것을 통해 개인적인 성장도 많이 했다고 생각한다.

이후로 여러 보직을 겪으면서 총장님께 때로는 칭찬을, 또 때로는 꾸지람도 받았다. 신기하게도 총장님의 칭찬은 나를 들뜨게 했지만, 꾸지람은 마음에 남을 정도로 상처가 되지 않았다. 총장님은 내가 부족하거나 잘못된 것을 스스로 고칠 때까지 많이 기다려 주셨다. 그래서일까, 요즘도 나는 강일구 총장님 앞에서 여전히 우쭐대며 자신만만하게 흰소리들을 내지르곤 한다. 강일구 총장님은 내 편이니까!

총장으로 임명된 후 1년이 다 되어간다. 학교 걱정에 총장직을 수행하겠다고 덜컥 나서기는 했지만 사실 매사가 걱정이었다. 다행스럽게 3주기 대학 기본역량 진단도 통과했고, 학교도 점차 안정되어 가고 있다고 생각한다. 앞으로 해야 할 일이 태산처럼 많지만 그래도 희수를 앞둔 오늘까지도 늘 학교 발전을 위해 노심초사하시는 강일구 총장님께 다시 한 말씀 드리려고 한다.

"총장님, 학교는 걱정하지 마십시오."

희수를 맞이하는 강일구 총장님의 건강한 그리고 다복한 일상을 기원하며 미수, 백수를 넘어 상수에 이르기까지 좋은 사람들과 하나님의 동행으로 늘 밝고 행복하시기를 기도드린다.

58. 새로운 만남과 지혜의 나날

채경석

(호서대학교 은퇴 교수, 전 교무처장)

사람의 관계란 참으로 여러 가지 인연으로 이어지고 발전되는 것 같다. 내가 강일구 박사를 처음 알게 된 것은 강 박사께서 호서대학에 부임하던 해인 1992년 1학기 초로 기억된다. 당시 대학의 교무처장을 맡고 있던 나는 강석규 총장님의 연락을 받고 총장실을 찾았다. 총장께서 서류 봉투를 주시면서 우리 대학 신학과에 특별 초빙하고자 하는 분이니 서류를 검토해 보라고 말씀하셨다.

자세히 서류를 들여다보니 한양대학교 공과대학 전자공학과 졸업 후 다시 서울신학대학에서 신학을 전공하고 미국 유니온신학대학원과 드루대학에서 역사신학을 전공하여 박사학위를 받았다. 또한 맨해튼의 서울교회를 개척하여 시무하고 워싱턴 한인성결교회의 담임목사와 The Theological Seminary of New York 조직신학 교수를 역임하는 등 화려한 학력과 연구 실적, 경력의 소유자였다. 서류 검토 결과를 가지고 다시 총장실을 방문하여 신임 교수지만 경력과 연구 실적으로 볼 때 조교수 발령이 가능하다고 말씀드렸더니 그렇게 하라고 하시었다.

솔직히 말하면 당시 나는 서류 검토를 하고 인사 발령을 할 때까지도 강일구 박사가 총장님의 장남이라는 사실을 알지 못하였다. 총장께서 교무처장인 나에게도 강일구 박사와의 관계를 일체 언급하지 않으셨기 때문이다. 한참이 지난 후에야 총장님과의 관계를 전해 듣고 놀란 기억이 난다. 나는 강일구 박사가 총장에 취임한 후에도 대학 본부의 기획처장, 대학원장 등을 맡아 직무수행에 최선을 다하였다. 말하자면 대를 이어 충성(?)을 다한 셈이다.

그러던 2018년 3월 어느 날 이상직 목사께서 전화로 오랜만에 차나 한잔하자고 하셔서 유량동의 전통찻집에서 만났다. 이 목사께서는 강일구 총장님께서 호서 로타리클럽을 창립하고자 하는데 같이 하자는 제안을 하셨다. 나도 적극 찬성하여 그 준비 모임부터 참석하기 시작하여 오늘에 이르고 있다.

그해 5월 16일 오후 6시 서울 명동의 퍼시픽호텔 2층 남산홀. 축제 분위기 속에 백여 명의 인사들이 모여 호서 로타리클럽 창립을 축하하며 서로 인사를 나누었다. 사회자가 개회를 선언하고 국민의례, 로타리 강령 낭독, 로타리송 제창 등 의식이 진행된 후 그 자리에 참석한 내빈을 소개했다. 이순동 총재, 이종원 전 총재, 박호군 전 총재, 장세호 차기 총재, 박수부 차기 총재, 강철구 한·필리핀 친선위원장 등 각계의 저명인사들이 소개되었다. 이들은 모두 장관, 대학 총장을 역임하거나 기업 대표 등 각계를 대표하는 지도급 인사들로 한국로타리클럽을 이끌어 온 원로들이다.

경과보고와 입회 선서, 초대 임원 소개 등 몇 가지 순서가 더 진행된 후 취임사를 하기 위해 호서로타리클럽의 창립을 주도한 강일구 초대 회장이 마이크 앞에 섰다.

저희 호서로타리클럽은 이순동 총재님의 지구 슬로건인 family together의 정신에 따라 호서대학교 대학원 동문을 중심으로 뭉친 새로운 개념의 family club입니다. 아울러 저의 형제인 강철구 이사장이 서울무악로타리클럽 회원으로 오랫동안 활동해 온 것이 인연이 되어 무악로타리클럽의 도움으로 이렇게 호서로타리클럽 창립을 생각할 수 있었습니다.

호서로타리클럽 회원들은 호서대학교라고 하는 공통의 인연을 갖고 한마음 한뜻으로 모여 더 큰 봉사를 실천하고자 합니다. '하면 된다. 할 수 있다'는 호서인의 자세로 로타리가 추구하는 초아의 봉사(Service Above Self)를 이해하고 실천하는 일에 앞장서겠습니다. 젊은 인재 양성과 장학사업, 지역사회를 위한 봉사에 많은 관심을 기울이겠습니다.

취임사가 끝나자 우렁찬 박수가 터져 나왔다. 평생을 신학 연구와 목회 활동, 대학 교수, 대학 총장 등을 맡아 쉴 틈 없이 달려온 강총장께서 호서로타리클럽을 창립하고 회장을 맡아 봉사하는 모습이 처음에는 좀 의아스럽기도 하였다. 대학 경영에도 쉴 틈이 없으신 분이 과연 로타리클럽에 봉사할 시간을 낼 수 있을까 하는 염려 때문이었다.

그런데 초대 회장에 취임한 후 참으로 열심히 호서로타리클럽을 위해 봉사하였다. 매월 둘째 주 수요일과 넷째 주 수요일 저녁 7시에 서울 벤처대학원에서 열리는 주회에 빠지지 않고 참석하여 회의를 진행하고, 강서구 공항동 소재 샬롬의집(장애인 복지시설)과 천안의 호서노인요양원에서 실시된 봉사 활동에도 앞장서서 참여하였다.

또한 주회 때마다 다양한 분야의 주제로 유명 강사를 초빙하여 특강을 실시하는 등 회원들의 상식과 지식을 높이고 친교를 위한 다양한 프로그램을 준비하였다. 특히 서초동 호서갤러리에서 이종상 화백

등 현역 작가 6인을 초청한 전시회를 감상하며 작가들과 나누었던 대화와 바비큐 파티는 잊을 수 없다. 이처럼 강 총장께서는 대학 경영의 와중에서도 호서로터리 클럽활동을 통해 새로운 만남과 교재의 범위를 넓히면서 호서 family의 외연을 확장해 가고 있다.

강일구 초대 회장께서 나를 부회장에 임명하였고, 부회장은 규정에 따라 차차기 회장을 맡게 되어 있어 2020년 7월 제3대 회장(2020. 7.~2021. 6.)에 취임하였다. 당시 취임 인사의 일부를 소개하면서 글을 맺고자 한다.

저는 지난 1983년부터 호서대학교 행정학과 교수로 봉직해 오면서 2011년 8월 정년 할 때까지 강석규 명예총장님과 강일구 총장님께서 여러 보직 발령을 내주셨고 보직자로서의 소임을 다하려고 노력했습니다. 호서로타리클럽 회장도 강일구 초대 회장님께서 보직 발령을 내주셨다고 생각해서 최선을 다해 회장직을 수행하도록 노력하겠습니다. 지난해에 차기 회장에 위촉된 후에 어떻게 하면 강일구 초대 회장님과 김성식 2대 회장님의 뒤를 이어 두 분처럼 회장의 직책을 잘 수행할 수 있을까 많은 고민을 했습니다. 결국 두 분 전임 회장님의 내공을 따라가기는 어렵다는 결론에 이르렀고 머리 색깔이라도 따라가 보자고 결심해서 6개월에 걸쳐 지금의 머리 색깔을 갖게 되었습니다. 두 분 회장님 감사합니다.

59. 이런저런문제연구소와 지혜의 날들

황인수

(에이스텍 대표이사)

문제를 푸는 열쇠는 철학

우리 회사에는 '이런저런문제연구소'가 있습니다. 2017년 12월 초에 인연이 된 총장님이 연구실 앞에 손수 종이에 적어 놓으신 명판입니다. 이런저런문제연구소에서 문제를 풀어나가는 단초와 판단의 기준은 무엇일까요?

2021년 초 회사 일로 총장님과 상담을 하게 되었습니다. 이때 이런저런 문제의 실타래를 푸는 답을 들었습니다. 어떤 문제를 해결하기 위해서는 근간에 철학이 있어야 한다는 말씀이었습니다. 가족, 직장, 사회, 정치 모든 분야를 이해하는 잣대가 철학이었던 것이지요. 새삼 철학이 마음속 깊이 들어오더군요. 회사를 운영하니 당연히 이윤을 추구하는 것이 맞고, 주변에 고려해야 할 여건들이 있게 되는 것은 당연하니 여러 변수들을 근거로 결정을 해야 할 때 그 문제를 푸는 열쇠가 철학이었던 것이지요.

아침에 불현듯 질문이 있으시다네요. 오늘 오다가 길가에서 개 세 마리를 보았는데, 모두 왼쪽 다리를 들고 볼일을 보더라는 겁니다. 개는 왜 모두 왼쪽 다리를 드는 걸까? 무심코 넘어갈 수 있는 현상과 문제들을 늘 관찰하십니다.

"한번 찾아보겠습니다" 하고 답변을 드렸습니다. 정해진 답을 기대하면서 지식 검색을 해 봅니다. 당연히 개는 좌, 우의 다리를 정해 놓고 볼일을 보는 것은 아니지요. 그런데 물구나무서서 영역을 표시하는 개도 있답니다. 때로는 암컷도 그렇게 한답니다. 늑대 무리 중에는 우두머리 그룹의 개체들만이 그렇게 하고요. 최대한 높은 위치에 하기 위해 다리를 든다 하고요. 덕분에 새로운 사실들을 알게 되었습니다.

만사가 이런 호기심에 기인한다면, '하늘의 번개는 어떨까요?' '하늘에서 번개가 치는데 저걸 어떻게 잡을 수 없을까?' 이런 통찰력으로 연구가 진행되고 기술이 발전하면, 엄청난 에너지를 저장해 두었다가 사용하게 될 날도 언젠간 오지 않을까요?

총장님의 하루

아침, 저녁을 소식하시는 총장님은 손님들과 점심 약속이 많으시지요. 일정이 없으시면 함께 식사를 하시는데, 말씀을 많이 하시지요. 그리고 "이 정도면 밥값은 했지"라고 하시며 마무리를 하시지요. 함께한 직원들에게도 필요한 상식과 지혜를 전해 주십니다. 화두를 던지시고 그동안 경험하셨던 가르침을 주십니다. 때론 제가 보기에 너무 어처구니없는 화제에 멍하고 있는 친구들도 있습니다. 그런데 그것이 "밥 한번 먹자"라는 진정한 의미가 아닐까 생각해 봅니다. 시간이 지나 우리 회사 직원들도 흘려들었던 말씀들이 소중한 자산이 되기를 바랍니다.

우리 연구소에는 손님들이 많이 오십니다. 지인분들이 선물을 가져오시면 자랑을 하십니다. 얼마나 좋으신지 입가에 미소가 만발하시지요. 그런데 제 눈에는 물건보다 사람을 더 좋아하신다는 것이지요. 사람이 선물이라는 결론을 내렸습니다. 재작년 크리스마스 즈음에 친구 분과 함께한 송년 와인 파티가 기억납니다. 해를 마무리하며 좋은 분들과 함께 소중한 시간을 나누었지요. 선물 중에 최고는 사람 선물이 아닐까요. 70대의 성공 조건 중에 지인으로부터 만나자고 연락받는 사람이라는 글귀가 생각나네요. 총장님은 성공하셨습니다.

아침에 깨끗한 박스를 주워 오시는 날도 있습니다. "왜 이런 걸 가져오셨어요?" 볼멘소리로 여쭸더니, 빈 박스는 쓸 용도가 많아서 그랬다고 하십니다. 오래되어 손잡이가 삭으면 청테이프로 감아 우산을 쓰시는 모습 또한 기억에 남습니다. 10년 넘은 FM 라디오를 고쳐 쓰시기에 타박도 했지만, 평생 그리 살아왔고 또 그것이 맞다고 여기십니다. 저희나 애들이 경험하지 못한 시대를 살아오셨고, 근검절약이 생활화되어 있습니다.

경부 고속도로 하행선 안성휴게소 남자 화장실에는 좋은 문구가 많다고 그걸 어디서 찾을 수 있을까 궁금해하셨지요. "큰일을 먼저 하라. 작은 일은 저절로 처리될 것이다!" 이를테면 이런 명언을 모아 두었다가, 다음에 원고 쓰실 때 참고하시고 싶으셨던 것입니다. 시력이 안 좋으신데도 집중해서 꼭 정리하셔야 할 책이 있으시다고 하셨지요. 그날도 빨리 오기를 기원해 봅니다.

총장님은 135세까지 살게 해 달라 기도드렸답니다. 그런데 하나님께서 별말씀이 없으시니, 총장님은 응답받으신 줄로 믿으신답니다. 저도 기꺼이 찬성합니다. 50대부터는 버리고, 정리할 때라는 얘기를 종종 듣습니다. 그런데 희수를 맞는 총장님께선 이제 겨우 절반 지났을 뿐이라며 더 달려가려 하십니다. 그 모습이 뵙기에 참 좋습니다.

8

교회와 우정
[1992~2021]

60. 검소한 총장 강일구 목사님

이정익

(신촌성결교회 원로목사, 실천신학대학원대학교 총장)

내가 강일구 목사님을 알게 된 것은 1992년 미국에서 공부를 마치고 귀국하여 신촌교회에 출석하면서부터였다. 그전에는 이름만 들었을 뿐 직접 만나서 대화해 본 일이 없었다. 어느 날 교회로 찾아와 내게 말했다. 귀국한 지 얼마 되지 않았는데 신촌교회에 적을 두고 출석하였으면 좋겠다고 하였다. 나는 환영한다고 하였다. 그때부터 신촌교회에 출석하기 시작하여 오늘에 이르렀다. 목사님 내외분이 삼십년 넘게 한결같이 교회에 출석하는 모습을 보면서 몇 가지 느끼는 바가 있었다.

두 부부가 매주일 빠짐없이 예배에 참석하였다. 그 모습이 인상적이었다. 아산이나 천안에 거처를 두고 매주일 오고 가기가 쉽지 않을 것 같은데 두 분은 매주일 충실하게 예배에 출석하였다. 그 모습이 매우 인상적이었다.

또 한 가지 모습은 두 부부가 매우 검소하다는 점이다. 사치스러운 몸치장이나 화려함 같은 것에는 별로 신경을 쓰는 것 같지 않았다. 유행 같은 것에도 관심이 없어 보였다. 모습은 언제나 정중하였고, 자세가 흐트러지지 않았다. 그러면서도 두 분의 모습에서 개성이 매우 강한 분들이구나 하는 점을 느낄 수 있었다. 위희숙 사모님은 귀국 후 교회에 출석하고 얼마 되시 않았을 때, 당시 귀국한 분들과 그 자녀들이 많아 그들을 위한 영어 예배부를 신설하여 책임을 맡겼는데, 오늘까지 그 책임을 마다하지 않고 지금껏 그 일을 감당하고 있다.

그즈음 신촌교회에는 여러분의 협동목사님들이 출석하고 있었다. 신학교 교수를 비롯하여 기관에서 사역하시는 분들이 주로 교회에 적을 두고 출석하였다. 그분들은 한결같이 고급 두뇌를 소지하고 있는 분들이었고 각 분야에서 전문직에 있는 분들이었다. 그분들의 능력을 활용하고자 1997년도에 만든 것이 신촌포럼이다. 당시엔 포럼이라는 말이 새롭게 유행하고 있었다. 그래서인지 신촌포럼은 신촌교회의 또 다른 이름으로 불리게 되었다. 그 포럼을 강 목사님이 맡아 오늘까지 이르고 있다. 이 같은 모습이 두 분의 강한 개성을 보여주는 모습이 아닌가 생각된다.

개인적으로는 신촌포럼과 강 목사님께 감사한 일이 생각난다. 주일마다 산상수훈을 본문으로 "진정한 복은 무엇인가"라는 주제로 연속 설교를 하였는데, 그 내용 중에서 팔복 부분의 원고를 발췌해 『팔복』이라는 제목으로 설교집을 2013년도에 출판하게 된 일이다. 그리고 2015년도에도 역시 포럼에서 제자도를 풀어서 설교한 원고를 정리하여 『신앙인이 가야 할 the 좋은 길』이라는 설교집을 출간한 일이다. 편집과 출판 그리고 전국 서점에 보급하는 일까지 도맡아 강 목사님의 주도로 신촌포럼에서 출판한 일을 잊을 수 없다.

나의 교단 봉사는 서울신학대학교 이사장직이 정점이었다. 그걸 마지막으로 교단 일엔 손을 놓았다. 내가 이사장으로 있을 때다. 재단 이사 구성이 어느 때 보다 잘 조화로웠다는 평을 받았다. 그때 이사 중에는 교직에 계신 분들이 꽤 계셨다. 그중 호서대학교 총장이신 강일구 목사님도 교육 이사로 모신 케이스다. 강 목사님이 총장으로 계신 호서대학교는 규모가 컸지만, 서울신학대학은 규모가 작은 대학교였다. 그래도 강 목사님은 모교라는 이유로 기꺼이 헌신하셨다. 대학 경영에 일가견이 있는 분이 계셔 이사회와 학교엔 큰 도움이 되었다. 덕분에 나도 이사장직을 수행하는 데 많은 도움을 얻을 수 있었다.

희수를 기념하여 문집을 출판하는 기회에 강 목사님을 생각해 보았다.

61. 교회의 유산으로 돌아가라!

박노훈
(신촌성결교회 담임목사, 한국월드비전 이사장)

강일구 총장님을 신촌교회에서 처음 뵌 것은 2014년 어느 주일 당시 담임목사님이셨던 이정익 목사님을 대신해 제가 주일 강단에 섰을 때였습니다. 예배 후 몇 분의 협동목사님들과 교회 카페에서 인사를 나누었는데, 그때 총장님의 따뜻하고 환한 미소는 지금까지도 변함이 없습니다.

총장님은 소박하지만, 기품과 풍모가 당당하고 아름다운 분이십니다. 주일이면 백팩을 메고 천안에서부터 기차와 전철을 바꾸어 타시며 신촌교회 예배에 참석하셨습니다. 그러면서도 교계와 사회의 수많은 목회자들과 지식인들, 대학 교수들이 참여하는 신촌포럼을 이끌고 계십니다.

신촌포럼은 1997년 출범한 이후 교회와 사회의 최근 변화를 짚어 가며 변화하는 세계 속에 기독교의 역할을 모색해 왔습니다. 그동안 신촌포럼은 "한국교회와 21세기 진단 및 대안"으로 첫 포럼을 가졌습니다. 그 이후 "기독교인의 화장 문화 어떻게 할 것인가", "종말 신드롬과 새천년", "생명 존엄 어디로 가나", "인공지능 시대의 교회의 대안" 등을 주제로 한국교회에 신선한 제안을 꾸준히 내놓았습니다.

때로는 교회와 현실 정치, 사회와 문화 사이에 치열한 논쟁이 될 만한 주제도 총장님은 놀랍도록 너그럽게 수용하셨습니다. 교회사 학자이신 총장님은 교회를 둘러싼 정통과 이단 사이의 숱한 신학 논쟁을 지켜보셨을 터입니다. 그리고 그 속에서 성령의 역사는 변함이 없어, 인간사의 부침에 아랑곳없이 흐르고 있음을 보셨을 것입니다. 신촌교회 속에 교계와 사회를 아우르는 큰 논의와 성찰의 장이 형성될 수 있었던 데는 하나님의 역사 앞에 겸손했던 총장님의 리더십에 기인한 바 크다고 할 수 있습니다.

시련과 논쟁은 때로 대학을 지키기 위한 총장님의 삶 속에서도 피할 수 없었습니다. 2016년 5월 제가 신촌교회의 제5대 담임목사로 부임하던 때, 총장님은 대학을 위해 헌신하시다가 무고한 누명을 얻어 영어(囹圄)의 몸이 되셨습니다. 그러나 옥중에서 해가 두 번이 바뀌는 동안에도 총장님의 모습은 흐트러지지 않으셨습니다.

계절이 순환하는 동안 심각한 얼굴로 마주한 사람은 저였고, 시종일관 미소를 간직한 분은 총장님이셨습니다. 안에 있는 분은 여유가 있으셨고, 밖에 있는 저는 조바심을 감출 수 없었으니 기이하게도 안과 밖이 뒤바뀐 셈입니다. 숱한 시련과 논쟁이 대학을 둘러싸고 흔들 때도 총장님의 내면에서는 하나님의 은혜가 깊은 강물처럼 고고히 흐르고 있었던 것입니다.

주일 아침 어김없이 서울행 기차에 오르시는 총장님은 매주 신앙의 원천으로 돌아가 거기서부터 새롭게 시작하고 계십니다. 교회는 미래로 가기 위해서 처음 시작하였던 곳으로 되돌아가야 함을 말씀하고 있습니다. 그것은 교회 중심의 확고한 신앙을 의미하는 것이라 생각합니다. 희수(喜壽)에도 불구하고 여전히 진행 중인 총장님의 아름다운 꿈을 응원합니다. 그 꿈이 코로나 시대에 한국교회의 든든한 자리매김과 신자들의 흔들림 없는 신앙에 더욱 매진하는 계기가 되기를 기도합니다.

62. 첫 만남의 추억

유창기

(대한적십자사 충남지사 회장, 전 천안교육장)

90년대 초반 어느 주일날, 저는 2부 예배를 마치고 3부 예배를 드리러 오시는 교우들을 위하여 주차 봉사를 하고 있었습니다. 우리 교회는 당시에도 주차장이 협소하여 교회와 근접한 학교 주차장을 빌려 사용하고 있었습니다. 주일 11시 3부 예배 시에는 차량이 많이 밀려듭니다. 주차 봉사자는 손신호등을 들고 주일의 만남 인사를 나누며 차량을 안내하는 봉사 활동을 합니다.

그날도 주차 봉사를 하던 중이었습니다. 대부분이 자주 보는 차량이어서 퍽 익숙한 풍경이었습니다만, 낯선 작은 차량 티코 한 대가 들어오고 있었습니다. 저는 자주 못 보던 차량이기에 속으로 젊은 청년의 차이겠거니 생각하였습니다. 그런데 차에서는 점잖은 신사가 한 분 내리셨습니다. 저는 그분과 반갑게 첫인사를 나누었습니다. 주차로 바쁜 시간이라 자세한 인사는 나누지 못하고 그분은 교회로 들어가셨습니다. 나중에 그분이 15년의 미국 생활을 마치고 귀국하신 강일구 교수님이시고, 우리 교회에서 자주 예배도 드리시던 호서대학교를 창립하신 강석규 총장님의 아드님이라는 것을 알게 되었습니다. 저는 그때 작은 차량을 타시는 검소함에 놀라움을 느꼈습니다.

그 뒤로 몇 달이 지난 어느 날 저는 그분을 이마트에서 뵈었는데, 또 한 번 그분의 검소함을 보게 되었습니다. 당시 강일구 교수님은 전자 제품 코너에서 VTR을 구입하고 계셨습니다. 저는 쓰시던 기기가 고장이 나서 새로 제품을 구입하시는 줄 알고, "집에 VTR이 고장 났군요" 하였습니다. 그러자 강일구 교수님은 "이제 VTR을 처음 삽니다" 하시며 빙그레 웃으시는 것이었습니다. 그 모습이 지금도 기억이 납니다. 그 시절 VTR은 대부분의 가정에 보편화된 기기였고, 이제는 다른 방식의 전자 제품이 나올 만한 시기였기에 저는 또 한 번 놀라지 않을 수 없었습니다.

다시 그 뒤로 저는 강일구 교수님과 식사를 함께할 기회가 있어 이야기를 나누게 되었습니다. 유학 시절 어려움 속에서 손의 지문이 다 지워질 정도로 아르바이트로 고생하시며 공부하시던 이야기, 교회를 개척하시고 겪은 많은 어려운 일들, 주님의 사랑으로 교우들을 섬기셨던 교수님의 간증을 들으며 그 안에 주님의 뜻을 향한 간절함과 강한 개척 정신 그리고 검소함의 면면을 듣고 배우게 되었습니다.

강일구 교수님께서 총장님으로 취임하시면서 자주 뵙는 기회가 주어졌습니다. 학교 경영의 최일선에서 오직 학교의 미래를 바라보시며 늘 긍정적으로 교직원을 독려하시던 모습이 지금도 저에게는 깊은 감동으로 자리 잡고 있습니다.

요즈음 가끔 총장님과 함께 운동할 기회가 있어 많은 이야기를 나누게 되었습니다. 총장님께서는 아직도 청춘의 마음으로 젊은이들과 호흡하시며 국가의 미래를 걱정하십니다. 총장님의 말씀에는 진정으로 나라와 학교를 사랑하시는 말씀이 자주 등장합니다. 앞으로 인구 감소가 가장 큰 걱정이라며, 다양한 복지 정책과 대학이 가야 할 길을 제시하십니다. 그 강한 의지에 저도 공감이 됩니다. 또한 벤처산업의 필요성과 교육의 중요함을 강조하시는 총장님의 열정에서 호서대학교의 미래도 보게 됩니다. 주인 정신으로 무장하고 "할 수 있다", "하면 된다"를 강조하시는 총장님의 신념은 늘 새로운 길을 만들어 가는 호서대학교로 계속 발전할 것을 굳게 믿습니다.

77세 희수(喜壽)를 맞아 주님 안에서 더욱 건강하시고 더 큰 일을 이루시길 기도합니다.

63. 선비 같은 신학자 강일구 박사님

윤학희

(천안성결교회 목사)

내가 아는 강 박사님은 선비시다. 선비시지만 까탈스러운 선비가 아니라 소탈하고 따뜻한 선비시다.

2000년 종교개혁주일로 기억한다. 나는 미국 유학을 마치고 돌아와서 천안교회 부목사로 다시 사역하고 있었다. 종교개혁주일에 강일구 박사님은 "목사, 그는 누구인가?"라는 제목으로 천안교회에서 주일예배 설교를 하셨다. 강일구 박사님은 역사신학자의 눈으로 부드럽지만 단호하게 종교개혁 전통에 서 있는 개신교(Protestant Church)의 목사에 대해서 성경적이고, 신학적인 정의를 설파하셨다.

나는 강 박사님에게서 몇 가지 신선한 감동을 받았다. 교수이신데도 영성이 있는 설교를 하셨기 때문이다. 목소리, 톤, 내용 모든 면에서 뛰어난 설교였다. 그리고 선비 같은 모습이 신선했다. 외모도 반듯하시고 매너도 깔끔하셨다. 또한 후배를 대하시는 것도 부드러우면서도 따뜻하셨다. 사실 나는 그 직전인 1999년 말에 미국 드루대학교(Drew University)에서 예배학으로 박사과정을 공부하다가 천안교회로 복귀하였다. 미국에서 공부하는 동안 그러잖아도 강 박사님이 드루에서 공부하시던 이야기를 전설처럼 듣던 참이었다. 직접 설교를 들어보니, "과연 명불허전이시구나" 하고 감탄했다.

천안성결교회는 2019년 10월 13일 주일예배에 다시 강 박사님을 설교자로 모셨다. 그 사이 20년의 세월이 흘렀고, 이제 나는 천안교회의 담임목사로 강 박사님을 모신 것이다. 처음 강 박사님의 설교를 들은 지 20년 만에 다시 듣게 된 것이다. 그날 강 박사님은 "겨울이 오기 전에"(딤후 4:9-16:21)라는 설교를 하셨다.

역시 그날도 나는 감동과 은혜를 받았다. 그 사이 강 박사님이 중년에서 노년으로 변하셨지만, 여전히 변하지 않으시는 몇 가지 때문이다. 신학자다운 성경 해석과 논리의 정연함이 전혀 변하지 않으셨고, 여전히 정확한 발음으로 차분하게 설교하시는 것도 변하지 않으셨다. 그리고 선비적인 풍모도 여전하셨다. 세월이 흘러 중년의 선비는 노년의 선비로 변하셨지만, 반듯한 풍채에 평안한 용모는 인생의 스승의 면모를 가지고 계셨다.

우리 교회에서는 매년 호서대학교 연합신학대학원에 장학금을 지원하고 있다. 한번은 강 박사님이 총장실로 오라고 하셔서 장학금을 가지고 방문한 적이 있었다. 총장실에서 장학금을 전달한 후에 대화도 나누고, 함께 사진을 찍고, 교직원 식당에서 식사를 했다. 후배를 친절하게 맞아주시고, 따뜻하게 대화를 나누셨다. 그리고 식당에서도 식당에서 일하는 직원들이나 함께 동석한 교수님들과 격의 없이 대화를 나누며 식사를 했다. 지금도 따뜻하고 소탈했던 그때의 그 모습이 눈에 선하다.

64. 교회와 사회를 잇는 건강한 신학 포럼

지형은

(성락성결교회 목사, 기독교대한성결교회 총회장)

독일에서 신촌까지

내가 독일에서 학위를 마치고 귀국한 때가 1995년 7월이었습니다. 서울신학대학교를 비롯해서 두어 군데서 강의를 맡았습니다. 소속은 신촌성결교회에 협동목사로 적을 두었습니다. 독일에 가기 전부터 나를 격려해 주시던 정진경 목사님께서 계시는 교회였습니다. 신학을 공부하는 맏아들 때문에 늦게야 예수를 믿게 되신 아버님, 어머님께서 다니시는 교회이기도 했습니다. 정 목사님은 은퇴하여 원로목사님으로 계시고, 이정익 목사님이 담임이셨습니다. 신학을 공부하면서 출신 교회인 서울 길음동 성북교회에서부터 강원도 대관령과 유학 시절의 독일 보쿰에서까지 계속해서 현장 목회를 했는데, 처음으로 현장에서 조금 떨어져 있게 되었습니다.

신촌성결교회에는 협동목사로 적을 두고 있는 신학자들이 많았습니다. 가끔씩 주일예배 후에 점심 식사를 함께하면서 이런저런 얘기를 나누었습니다. 가끔은 신학적인 주제도 식탁에 올랐습니다. 나는 그때 강일구 목사님을 처음 뵈었습니다. 교단의 선배요, 신학적으로도 먼저 학위를 하셨으니 또 선배이셨습니다. 협동목사들 중에서 연세가 가장 많으셨습니다. 늘 온화하게 웃으시며 한참 후배인 저를 편안하게 대해 주며 격려하셨습니다.

강 박사님과 관련된 첫 번째 추억이 건강에 연결된 대화였습니다. 언제인가 한 번은 신학자 협동목사들 몇이 얘기를 나누는 자리에서 내가 건강에 관한 질문을 했습니다. 어떻게 건강을 관리하시느냐고 말입니다. 강 박사님은 몸의 건강에 관해서는 무릎이 조금 좋지 않다고 말씀하셨습니다. 호서대학교의 강의실 건물 중 엘리베이터가 없는 곳들을 많이 오르내려서 무리가 있다고 하셨습니다.

정신건강 이야기

그러면서 바로 정신건강에 관해서 얘기를 꺼내셨습니다. 정신건강에서 인간관계가 참 중요한데 어떤 것 때문이든지 다른 사람에 관해 미움이나 섭섭한 감정을 품는 것이 정신건강에 가장 해롭다는 것입니다. 그러면서 하신 말씀입니다.

"지 박사님, 나는 어떤 일이든지 다른 사람에 대한 부정적인 감정이 생길 때 그날 잠자리에 들기 전에 반드시 다 풉니다. 해가 질 때까지는 말이지요."

제가 물었습니다.

"강 박사님, 뭐 성경 말씀에도 있으니까 그렇게 하는 것이 마땅하고 좋은 것은 아는데요, 그게 그렇게 되나요?"

"자꾸 하니까 됩디다."

그리고 몇 년 정도 지난 뒤, 총장으로 계실 때였습니다. 어떤 자리에서 강 총장님을 뵐 일이 있었습니다. 얘기를 나누다가 제가 물었습니다.

"총장님, 사람과 불편한 일이 생길 때 당일 잠들기 전에 다 푼다고 하셨는데 요즘도 그렇게 하십니까?"

"지 박사님, 요즘은 불편한 일이 생기면 두 시간 정도 안에 풉니다."

제가 놀라서 물었습니다.

"아니, 그게 가능한가요?"

"자꾸 기도하며 노력하니까 됩디다."

인간관계에 관한 강 박사님의 삶을 생각하면서 나는 이분이 행정가요 경영자의 지도력을 가지고 계시다는 것을 깊이 느꼈습니다. 무릇 국가 경영부터 작은 모임을 이끄는 것까지 모든 종류의 경영과 행정에서 사람 관계가 중심입니다. 인간관계에 이런저런 일이 있을 때 나는 요즘도 가끔 강 박사님에게 배운 삶의 철학을 떠올립니다.

신촌포럼 이야기

강 박사님과 관련된 또 다른 추억은 '신촌포럼'에 연결된 일입니다. 신촌교회 담임이셨던 이정익 목사님은 일 년에 한 번은 꼭 협동목사들과 식사를 함께하며 이런저런 얘기를 나누셨습니다. 언젠가 그 식사 자리에서 내가 건의를 드렸습니다. 신촌교회가 교회와 사회를 잇는 포럼을 하면 좋겠다, 정진경 목사님이나 이정익 목사님의 목회 방향과도 잘 맞고 우리 교단에서도 대학 교육을 받은 엘리트들이 가장 많은 것도 잘 어울린다고 했습니다. 이정익 목사님이 그 자리에서 선뜻 긍정적으로 말씀하시면서 구체적인 방안을 계획해 보라고 하셨습니다. 그래서 생긴 것이 '신촌포럼'입니다.

협동목사들이 신촌포럼을 주도하기로 했고, 위원장은 가장 선배이신 강일구 박사님이 맡으셨습니다. 나는 위원장을 보좌했습니다. 강박사님께서 신촌포럼을 이끄시는 모습을 보면서 나는 이분이 현장에 관해서 얼마나 균형 잡힌 시각을 갖고 있는지를 깊이 알았습니다. 호서대학교에서 맡으신 일이 많아서 굉장히 바쁘실 텐데 신촌포럼을 꼼꼼하게 챙기면서 이끄셨습니다. 강 박사님의 신학이 흔히 신학자들에게서 보이는 것처럼 그저 이론적인 논리가 아니라는 것을 확인하는 마당이었습니다.

신촌포럼을 떠올리면 이정익 목사님이 이 구상을 적극 지지하고 뒷받침해 주신 것과 이 포럼을 이끄신 강일구 목사님의 지도력이 생각납니다. 이 추억과 관련해서는 강일구 박사님의 신학과 신앙이 삶의 한가운데서 작동하고 있다는 것을 배웠습니다. 본질적인 의미의 신학은 마땅히 그래야 합니다. 오늘날의 한국교회가 갱신되어야 하는데 그 중심적인 몇 가지 과제 중 하나가 신학의 갱신입니다.

삶의 여정을 걸으면서 스승으로 생각하고 배울 수 있는 분을 만나는 것이 큰 복입니다. 강일구 목사님은 삶의 여정에서 내가 만난 귀한 스승이십니다. 목사님께서 앞으로 걸으시는 삶의 시간에도 우리 주님의 은혜가 넉넉하기를 바랍니다. 감사합니다.

65. 소탈하나 인간적이신 총장님

조기연

(서울신학대학교 교수, 부총장)

강일구 총장님은 '신촌포럼'의 위원장이시고 나는 위원 중의 하나다. 포럼은 매년 봄과 가을에 개최된다. 포럼을 준비하기 위해 두어 달 전부터 회의를 연다. 회의를 주재하실 때 총장님은 격식 같은 것을 따지지 않는다. 오히려 개방적인 분위기로 자유롭고 재미있게 이끌어 가신다. 강의 주제를 정할 때도 단순하고 명료한 걸 좋아하신다. 내용이 무엇인지 단번에 알 수 있도록 제목의 워딩(wording)을 중시한다. '학자들의 토론회인데 제목이 너무 단순하지 않을까?' 때로는 이런 물음이 생긴다. 그러나 총장님의 책을 읽어 본 사람이라면 금방 깨닫게 된다. 지식의 양과 지혜의 깊이란 점에서 웬만한 사람은 총장님을 따라갈 사람이 없다는 걸 말이다.

내가 강일구 총장님을 처음 만난 것은 1990년 여름 미국 뉴저지의 드루대학교 교정이었다. 그때 강일구 총장님은 한인 유학생 중 제일 고참이셨다. 이 대학은 미연합감리교회 소속 신학교인지라 그곳에 유학 온 한인 학생들은 대부분 감리교 목사, 전도사였다. 성결교 출신은 대여섯 가정에 불과했다. 그런데 강일구 총장님이 바로 성결교 목사님이셨다. 나는 교정에 발을 들인 날 제일 먼저 총장님께 인사를 드렸다. 이렇게 미국 유학 첫날부터 총장님과 친밀한 교분을 갖게 되었다. 유학 첫 학기 중간고사 주간엔 내게 큰아이가 태어났다. 그 아이 돌잔치 예배의 설교는 의당 총장님의 몫이었다.

2년 후 총장님은 영예의 박사학위를 받고 귀국하셨다. 그럼에도 매년 여름마다 드루대학교에 오셔서 약 한 달씩 게스트하우스에 머물며 연구하셨다. 그때 드루대학교의 통신 시스템은 내부인의 전화 코드를 입력해야만 통화가 가능했다. 총장님은 한 달 동안 내 전화 코드를 사용하셨다. 한국으로 돌아갈 때는 실제 요금보다 훨씬 넉넉하게 전화비를 주시곤 하였다.

한번은 여름에 머물다가 마지막 날 저녁 식사를 우리 집에서 하셨다. 총장님은 식사 후 "조 목사, 심심할 때 이거나 읽어봐!" 하시며 검고 무거운 비닐봉투를 거실 바닥에 툭 던지셨다. 거실 구석에 밀어두고 며칠이 지났다. 어느 날 저녁 나는 문득 비닐봉투를 열어보았다. 아뿔싸! 그것은 유명한 중국 무협 소설의 대가 김용 씨가 지은 『소설 영웅문』의 중편이었다. 총장님께선 긴 비행시간 지루하지 않게 보내기 위해 그 책들을 가지고 오셨다는데, 다 읽었으니 내게 주고 간 것이다. 그 책을 집어 들고 나는 열 권을 다 읽을 때까지 이박삼일 동안 식음을 전폐하고 잠도 못 잤다. 밥 먹는 것, 잠자는 것보다 소설 이야기가 더 재미있었다. 그때가 마침 논문을 쓸 때였기 망정이지, 코스워크(Course Work) 기간이었으면 나는 낙제했을 것이다.

나는 총장님의 권유로 신촌성결교회에 적을 두게 되었다. 이후론 주일마다 총장님을 뵙게 되었다. 그냥 얼굴을 뵙는 정도가 아니다. 예배가 끝나면 함께 식사하고 차를 마시면서 몇 시간씩 함께 보낸다. 이 모임은 사실상 신촌포럼의 준비 모임이기도 하고, 사후 모임이기도 하다. 그만큼 총장님과 우리는 평소의 관계로 끈끈하게 연결되어 있으므로 포럼을 준비하는 데 어려움이 없었다. 총장님께서도 평소의 주일 모임을 매우 즐기시는 것 같다. 왜냐하면 여기서는 위계질서의 무거움이나 이해관계의 복잡함 같은 것이 없기 때문이다. 그저 순수하게 담소하며 웃고 즐거워한다. 가끔 호서대 교수님들이 교회로 강 총장님을 뵈러 올 때가 있다. 그날은 모임의 분위기가 조금 무거워진다. 총장님은 총장님대로 무게감을 보이셔야 하고, 찾아오는 교수님들은 윗분에 대한 예의를 갖춰야 하기 때문이다. 아마도 총장님께서 연세에 비해 젊음을 유지하시는 비결 중 하나가 우리와 만나는 그 즐거운 주일 모임 때문은 아닐까?

어느 추운 겨울날이었다. 총장님은 따뜻해 보이는 장갑을 끼고 교회에 오셨다. "조 목사, 이 장갑 얼마짜린지 알아? 삼천 원이야 삼천 원. 싸지?" 하면서 자랑하셨다. 어느 날에는 와이셔츠를 단돈 오천 원에 샀다고 자랑하신다. 그런가 하면 또 어느 때에는 나를 골프에 초청해서 모든 비용을 다 지불하기도 하신다. 아무런 대가도 바라지 않고 그저 순수하게 베푸신다. 이런 총장님을 뵈면서 난 그저 고개를 숙이게 된다. 강일구 총장님은 많은 것을 가졌으면서도 근검절약이 몸에 배었다. 학문이 깊으시면서도 문장을 소박하게 쓰신다. 지혜와 경륜으로 사람 보는 눈이 있으시되 내색하지 않고 지켜보신다. 총장님은 이렇게 소탈하고 인간적인 면모를 지닌 분이다. 이런 분을 뵐 때마다 나는 늘 행복하다. 심지어 생각만 해도….

66. 진리는 소통되고 삶은 형통하리

오희천

(전 서울신학대학교 교수, 영강쉐마기독학교 교장)

고희(古稀)가 어제였던 것 같은데, '호야호야' 하시면서 어느새 희수(喜壽)이시십니다. 다시 축하드립니다. 본인에게는 영광이요 함께 있는 사람들에게는 기쁨입니다. 총장님의 희수를 기념하는 글을 써 달라는 아주 어려운 청탁을 받았습니다. 예배를 마치고 차를 대접하면서 총장님을 찬양하는 데 익숙해 있는 우리에게 아부하지 않는 글을 쓰는 것은 지극히 어려운 일이니까요.

총장님과의 인연은 신촌교회에서 신앙생활과 포럼을 통해 맺어지게 되었습니다. 실없이 주고받는 가벼운 대화들 속에서 오히려 강하게 각인된 신념의 사람입니다. 총장님은 자신이 세운 원칙을 고수하고자 하십니다. 총장님의 이런 신념은 예배 시간 선택에서도 나타납니다. 겨울에는 3부 예배에 참석하시고, 여름에는 2부 예배에 참석하신다는 원칙을 세우고 고수하십니다. 그것도 날짜까지 정해서 말입니다. 많은 시련과 억울함에도 불구하고 흔들려도 꺾이지 않은 것은 자신의 결정의 정당함에 대한 이런 확신 때문이었을 것입니다. 물론 이런 판단은 순전히 저의 개인적인 생각입니다.

총장님의 신념과 원칙은 두 가지인 듯합니다. 삶은 설명 가능해야 한다는 신념과 소통의 중요성에 대한 신념이 그것일 것입니다. 총장님은 언제나 정체불명의 사탕을 들고 다니시면서 만나는 사람들에게 나누어 주시면서 언제나 그 이유를 설명하십니다. 어느 장로님에게는 세 개의 사탕을 주시면서, 그 이유는 하나님이 성부와 성자와 성신의 삼위일체이기 때문이라고 설명하십니다. 어느 권사님에게는 4개를 드립니다. 복음서는 4권이기 때문입니다. 총장님의 이런 신념은 그의 학문적 습관에서 기인한 것일 수도 있습니다. 총장님은 사실들에 대한 설명을 중요하게 생각하는 역사학자이기 때문일 것입니다. 사실이나 사건의 진실은 역사에 의해 설명됨으로써 밝혀지기 때문입니다.

총장님은 진리는 소통을 통해 사실이 된다는 것을 굳게 믿고 있는 것처럼 보입니다. 그리고 이런 믿음은 기독교의 핵심이기도 합니다. 총장님은 소통을 위해 현실과 적당한 거리를 두면서 현실과 공감하려고 노력하십니다. 총장님의 이런 노력은 포럼의 제목을 정하는 데서도 보입니다. 총장님은 다소 유치해 보이는 제목을 통해 그렇게 돌아가는 세상과 소통하고자 하십니다.

소통의 중요성에 대한 총장님의 신념이 신촌포럼을 통해 구현되었을 것입니다. 신촌포럼은 이론과 실천의 시너지를 통한 온전한 복음의 정착을 위해 신학과 목회 현장을 잇고자 하는 협동목사들을 주축으로 탄생했습니다. 이론과 실천의 조화를 추구하는 이런 아이디어는 역사학을 전공하신 강일구 총장님의 신념이 반영된 것이라 할 수 있습니다. 역사학은 사실들에 기초한 이론화 작업이라 할 수 있으니까요. 목회 현장에서 일어나는 사실들을 이론적으로 체계화하고, 체계화된 이론들이 현장에서 구현되는 영향사적 순환을 통해 진리가 사실이 되고 복음은 온전해집니다. 실천 없는 이론은 공허하고, 이론 없는 실천은 맹목적일 수 있습니다. 직관 없는 개념이 공허하며, 개념 없는 직관이 무의미하듯이 말입니다.

언제나 '호야호야' 하시기 바랍니다. 다시 한번 총장님의 희수를 축하드립니다.

67. 신촌포럼의 큰 나무

김형락

(서울신학대학교 교수)

제가 강일구 총장님을 처음 뵌 것은 드루대학교 동문회가 서울신학대학교에서 열렸을 때였습니다. 동문회 전까지는 강일구 총장님의 존재 자체도 몰랐을 뿐 아니라 드루대학교에서 수학하신 것은 더더욱 몰랐습니다. "김 박사님, 반가워요. 호서대학교 강일구 총장이에요." 처음 소개를 하실 때 강 총장님은 온화한 미소를 지으며 악수를 청하셨습니다. 그렇게 처음 뵌 강 총장님의 이미지는 제가 상상했던 근엄한 모습의 대학교 총장님이 아니라 오래 뵈어왔던 아주 친근한 분으로 다가왔습니다. 얼마 지나지 않아 저는 신촌성결교회에 협동목사로 섬기게 되었습니다. 그리고 그 친근함을 주는 온화한 미소를 교회에서 매주 보게 되었습니다. "총장님, 잘 지내셨습니까?"라는 인사에 강 총장님께서는 "나야 언제나 호야호야지!"라고 대답하시면서 짓는 미소는 보는 사람들의 마음을 따뜻하게 만듭니다.

강 총장님을 생각하면 총장님만의 독특한 뭔가 특별한 것이 있습니다. 저는 그것을 겸손과 청빈이라고 생각합니다. 사실 큰 종합대학교의 총장님이시면 어느 정도 누리면서 사는 삶을 생각하게 되는데, 예상과는 달리 강 총장님은 늘 소탈함, 겸손함 그리고 자상함이 몸에 배어 있는 분입니다. 강 총장님은 교회에 오실 때마다 신촌포럼 위원들이 모인 자리에 늘 준비해 두신 사탕과 과자를 나누어 주시곤 합니다. 그리고는 "나 말고는 신촌포럼 식구들을 먹여 살리는 사람이 없어"라고 하시며 흐뭇해하십니다. 꽤 묵직한 무게인데도 매주 천안에서 서울까지 간식거리들을 배낭에 메고 오십니다. 종합대학교의 총장님께서 이런 일을 하신다는 것을 누가 상상이나 하겠습니까?

강일구 총장님은 검소함의 대명사이기도 합니다. 강 총장님께서는 교회에서도 늘 필요한 물건을 싸게 사는 것을 자랑하십니다.

"이건 시장에서 얼마 주고 산 거고, 이건 길거리에서 얼마 주고 산 거야…."

강 총장님께서 입고 다니시는 옷과 신고 다니시는 신발은 유명 브랜드가 아닌 그야말로 가성비가 좋은 저렴한 제품이고, 그것을 늘 자랑하십니다.

"이봐, 이게 얼마나 좋은 줄 알아? 명품 저리 가라야. 그런데 가격은 또 저렴해. 이건 이 가격대에서는 명품이야."

늘 몸에 밴 검소함은 항상 저를 부끄럽게 만듭니다.

제가 강일구 총장님께 가장 배우고 싶은 점은 바로 그분의 도전 정신과 배움의 자세입니다. 호서대학교의 근간은 모험을 두려워하지 않는 '벤처 정신'입니다. 길이 없으면 길을 만들면서 가는 것이 호서대학교의 정신이라고 알고 있습니다. 고사성어에 불치하문(不恥下問)이란 말이 있습니다. 아랫사람에게 묻는 것을 부끄러워하지 않는다는 의미입니다. 저는 이 고사성어가 강일구 총장님의 성품을 그대로 표현한다고 생각합니다. 제가 지켜본 강일구 총장님은 젊은 사람들에게 항상 새로운 것을 배우려고 하시고 그것을 당신의 삶 속에 적용을 하시려 노력하십니다. 새로운 것을 배우고 그것을 적용하는 도전 정신이 지금의 호서대학교를 만들지 않았나 생각도 해 봅니다.

벌판 위에 있는 큰 나무는 여러 사람에게 갑자기 내리는 소낙비를 피할 자리와 뜨거운 햇볕을 피할 그늘도 제공해 줍니다. 때로 이 큰 나무는 방향을 잃었을 때 찾게 하는 이정표와 같은 역할도 합니다. 강일구 총장님은 신촌포럼의 큰 나무이십니다. 항상 그 자리에서 신촌포럼을 지키셨으며 많은 이들에게 귀감이 되시는 이 거인의 존재는 우리 신촌포럼의 자랑입니다.

68. "…"과 "……" 사이에서

조준철

(만리현교회 담임목사)

삼천 원짜리 장갑과 통인시장

강일구 박사님 하면 떠오르는 모습은 소탈함입니다. 주일마다 천안 아산에서 신촌까지 기차와 지하철을 타고 오셨습니다. 등에는 언제나 허름한 백팩을 메고 오십니다.

어느 겨울 주일, 교회 로비에 서 있는데 강일구 박사님이 웃으며 걸어오시더니 손에 무엇인가 꼭 쥐여 주셨습니다. 장갑이었습니다. 환하게 웃으시면서 "지하철에서 삼천 원 주고 샀는데 정말 따뜻하다"고 하시면서 선물이라고 하셨습니다.

주일 점심에는 교회 식당에서 식사하는 것을 즐기셨습니다. 그러다가 특별한 날 외식하러 가시는 곳이 있었는데 경복궁 근처 통인시장이었습니다. 통인시장에 가면 시장 안에서 통용되는 엽전을 판매합니다. 그 엽전을 구입해 마치 뷔페를 돌 듯 시장 상인들 가게에서 반찬을 조금씩 사서 도시락을 먹을 수 있습니다. 그렇게 몇천 원의 행복을 즐기시는 분입니다.

정교함과 까탈스러움 사이에서

평소에 소탈하고 격이 없는 강일구 박사님이지만 신촌포럼 준비를 위해 마주하면 누구보다 어렵고 피곤한(?) 분이기도 합니다. 그 난관은 주제 선정부터 시작됩니다. 강일구 박사님이 추구하는 신촌포럼의 방향성은 교회와 신학, 사회를 연결하는 것입니다. 그래서인지 관심을 가지는 분야도 다양합니다. 상투적인 주제도 싫다고 하십니다.

세월호 사건으로 드러난 교육 현장과 행정 기관의 문제, 2014년 발생한 윤 일병 사망 사건 등을 다루기도 했습니다. 2010년에는 출산율 문제도 다루었습니다. 강사도 보건복지가족부 장관에서부터 군인, 교수까지 다양했습니다.

주제와 강사가 정해지면 강일구 박사님의 지휘 아래 포럼은 언제나 일사천리였습니다. 문제는 주제를 정하기까지 참 오랜 시간이 걸린다는 것입니다. 주제를 표현하는 방법에서도 강일구 박사님 특유의 개성과 꼼꼼함, 고집이 발동합니다. 그런 때는 사실 아무도 못 말립니다.

2011년 대중매체와 교회와의 관계를 다룰 때도 평이한 표현을 거부하셨습니다. 그렇게 정해진 주제는 "너무 세속적이지요? 교회가…"였습니다.

2015년에는 신촌교회 설립 60주년을 맞아 신촌교회와 한국교회의 미래에 대해 생각해 보자는 뜻에서 "신촌교회의 과거, 현재, 미래"로 주제를 정했습니다. 그렇게 쉽게 끝날 듯한 회의는 예상외로 길어졌습니다. '과거, 현재, 미래'라는 표현에 시간의 흐름과 여운을 담고 싶다고 하셨습니다. 오랜 고민 끝에 '.'을 넣기로 했습니다. 이번에는 3개를 넣을 것인지 6개를 넣을 것인지를 넣고 고민하셨습니다. 그렇게 나온 주제는 "신촌교회, 과거… 현재… 미래…"였습니다. 지금 생각해 보니 강일구 박사님은 말줄임표를 참 좋아하시는 것 같습니다.

Ad Fontes

어찌 보면 일관성 없어 보이고 독특해 보이는 강일구 박사님의 모습입니다. 고개를 갸우뚱하실 분도 있을 겁니다. 강일구 박사님을 곁에서 지켜본 제 나름의 판단으로는 그분 나름의 일관성과 기준이 있다고 보는데, 바로 'Ad Fontes'입니다.

근본, 본질과 상관없는 문제들에서는 한없이 자유롭고 격이 없습니다. 그러나 근본과 본질에 연관된 것에서는 끊임없이 사고(思考)하고, 노력하며 새로움을 추구하는 분입니다. 자신에게 맡겨진 위치와 본문에 있어서는 그래서 때로 집요하고 꼼꼼하고 고민하는 분입니다. 덕분에 곁에 있는 사람들이 힘들 때도 있습니다.

그러나 돌아보면 자신에게 맡겨진 본분에는 끊임없는 질문과 성찰을 하는 동시에 그 외에 있어서는 자유롭고 격이 없이 소탈한 강일구 박사님의 삶의 철학과 태도를 이 시대의 많은 리더들이 배워야 하지 않을까 생각해 봅니다.

69. 허름한 배낭엔 무엇이 있을까?

변기호

(케이앤에이치홀딩스(주) 대표이사, 전 반얀트리 클럽앤스파 서울 대표이사)

강일구 총장님을 기다리며…

하루는 호서대학교 강일구 총장님 내외분을 내가 일하던 호텔 레스토랑(반얀트리호텔 서울, 페스타)으로 초대하였다. 나는 아내와 함께 건물 앞으로 미리 나와 총장님을 기다리고 있었다. 의당 검은색 세단을 타고 호텔 입구에 오시면 기사가 문을 열어드리고, 그러면 차에서 내리신 후 인사를 받으시는 그런 분으로 생각했다. 그런데 그런 차는 안 왔다. 오히려 멀리서 택시 한 대가 들어오더니, 저만치 떨어진 곳에서 두 사람이 하차하여 걸어오는 게 아닌가. 등에는 작고 허름한 배낭을 멘 부부였다.

아차, 총장님 내외분이 아니신가? 나는 황급히 달려가 공손히 맞아들였다. 대학교 총장님의 모습이라고는 생각할 수 없는 소탈한 모습이셨다. 평상시처럼 천안에서 기차를 타고 서울로 올라와 신촌성결교회에서 예배를 드린 후 호텔로 온 거라 하셨다. 그날의 광경은 내게 충격이었다. 여느 대학의 총장님들 같으면 기사가 운전하는 업무용 차량을 타고 버젓이 들어왔을 터인데, 작고 허름한 배낭 하나를 달랑 메고 대중교통으로 다니시다니 말이다. 처음 느끼는 신선한 충격은 내게 감동으로 남았다. 허름한 배낭 하나, 그 안엔 무엇이 담겨 있을까?

천국의 소풍 같은 총장님

강일구 총장님을 처음 뵌 것은 2014년 5월 가족초청예배 자리였다. 아내는 신임 교수였는데, 예배 전날 저녁 조태연 교목실장께서 아내에게 전화를 걸어 참석을 부탁했다. 아내는 내게 전화기를 넘겼다. 교목실장님은 나에게 예배에 참여할 수 있냐고 물으셨다. 사실 나는 다음날 외국인 바이어와 만나기로 약속이 되어 있었다. 그럼에도 얼떨결에 참석하겠다고 답을 한 후 급히 바이어와의 약속을 물리고, 다음날 나는 아내와 학교로 달려갔다.

5월 화창한 봄날 캠퍼스는 푸른 생명으로 가득하고 대학은 아름다웠다. 교목실장님은 작곡을 전공한 아내에게 특송 지휘를 요청했다. 내게도 같이 하자고 부탁했다. 갑작스러운 부탁이 미안하지만, 어차피 부부간에 참여한 교수 가정들이 당일에 연습 없이 하는 것이라며 부담 갖지 말라 하셨다. 특송 곡은 "사철에 봄바람 불어 잇고"였다. 아내는 나름 실력을 뽐내며 지휘했고, 나는 전문 성악가 못지않은 테너 목소리로 합창에 참여했다.

예배는 너무 아름다웠다. 작은 관현악단의 예배 반주, 센스 있게 짧은 설교, 호서유치원 어린이들의 귀여운 학예 발표, 멋진 성가 합창의 연주를 배경 음악으로 모든 참여 가족들의 사진을 흘려 보낸 아름다웠던 슬라이드쇼…. 1시간의 예배가 순식간에 지나갔다.

교회 뜰 앞에서 가진 친교의 시간은 정말 가족초청예배의 주제답게 '천국의 소풍'이었다. 5월 봄날의 화사한 빛과 따뜻한 볕 아래에서 모든 호서인이 가족처럼 친밀하게 친교를 나눴다. 교목실장님은 바쁜 와중에도 나와 아내를 찾아와 총장님 내외분께 인사하도록 배려하였다. 그게 인연이 되어 총장님을 알게 되었다. 그날 이후 총장님의 이미지는 나에게 늘 세련된 문화적 퍼포먼스와 천국의 소풍으로 남아 있다. 이렇게 하여 나는 총장님을 때론 형님으로, 때론 삼촌같이 대하게 되었다.

허름한 배낭에서 나오는 것들

반얀트리호텔 레스토랑의 식탁에서 나는 아내와 함께 총장님 내외분과 마주 앉았다. 총장님은 대화의 기술이 여간이 아니셨다. 기억에, 지방 소재 대학들은 어려움이 크다고 하셨다. 어떻게 하면 호서대학교를 명문으로 만들까 고민도 크셨다. 허름한 배낭 속에 자리한 건 바로 총장님의 열정이었다. 이후에도 총장님을 만나 뵐수록 총장님께로부터 나오는 것은 참으로 많았다. 인간적이고도 온화하신 말투, 성실하며 덕망 있는 모습, 겸손하시고 검약하신 삶의 자세 등등…. 내가 생각하는 다른 대학교의 총장님들과는 상당히 다른 이미지가 강일구 총장님과 인생의 좋은 인연을 맺는 계기가 되었다.

하루는 골프를 같이 치게 되었다. 나는 공이 잘 안 맞아서 꽤 스트레스를 받았다. 그날따라 긴장했는지 여러 번 공이 곁길로 샜다. 오비 나는 골프장 잔디밭 구석구석을 열심히도 다녔다. 공도 여러 개 잃어버리며 하루를 고달프게 걸어 다녔다. 그러자 총장님께서는 "골프에서는 공이 앞으로만 가면 된다"고 내게 말씀해 주셨다. 공이 멀리 가건 짧게 가건, 그건 중요하지 않고 방향이 중요하다는 것이다.

앞으로만 가면 된다! 이것은 인생에서 중요한 교훈인 것 같다. 그 동안 난 방향보다는 속도를 중요하게 생각했는데 말이다. 나는 골프에서 다시 한번 인생을 배우게 되었다. 총장님의 허름한 배낭 속에는 실로 귀한 것이 많이도 들어있다. 얼마나 중요한 교훈인가. 조금 더디 간다 하여도, 인생길을 앞으로만 가면 되지 않은가….

70. 알라바마로 떠난 '꿈'의 여행

정군오

(호서대학교 교수, 경영대학원장)

높은 하늘에서 상상의 나래를 펴다

2014년 7월 22일 인천공항, 활주로를 질주한 비행기는 창공으로 솟아올랐다. 총장님을 모시고 우린 멀리 미국 알라바마주의 몽고메리(Montgomery, AL)로 출장을 떠났다. 경비를 아낀다며 총장님은 이코노미석을 끊으셨다. 하는 수 없이 옆자리에 앉았다. 비좁은 공간에 다닥다닥 붙어 앉은 여행이란 불편하기 짝이 없다. 총장님께 팔이 닿으면 어떡하나 하는 생각에 최대한 내 몸을 움츠렸다. 총장님은 찬 공기에 기관지가 약하다 하셨다. 당신만이라도 좀 넓고 편한 자리를 끊지 않으시고…. 돈을 조금 더 들여 건강을 지키는 게 지혜로운 살림이고 효과적인 경제학이 아닌가.

생각이 골똘하면 상념도 깊다. 아무리 계산해도 비행기의 속도는 시간의 속도를 능가하는 것만 같다. 얼마나 빠른지, 시계는 앞으로 가지 않고 오히려 천천히 뒤로 간다. 미국 갈 때마다 그랬다. 장시간의 비행은 무료하기 일쑤다. 이리저리 몸을 뒤척여도 잠은 오지 않는다. 이럴 땐 쓸데없이 생각이 많아진다. 이번 여행에선 누굴 만날까. 무슨 일이 있을까. 여행이 끝나면 우린 어떻게 될까. 성장할까, 아니면 퇴보할까….

한참을 날았다. 해 뜨는 새벽일까, 아니면 해 지는 저녁일까. 조그만 창문 밖으로 펼쳐지는 구름 바다는 그 스케일이 우주적이다. 하늘 구름 사이로 비쳐오는 강렬한 빛 그리고 구름 뒤로 날아오는 무거운 어둠. 창조의 아침이 이리 아름답고 신비로웠을까. 하늘의 얼굴은 비행 속도만큼이나 시시각각으로 변화무쌍하다. 하지만 기내의 광경은 인적 없는 시골의 여느 한적한 여염집이나 주막과도 같다. 세상은 어둠에 덮이고 모두 잠의 나락으로 떨어졌다. 흔들리는 호롱불 아래 여기저기 사람들의 시커먼 머리들만 기내에 둥둥 떠 있다. 빛의 속도로 나는 비행기 안과 밖의 풍경이다.

하도 무료하여 영화를 틀었다. 내 눈이 영화를 보는 둥 마는 둥 하는 사이, 총장님께선 언제 깨셨는지 두툼한 원고 뭉치를 꺼내 읽으셨다. "총장님, 뭐하세요?" "어, 안 잤어?" "사도신경 해설집의 원고를 읽지. 교정 보는 거야. 그런데 정 교수는 뭐해? 학자가 공부 안 해?" "예? 아아, 눈이 피곤해서요." 그때 부끄러워 감히 드리지 못한 말씀이 지금도 가슴에 남아 있다. 총장직을 그리 오래 하셨어도 식지 않은 그 뜨거운 학문적 열정이 제겐 감동, 또 감동입니다.

알라바마, 오 알라바마

비행기는 당일 아틀란타에 착륙하였다. 우린 렌트카를 빌려 알라바마의 주도(州都) 몽고메리(Montgomery, AL)로 달렸다. 7월 23일, 첫 일정은 트로이(Troy, AL)의 트로이대학교 협약식(MOU)이었다. 트로이에선 총장 등 학교의 고위직 인사들이 총출동하였다. 상대는 1887년에 설립되어 지금은 5개 단과대학을 가진 종합대학교다. 역사는 130년에 불과하나 상상은 호머의 오디세이에 도달한다! 호서의 젊은이들이 교환 학생이나 언어 연수생으로 Troy에 와 전투에서 이기고 문명을 개척했던 그 신화적 용기와 지혜를 배울 수 있을까.

둘째 날(7월 24일) 오전엔 오번(Auburn, AL)의 성창오토텍(SCA)을 방문하였다. 한국 고산그룹 계열사 성창에어텍의 미국 법인이다. 박만홍 사장은 특별히 한 사람을 소개하였다. 호서대학교 출신인데 어엿한 직원으로 근무하는 사람이었다. 총장님께선 멀리 미국 땅에 와서 자리 잡고 일하는 제자를 보시고 애틋한 감정을 감추지 못하셨다. 연신 등을 두드리며 격려하실 때, 그 친구는 남몰래 눈물을 훔쳤다. 호서의 젊은이들이 교환학생이나 어학연수로 이곳에 와서 과정을 마치면, 성창오토텍은 그들이 경험을 쌓을 수 있도록 인턴십으로 받기로 하였다. 오후엔 몽고메리로 돌아와 한라비스테온공조 미국 법인을 방문하였다. 그들도 우리 학생들을 받도록 약속하였다. 이번 출장은 호서의 영역을 세계로 확대하는 여행이다.

셋째 날(7월 25일) 오전에 다시 오번(Auburn, AL)으로 와서 오번대학교(Auburn University)와 협약식을 가졌다. 글로벌 인재상을 전제로 우리 대학의 기계공학부 학생이 이 대학의 석사 과정으로 진학하여 공부할 수 있도록 길을 텄다. '우리도 이렇게 큰 대학이 될 수 있다!' '우리는 더 좋은 대학이 될 수 있다!' 총장님은 힘주어 강조하셨다. 협약서는 영어로 되어 있지만, 총장님께선 당신의 이름을 분명하게 한글로 서명하셨다.

여행길에서 배운 호서의 정신

가장 인상적인 것은 그날 오후 알라바마 현대공장 방문이다. 몽고메리의 알라바마 주청사에서 남쪽으로 15분 거리에 위치했는데, 공장 앞 4차선 도로의 이름이 바로 '현대블루바드'다. 9년 전 현대는 세계 최고 품질의 자동차 생산을 위해 210만 평의 대지에 11억 달러를 투자하였다. 판금, 도색, 조립라인, 2마일의 테스트 드라이브 트랙을 갖췄다. 2,700명 이상의 현지인 고급 인력과 250여 대의 최첨단 로봇이 한 치의 오차 없이 생산라인을 가동한단다. 한가로이 소들이 풀을 뜯던 이곳에 한국 기업이 기적을 일으켰다. 40년의 짧은 역사에도 현대는 세계 7위의 자동차 기업이 되었다. 우리가 한국인인 걸 자랑스러워할 때, 총장님께선 누구든 할 수 있다는 도전 정신과 자신감을 갖고 노력하면 세계를 석권할 수 있다고 말씀하셨다.

그래도 가장 감명 깊고 감동적인 순간은 아직 오지 않았다. 총장님은 우리로 하여금 마틴 루터 킹 목사님(Martin Luther King, Jr.)을 만나도록 서두르셨다. 킹 목사님은 1955년 보스톤대학교(Boston University)에서 신학으로 박사학위를 받은 후, 이곳 흑인이 많은 남부 도시 몽고메리로 왔다. 우린 그의 교회를 돌아보았고, 민권 운동의 현장을 걸으면서 직접 답사하였다.

1955년 12월 1일, 일을 마치고 집으로 돌아가던 흑인 여성 로사 팍스는 버스에서 앞좌석에 앉았다가 현행범으로 체포되었다. 젊은 킹 목사님은 분연히 일어서서 흑인 차별에 대항하는 조직적인 비폭력 저항운동을 시작하였다. 저항은 들불처럼 미국 전역으로 번졌다. 그날의 경험과 부단한 노력으로, '자유의 행진'엔 수십만 인파가 운집하였다. 사람들은 모두 열정이 폭발하는 '꿈의 연설'을 들었다.

나에게는 꿈이 있습니다. 조지아주의 붉은 언덕에서 노예의 후손들과 노예 주인의 후손들이 형제처럼 손을 맞잡고 나란히 앉게 되는 꿈입니다.

나에게는 꿈이 있습니다. 이글거리는 불의와 억압이 존재하는 미시시피 주가 자유와 정의의 오아시스가 되는 꿈입니다.

나에게는 꿈이 있습니다. 내 아이들이 피부색을 기준으로 사람을 평가하지 않고 인격을 기준으로 사람을 평가하는 나라에서 살게 되는 꿈입니다….

1964년 존슨 대통령이 민권법에 서명하면서 인종차별은 폐지되었다. 불멸의 꿈은 이루어졌다. 총장님께선 마틴 루터 킹 목사의 생애가 이번 여행의 가장 중요한 메시지라고 하셨다. "현장을 떠난 학문은 무의미하다!" "삶의 현장에서 꿈을 이루는 실사구시(實事求是)의 학문이어야 한다!"

강일구 총장님, 덕분에 글 쓰며 한 번 더 총장님과 여행했습니다. 사랑합니다. 오래오래 저희 곁에 계시며, 저희의 인생길에 늘 함께 여행하시길 기도합니다.

71. 음악처럼 그림처럼

박근준

(호서대학교 교수, 전 교무처장)

봄이 오면 여름이 온다. 여름을 기다리는 사람도 있지만, 찌는 여름을 건너뛰고 싶은 사람도 있다. 가을이 오면 곧 겨울이 온다. 짙은 갈색으로 덮인 산과 들을 놓치고 싶지 않은 사람도 있지만, 온통 흰색으로 뒤덮인 평원을 그리워하는 사람도 있다.

사람도 계절과 같아서 호불호의 인간관계를 형성하며 살아간다. 좋아하는 계절처럼 마냥 좋은 사람이 있는가 하면, 이런저런 이유로 어쩔 수 없이 기계적으로 그렇게 관계가 구축되는 사람도 더러 있다.

강 총장님은 누구에겐 여름처럼 좋은 분일 수도 있다. 가을에 겨울을 기다리는 마음처럼 그런 분일 수도 있다. 그러나 계절을 겪어야 그 계절을 참으로 알 수 있듯이, 사람을 떠도는 말과 풍문만으로 알 수는 없다. 직접 뵙고 겪어보아야 강 총장님이 어떤 분이라는 걸 알 수 있다. 대체로 강일구 총장님은 한겨울의 흰 자작나무 숲과 같이 당신 스타일을 단면적으로 그렇게 보여주시는 분이시다.

강 총장님과 만날 때는 얘깃거리를 준비하지 않아도 된다. 준비하지 않아도 당신과 나 사이엔 무궁무진한 대화가 오갈 수 있다. 우선, 편안하게 만나서 총장님과 얘기하고 싶을 때는 그림이 많이 걸려 있는 카페나 식당으로 가면 좋다. 가능하면 유추하기가 어려운 추상화들이 걸려 있는 장소로 가보라. 그러면 그림 속에 숨어있는, 그래서 볼 수 없는 멋진 세계를 총장님이 열어 주신다. 그러면 우리가 생각지 못했던 관념과 시점이 보이게 되고, 다른 차원의 세상을 생각할 기회가 된다. 그림 속에 숨어있는 역사, 시대적 의미, 작가가 표현하고 싶었던 세상이 내게 열린다.

강 총장님은 참 검소하시다. 당신도 맛있는 음식이 좋고 메뉴를 바꿔가며 드시고 싶으실 텐데, 꼬박꼬박 교직원 식당을 고집하신다. 식판에 담으신 반찬과 밥은 한 톨도 남기지 않으신다. 당신은 목사님이지만, 식사는 스님처럼 하신다. 식판에 찬과 밥을 깨끗이도 비우신다. 주방 설거지를 도와주는 것이지만, 마주 앉아 먹는 사람에게는 잔반을 남기지 않는 것이 여간 어려운 일이 아니다. 강 총장님의 눈길이 슬며시 나의 남겨진 잔반에 닿으면 나는 괜히 멋쩍어진다. 이럴 때 그림 얘기를 할 수 있으면, 그림 없는 구내식당도 어느새 고흐, 고갱, 세잔느의 그림이 걸린 멋진 카페가 된다.

강 총장님은 삶을 즐기는 음악가 바흐에 대해서도 조예가 깊으시다. 바흐의 영적 깊이와 음악가로서 바흐의 열정에 대하여 책으로 쓰기도 하셨다. 이렇게 음악적 지식이 깊으실 뿐 아니라 음악을 듣는 기술과 과학조차 습득하셨다. 음향 기기 중에는 아날로그 기기가 디지털 기기보다 오히려 인간의 귀에 충만감을 주는 이유가 무엇인지 아는가? 아날로그 기기는 저주파와 고주파의 분리 성능이 떨어져, 이것이 오히려 인간의 청감에 더 적합하다는 것이다. 그래서 음향 기기가 고도로 발달한 지금에도 음악을 들을 땐 LP판으로 듣는 것이 마치 음향 성능이 우수한 것처럼 느끼게 되는 이론적 이유라는 것이다. 이러한 지적 배경은 강 총장님이 신학자가 되기 이전에 주파수를 전공한 공학도였기 때문일 것이다.

강 총장님은 청년 같이 씩씩하게 살며, 청년 같이 활기차게 성큼성큼 걸으신다. 내내 120세까지 이렇게 걸으시면 좋겠다. 그러다 보니 젊은이들이 좋아하는 대중음악에도 꽤 관심이 있으시다. 일전에 조용필 CD를 한번 들어보시라고 건네 드리니, 쾌히 받으시며 밝은 웃음을 띠셨다. 그리곤 말씀하셨다. "꼭 들어보겠다"라고….

72. 예술로 벤처하라!

김상채

(호서대학교 교수, 아트스페이스 HOSEO 관장)

두 가지 인생 질문

"김 교수, 예술로 벤처가 가능한데 어떻게 생각해요?" "네? 예술로 벤처가 가능하다고요?" 호서대학교에 임용되고 나서 광주비엔날레 VIP 오프닝에 참석하러 가는 열차 안에서 나눈 강일구 총장님과의 첫 대화다. 이제 막 전임강사로 임용된 신임 교수가 높으신 분하고 함께 가는 자리라서 안절부절하고 있는 터에 강일구 총장님께서 함께 동승하신 분과 대화를 하시다가 저를 보시면서 말씀을 거셨다. 어려운 자리인데다가 강일구 총장님의 의중을 정확히 읽지 못해서 답변을 못하고 있을 때, 총장님께선 더는 이야기를 이끌어가지 않고 화제를 돌리셨다. 벌써 15년이 지났는데도 그때의 기억은 결코 잊을 수 없는 내 인생의 터닝포인트가 되었다.

이후, 예술도 벤처가 가능하다는 것을 새로운 화두로 삼고 끊임없이 생각의 심연을 들여다보면서 세상을 다른 관점에서 바라보기 시작했다. 이미 20년 이상을 예술계에서 활동하면서 한 번도 이렇게 역발상을 해 보지 못했는데, 예술과는 전혀 다른 전공의 강일구 총장님께서 주신 질문이 내 생각을 송두리째 바꾸고 말았다. 그날 이후 예술에 대한 안목과 통찰력이 남다르시다는 것을 알게 되면서 총장님에 대한 호기심과 함께 존경심이 묻어나기 시작했다. 공학도 출신에 목회까지

하신 분이라서 예술과는 무관할 것이라는 나의 선입견이 잘못되었음을 깨닫게 되었다.

아산캠퍼스 중앙도서관을 개관하면서 6층에 전시 공간이 마련되어 호서대학교에서도 전시회가 가능하게 되었다. 그런데 호서대학교는 순수 미술과가 없어서 아산에서 전시 공간을 활용하기가 쉽지 않을 것 같다는 생각이 들었다. 첫 개관전에 여러 작가들을 모시고 오프닝 파티를 하는 도중에 강일구 총장님께서 나에게 조용히 물으셨다. "김 교수, 왜 이 장소에 전시장을 오픈한 줄 아나요? 우리 대학이 지방에 있어서 혹시나 학생들이 문화적으로 소외되면 안 된다는 생각과 비록 지방이라도 지역민에게 고급 문화를 향유할 수 있는 기회를 제공하고 우리 학생들이 양질의 고급 문화 예술을 접할 수 있도록 이런 전시 공간을 만든 겁니다."

생각이 변하다

나는 그날 이후로 굳은 결심 하나를 하게 되었다. 가까이서 모시는 이분의 문화 예술에 대한 높은 식견은 차치하더라도 학생들을 위한 속 깊은 마음과 학교 사랑의 정신을 이어받아서 나도 호서대학교의 발전에 밑거름이 되겠다는 생각을 하게 되었다. 그리고 또 하나는 호서대학교에 멋진 미술관을 설립해서 학생들에게는 문화적 혜택을 누리게 하고, 호서대학교에는 미래의 수익 모델을 만들어 주어야겠다는 두 가지 커다란 목표를 가슴에 품고 혼자서만 실천에 옮기기 시작했다. 2015년 이후에야 비로소 강일구 총장님께 이런 계획을 말씀드렸고, 이제는 그 목표점에 한 걸음 더 가까이 왔다는 것을 느낀다.

강일구 총장님의 첫 질문이 나의 생각을 변화시키는 계기가 되었다면, 두 번째 질문은 내가 호서대학을 위해서 무엇을 해야 할 것인지에 대한 확실한 답을 주신 것 같다. 15여 년간 묵묵히 예술로 벤처를 실현하기 위한 다양한 경험과 모험 그리고 부단한 노력과 강일구 총장께서 보여주신 무한한 신뢰와 든든한 응원 덕에 이제 서서히 가시적 성과를 눈앞에 두고 있다. 예술적 통찰력도 뛰어나셨지만, 미래 먹거리도 생각하면서 호서대학교를 진두지휘해 오셨던 강일구 총장님께 예술로 벤처를 실현해서 호서대학의 미래 자산 기반도 잘 마련해서 월드클래스 글로벌 호서대학으로 성장하는 데 미력하나마 힘이 되도록 할 것이다.

총장님과 예술가들

강일구 총장님께서 몸소 실천해 오신 남다른 예술 사랑은 여전히 지금도 많은 예술가에게 회자되고 있다. 언젠가 예술가들과의 오프닝 모임에서 다양한 주제로 예술 토론이 이어졌는데, 그날 참여한 예술가들은 호서대학교 총장님이 참석하신다고 하니 다들 딱딱하고 무료한 행사가 되리라고 지레 짐작하고 빨리 끝나기를 바랐다. 예술가들은 총장님께서 오프닝의 의례적인 인사말과 간단한 친교 후 떠나실 거라 생각하고 있었다. 그런데 강일구 총장님께서 보여주신 예술적 감각과 작품에 대한 나름의 분석과 판단 그리고 여유 넘치는 유머는 그날 함께한 예술가들에게 많은 울림을 주었던 것 같다. 특히 낯가림이 심한 화가들과 이처럼 빠르게 친화력을 발휘해서 어울리고, 그들과 교감하고 소통할 수 있는 것은 근본적으로 예술에 대한 사랑이 전제되지 않으면 안 되는 것이다.

세 시간가량의 오프닝 행사를 파장하는 순간까지 예술가들과 소통하면서 나누었던 추억은 10여 년이 지난 지금까지도 예술가들이 강일구 총장님을 그리워하는 이유이기도 하다. 요즘도 간혹 예술가들을 만나면 대학 총장 같지 않으신 그분, 예술가의 감성을 가진 친구 같은 그분, 바로 강일구 예술가님의 안부를 묻곤 한다. 언제부턴가 강일구 총장님은 그렇게 예술가들의 절친이 되셨다.

서울의 아트스페이스 'HOSEO'는 개관할 때부터 지금까지 수많은 예술가들이 개인전과 그룹전을 하면서 그들과 인연을 이어왔다. 그중에는 개관 초기에 함께했던, 단색화의 대가이신 박서보 화가와 김태호 화가, 빌게이츠가 소장해서 유명해진 달항아리의 최영욱 화가, 붉은 산수의 이세현 화가, 한국 조각계를 평정하고 대형 건물이나 백화점 건물 앞에는 여지없이 설치된 김경민 조각가와 세계적인 미디어 아티스트인 이이남 작가, 그리고 이미 한국을 벗어나 외국의 화랑에 전속된 박승모 조각가 등은 아트스페이스 'HOSEO'에서 한때 함께했던 예술가들로 이제는 한국을 대표하는 국가대표급 예술가들이다. 이들은 20여 년 전만 해도 한국미술계의 평범한 작가들이었는데, 이제는 그들을 만나거나 작품 구매를 위해서는 인맥을 총동원해야 할 형편이다.

그런데 강일구 예술가님은 이들과 이미 오래전부터 든든한 예술적 교류를 통해서 미래를 기획하고 계셨고, 아무도 몰랐던 예술로 벤처를 실현하기 위해서 준비를 하셨던 것이다. 다행히 강일구 총장님의 의중을 잘 읽고 그 일을 추진할 수 있게 된 필자는 하나님의 축복이라는 생각이 들면서 한편으로는 무거운 책임감도 느낀다.

예술가들과 뜨겁게 소통하고 학교와 학생 사랑을 예술을 통해서 실현할 수 있는 대한민국의 창의적이고 예술 감성 돋는 대학 총장이 어디 또 계실까 하는 생각이 든다. 여전히 강일구 총장님의 가슴 속에서는 영원히 꺼지지 않는, 학교 사랑과 학생 사랑의 근간이 되는 예술 활화산이 뜨겁게 분출되고 있음을 느낀다.

　예술을 사랑하는 강일구 예술가님! 강일구 총장님을 사랑하는 예술가들! 곧 그들은 다시 만나게 될 것이고 이것이 바로 예술과 벤처의 만남이다.

73. 이 시대의 진정한 리더

문은수

(천안중앙교회 장로, 문치과병원 원장)

어느 날 오후 왼쪽 볼이 뻘겋게 부은 상태로 약간은 고통스러운 표정의 환자 한 분이 제 병원을 찾아오셨습니다. 몇 달 전에 약속을 잡아야 겨우 얼굴을 뵐까 말까 할 만큼 바쁘신 강일구 총장님이셨습니다. 총장님의 갑작스러운 방문에 깜짝 놀라 여쭈어보았습니다. 1년 전쯤 대학병원에서 임플란트를 이식받으시고, 계속적으로 치료를 받아 오셨지만, 체질상 임플란트가 맞지 않았는지 이를 제거하셨는데 계속 아프고 불편함이 가시질 않아 병원으로 오셨다고 합니다.

다급하게 진찰실로 모셔 진찰해 보니 상처 부위가 심하게 부어있고, 주변 치아와 잇몸뼈까지 감염되어 꽤 심각한 상태였습니다. 바로 응급처치를 하고, 이후에도 몇 개월 동안 뼈이식과 임플란트 치료를 하고 난 후에야 다행히 치료를 잘 마칠 수가 있었습니다. 총장님께서 불편하지 않고 완쾌되길 바라던 저의 간절한 바람과 총장님의 기도 덕분이었는지 예상보다 훨씬 더 빨리 완치되셨습니다.

지금도 생각해 보면 평소 존경의 마음으로 뵙던 총장님께서 그 많은 치과 중에도 저를 선택해 주셨다는 사실에 조금은 놀랍고 감사한 마음이었습니다. 특히 치료가 계속 진행되는 동안 총장님과 한층 더 가까워진 계기가 되었습니다. 그때부터 저는 총장님만큼 연세 있는 어르신들께는 보통 느낄 수 없는 순수함과 열정 그리고 인생을 즐기시는 모습에 총장님을 한층 더 존경하게 되었고, 또 배우려고 노력하게 되었습니다.

최근 현대 사회에서 필요로 하는 지도자의 조건으로 통섭성을 강조하고 있습니다. 통섭성이란 단순히 다방면을 두루 아는 팔방미인이 아닙니다. 오히려 어떤 한 분야의 전문적인 지식이 있지만, 다른 분야에도 그 소양이 넓어서 창의적으로 여러 문제들을 잘 해결할 수 있는 능력을 말합니다.

사실 총장님께서는 해박한 지식은 두말할 것도 없고, 풍부한 경험을 바탕으로 전문성을 겸비하심은 물론 인성에 있어서도 우리 사회의 지도자들에게 이미 많은 존경을 받고 계신 분이십니다. 그뿐만 아니라 모든 사람을 편하게 대하시고, 고민 상담과 함께 합리적인 해결책을 주시는 등 주위 사람들에게 많은 존경을 받는 멘토 같은 분이란 것은 이미 다 알고 있는 사실입니다. 그래서 저는 총장님이야말로 인성과 전문성 그리고 통섭성까지 두루 갖추신 이 시대의 진정한 지도자라고 생각합니다.

총장님은 요즘도 진료차 가끔 제 병원을 방문하십니다. 총장님께선 아무리 바쁘시더라도 간단한 검사나 작은 치료 하나도 반드시 예약을 하시고, 또 잘 지키십니다. 그리고 오실 때마다 항상 온화한 미소로 화답해 주십니다. 나는 총장님의 그런 얼굴을 뵐 때마다 한층 기분이 좋아집니다. 한 번은 복잡한 환자 대기실이 불편하실 수도 있어

제가 쓰는 원장실로 모시려 했습니다. 그러나 총장님은 괜찮다고 손사래를 치시며 다른 환자들과 함께 대기실에서 순서를 기다리셨습니다. 총장님께서 이렇게 항상 원칙을 지키시는 모습을 볼 때면 저는 저절로 고개가 숙여집니다.

총장님의 이러한 평범함이야말로 이 시대의 진정한 지도자 모습이 아닐까 생각합니다. 저도 살면서 가끔은 일상에 지치고 예상치 못한 위기와 고비를 겪으며 힘들어할 때가 있습니다. 그때마다 총장님을 생각하면서 오뚝이처럼 다시 일어나 자신을 담금질해 가며 하루하루를 더 나은 일상으로 엮어가려고 노력해 봅니다.

지금, 이 순간에도 총장님을 떠올리며 '내가 저분의 나이쯤 되었을 때 총장님만큼 이 사회에 진정한 리더로 설 수 있을까' 하면서 자신을 돌아봅니다. 그리고 다시 한번 총장님을 닮고 싶은 열정을 떠올리곤 합니다. 참으로 감사한 인연으로 제 곁에 와 주신, 저에게 가장 큰 스승이자 소중한 친구이신 총장님, 고맙습니다! 그리고 항상 건강하시길 소원합니다.

74. 대통령 주치의와 나의 주치의

이 훈

(아산 세란병원 원장)

존경하는 총장님, 희수를 진심으로 축하드립니다. 희수 문집을 만들 예정이니 글을 써 줄 수 있느냐는 부탁을 받고, 우선 '희수'라는 게 어떤 의미인지 네이버에서 찾아봤습니다. 77세를 말하는 것이더군요. 덕분에 20여 년 총장님과 함께 나눈 시간을 되돌아보게 되었습니다.

제가 아산에 내려온 것은 IMF 때 경영하던 병원이 어려움을 겪게 되면서입니다. 새로운 환경에서 새롭게 시작하자 하는 마음으로 아무 연고도 없는 곳을 찾아서 왔습니다. 사람 사는 곳이 다 그렇듯이, 여기서도 병원을 하다 보니까 알게 모르게 소문이 나서 사대부고 동문회와 연결이 되더군요.

그곳에서 처음으로 총장님에 대한 얘기를 듣게 되었습니다. 학교로 찾아뵙고 말씀을 나누던 중 대학병원이라는 공통의 관심사가 있어 여러 번의 만남을 갖게 되었습니다. 총장님께서는 호서대 안에 간호학과를 만드시는 등 병원을 운영할 만한 기초를 튼튼히 하고 계셨고, 거기에 대한 확실한 소명도 있으셨던 것으로 기억됩니다. 이 과정에서 제가 초빙교수로 호서대에서 수년간 교양과목을 맡아 건강에 대한 강의를 하게 된 것은 또 다른 즐거운 추억입니다.

때마침 지역 사회에 꼭 필요했던 호서요양원이 생기면서 7~8년 무료 봉사를 다니기도 했습니다. 확실히 대학에서 학생들을 파견해 주니까 다른 요양원과는 질적으로 다른 수준의 요양원이었고, 환자들의 반응도 달랐습니다. 그곳에서의 봉사도 또 다른 즐거움이었습니다.

총장님 내외분이 저희 병원을 찾아 주신 것은 제가 초빙교수로 일하기 시작한 때였습니다. 당시엔 병원도 많지 않았지만, 저희 병원도 시장 안에 있어 주차 여건도 좋지 않을 때였습니다. 다행히 검사 후 건강에 대해 종합적으로 분석해서 당장 치료해야 할 부분과 앞으로 주의하실 부분에 대해 설명을 드렸습니다. 그랬더니 방향이 마음에 드셨는지 그 후 매년 검사를 받으러 오셨습니다. 특별히 사모님은 병원을 쉽게 신뢰하지 않는 분이라고 들었는데, 저희 병원만은 와도 좋을 것 같다고 말씀하신 것도 전해 들었습니다.

한 번은 총장님이 청와대 초청을 받고 다녀와서는 대통령 주치의였던 산부인과 이모 교수를 만난 말씀을 하셨습니다. 아마 저와 같은 학교 출신이니까, 저를 아느냐고 물으셨던 것 같습니다. 그 친구야 저와 잘 아는 사이니까 당연히 학생 때부터 선후배로 잘 지내고 있다고 대답한 모양입니다. 그때 총장님께선 당당히 말씀하셨다고 합니다. "당신은 대통령 주치의고, 이 원장은 내 주치의야!" 이렇게 어린이같이 순수한 마음을 가지신 분이 총장님입니다.

총장님이 환갑 즈음에는 앞으로 100세까지는 살아야 할 일을 다 하겠다고 하시더니, 최근에는 "한 50년은 더 살아야겠어" 하시더군요. 할 수 없이 저도 50년은 더 살아서 개업을 해야 될 모양입니다. 총장님께서 아직도 병원에 대한 비전을 갖고 계신 것 같습니다. 아마도 대학병원이 될지 요양병원이 될지 모르겠지만, 여러 가지를 구상하시면서 시간이 더 필요하셔서 그런 말씀을 하신 게 아닌가 생각하고 있습니다.

　총장님! 오래오래 건강하게 사시면서 저희들을 이끌어 주시고, 또 언제라도 총장님 꿈이 이뤄지기를 기원합니다. 저희들도 '메멘토 모리'를 기억하며 겸손히 살겠습니다. 총장님, 감사합니다.

27장 학계

75. 하나님을 경외하는 지혜로운 총장님

고광필

(호남신학대학교 은퇴 교수)

　나는 솔로몬의 말씀을 묵상하면서 강일구 총장의 희수를 축하하려고 한다.

　솔로몬은 지혜의 왕이며 권력, 물질 그리고 사랑을 다 얻은 왕이다. 솔로몬은 인간이 원하는 모든 것을 소유한 선망의 대상인데도 인생은 허무하다고 했다. 왜 그럴까? 솔로몬은 하나님이 주신 지혜를 통하여 인간의 근본을 탐구하였다. 솔로몬은 "인간이란 바람을 잡으려는 것과 같은 존재임을 알게 되었다"고 고백하였다. 누가 바람을 잡아 보았는가? 아무도 없다. 이것은 착각에 빠져서 잡을 수 없는 바람을 잡으려고 몸부림치는 것이 인간임을 깨달았다는 것이다. 인간의 삶은 허무하고 허무하다. 허무하고 허무하다. 허무하다! 솔로몬은 다섯 번이나 반복해서 허무를 말하고 있다.

　왜 인생이 허무한가? 우리가 원하는 것을 이루지 못해서일까? 인생이 허무한 것은 인생이 짧기 때문이라거나, 혹은 우리가 원하는 것을 가지지 못해서가 아니다. 우리가 원하는 것을 다 가졌다고 해도 그것이 우리를 행복하게 하는 것은 아니다. 인간의 욕망은 밑 없는 항아리와 같아서 죽지 않는 한 욕망은 사그라지지 않는다. 하나님을 경외하는 삶이 없기 때문이다.

하나님을 두려워하는 마음이 없을 때 욕망을 통제할 수 없다. 그런 삶은 항상 덧없는 욕망에 쫓기게 되고, 욕망을 이루는 데 터무니없이 짧은 인생에 불만을 갖는다. 인간의 그러한 절대적 상황을 이해하기 위하여 지혜가 필요하다. 하나님께서 꿈에 솔로몬에게 소원을 물으시니 그는 백성의 소리를 듣고 선악을 구별하는 지혜를 원했다. 지혜는 우리가 살아가는 데 필수적이다. 나는 하나님 경외와 지혜로움은 인간의 본분이라고 생각한다.

나는 미국의 드루대학교(Drew University)에서 강 총장을 만났다. 그 무렵 나도 강 총장도 모두 박사학위 과정을 이수하고 있었다. 그때는 공부하느라 바빠서 만나서 이야기할 시간이 별로 없었다. 나중에 몇 사람이 같이 모여서 종합시험 준비를 하면서 서로 많은 이야기를 주고받았다. 같이 공부하면서 강 총장의 집에서 밥을 많이 얻어먹었다. 그때 덕스럽고 훌륭한 사모님과 자녀들을 만났다.

귀국 후 나는 호남신학대학에서 교편을 잡았다. 그리고 강 총장과의 인연은 가물가물하였다. 내가 정년을 마치고 얼마 안 되었을 때에 강 총장께서 연락을 하셨다. 강 총장께서 집필한 『그대 레오를 아는가. 그대 키에르케고를 만났는가』에서 키에르케고르에 관한 글 일부는 나와의 교류를 통하여 얻은 생각이라고 하셨다. 나는 강 총장께서 잊지 않고 소식을 전해 주셔서 무척 감사했다. 어떤 면에서 한국에서 강 총장과 본격적으로 만나게 된 계기는 바로 이 책을 통해서 이루어진 것이었다.

그러고 나서 2012년에 호서대학에서 전국대학교수선교대회가 열리게 되었다. 강 총장께서는 나에게 그 대회의 강사를 맡아 달라고 부탁하셨다. 그때 강의 제목은 "모든 염려를 주께 맡겨라"였다. 전국교수선교대회가 끝난 뒤 얼마 지나, 강 총장께서는 나의 강의가 좋은 평가를 받았다고 알려 주셨다. 그 후 나는 호서대학교 연합신학대학원의 초빙교수가 되었다. 지금에 와서 생각해 보니 이것은 다 하나님의 은혜요, 강 총장의 섬세하시고 지혜로운 배려였던 것이다. 나는 그 뒤 5년 동안 호서대학교 연합신학대원에서 가르치게 되었다. 이 경험은 나에게 큰 가르침이 되었다. 그것은 후에 『이야기로서 하나님과 나』(2018)라는 책을 저술하는 계기가 되었다.

나는 희수를 맞이하시는 강 총장을 어떤 사람으로 기억할까를 곰곰이 생각해 봤다. 강 총장은 어떤 분일까? 돌이켜 보니, 전국대학교수선교대회에서의 강의나 연합신학대학원에서의 초빙교수나 다 강 총장께서 나에게 베푼 은혜요 배려요 사랑이다. 그리고 그것은 하나님을 경외하고 인간의 만남을 소중히 하는 그의 지혜로부터 온 것임을 깨닫는다. 그렇다. 나는 희수를 맞는 강 총장을 축하하면서 이렇게 말하고 싶다.

보라! 그는 하나님을 경외하고 지혜로운 분이다.

"일의 결국은 다 들었으니 하나님을 경외하고 그의 명령들을 지킬지어다 이것이 모든 사람의 본분이니라"(전 12:13).

할렐루야, 아멘!

76. 벤처의 정신으로 인생의 새 길을 여소서

김종량

(한양대학교 명예총장, 이사장)

강일구 총장님의 희수를 진심으로 축하드립니다. 호서대학교의 명성을 이루시느라 왕성하게 활동하신다 생각하였는데, 희수라고 하시니 저도 강일구 총장님의 연세를 새삼 느끼게 됩니다. 2004년 환갑의 연세에 호서대학교 총장을 맡으셔서 2016년까지 12년간 오늘의 호서대학교를 만들어 오셨습니다. 저는 그 노고가 갈수록 더욱더 빛나기를 기원합니다.

호서대학교 하면 일반인들까지도 누구나 떠올리는 단어는 '벤처'입니다. 설립자이신 선친 강석구 박사님의 뒤를 이어 호서대학교 총장으로 재임하실 때, '벤처 1st'의 기치를 올리던 때는 호서대학교가 한 단계 도약했던 시기라고 할 수 있을 것입니다. 호서대학교의 벤처 프런티어 전형은 창의적인 우수 인재가 대학 간판이 아닌 자신의 비전과 꿈을 맘껏 펼쳐 보일 수 있는 기회를 제공하는 전형으로 유명합니다. 그래서 한국언론인연합회와 교육과학기술부가 선정한 '대한민국 참교육 대상'을 2012년부터 3년 연속 받으실 수 있었을 것입니다.

강 총장님의 총장 재직 시절, 한양대학교 총장으로 재임하던 저는 대교협 전국 총장 회의와 한양대학 CEO 모임에서 총장님을 자주 뵐 기회가 있었습니다. 특히 1971년 한양대학교 전자공학과를 졸업하신 인연으로 총장님을 뵐 때마다 늘 각별한 마음이 들었고, 총장님께서도 저를 그렇게 대해 주셨습니다.

　한양대학교 동문 총장이라는 인연만이 아니라 두 대학 간의 몇 가지 면에서 공통점이 있어 총장님과 더욱 공감의 폭을 넓힐 수 있었다고 봅니다. 호서대학교의 교육 이념은 하나님 공경, 진정한 자기 사랑, 이웃과 나라 사랑으로 요약될 수 있고, 우리 한양대학교의 건학 이념은 사랑의 실천입니다. 교육 이념이란 대학이 나아갈 방향을 가르쳐 주는 이정표와 같은 것일 텐데 호서대학교나 한양대학교는 '사랑'이라는 이념에서 일맥상통하는 점이 있다고 할 수 있습니다.

　이러한 교육 이념뿐 아니라 설립자의 자제로서 총장의 직무를 수행하게 되었다는 점도 공통점이라 할 수 있습니다. 강일구 총장님은 호서대학교의 설립자이신 강석규 박사님의 뒤를 이어 학교 경영을 맡게 되신 경우입니다. 사실 이런 경우 설립자님의 정신을 이어받고 역사와 전통을 잘 계승하면서도 좀 더 차별화된 대학 발전을 이루어야 한다는 정신적 압박감을 가지게 되는 것은 운명과도 같은 일입니다. 강일구 총장님 역시 대학을 경영하면서 당연히 설립자님과 의견의 차이가 있었을 것입니다. 그때마다 슬기롭게 잘 조화시켜 나가는 것을 보면서 강 총장님의 지혜와 효심을 읽을 수도 있었습니다.

　사실 일반인들은 잘 느끼기 어려운 일이지만 대학 총장으로 임무를 수행하는 일은 무척 힘이 들고, 심지어 고통스럽기까지 한 것이 사실입니다. 어떤 경우에는 대학을 경영하는 책임자로서 학교에서 일어난 일에 대하여 끝까지 책임을 져야 할 때도 있습니다. "The Buck Stop Here." 이것은 미시간대학 본관 앞 머릿돌에 새겨진 오래된 문구(모든 일은 내가 책임진다는 뜻)입니다. 총장과 관련이 있든 없든, 총장이 알건 모르건 대학에서 일어나는 교수 · 직원 · 학생들에 관한 모든 것은 결국 총장이 책임져야 한다는 의미가 담겨 있습니다.

강 총장님께서 학교의 일에 책임을 지고 잠시 영어의 몸이 되신 적이 있습니다. 그때 저는 다른 몇 분과 함께 총장님을 뵈러 간 적이 있습니다. 원인이야 어디 있든 간에 영어의 몸이 되었다는 것은 절망하고 좌절할 일이겠습니다. 그러나 강 총장님께서는 매우 긍정적이셨으며, 강한 책임감을 갖고 계셨습니다. 그때 저는 강 총장님의 긍정의 정신과 정의로운 용기를 보면서 문득 강 총장님께서 걸어오신 길에는 하나님께 의지하고자 하는 신앙이 있다는 것을 알았습니다. 그것이 바로 그 간난의 시간을 견딜 수 있는 밑바탕이었을 것입니다.

예술의 전당을 방문할 때면 호서대학교 벤처대학원 건물을 지나가게 됩니다. 그때마다 총장님 생각이 납니다. 호서대학교가 한층 도약할 수 있게 하신 강 총장님의 대학 경영은 어떤 의미에서는 새로운 길을 만드는 벤처의 길이었다고 해도 과언이 아닐 것입니다. 이제 희수를 맞이하신 총장님께서는 지금까지 그렇게 살아오셨듯 남은 생애도 벤처의 정신으로 인생의 새 길을 열어 가시리라 믿습니다. 호서대학교의 무궁한 영광을 기도하겠습니다.

77. 영원한 MRA/IC 지도자

차광선

(세계도덕재무장 한국본부 총재, 전 한국청소년단체협의회 회장)

강일구 박사께서 벌써 희수를 맞으신다. 강일구 박사를 뵐 때마다 각고의 노력과 인내, 남다른 열정으로 삶을 일관하는 모습에 나도 모르게 존경의 마음을 갖게 된다. 그런데 내가 꼭 하나 아쉽고 안타까운 것이 있으니 그것은 그분을 세계도덕재무장(MRA/IC) 한국 본부의 총재로 모시지 못했던 일이다.

강일구 박사의 선친이신 강석규 총장께서는 이미 1997년부터 MRA/IC의 한국 본부 총재로 계셨다. 2007년 12월경 강석규 총장께서는 후임 총재를 물색하시면서, 김상원 전 대법관을 모셨으면 어떻겠느냐고 당시 사무총장으로 있던 나에게 상의하셨다. 나는 강 총장님의 말씀에 따라 며칠 후 김상원 대법관과의 만남을 주선하였다. 나는 두 분께서 회동하시기 전에 김상원 대법관을 뵙고 그 말씀을 미리 드렸다. 하지만 김상원 대법관께서는 두 번이나 간곡히 사양하셨다.

두 분께서 식사를 마치자 강석규 총장께서는 "내가 이제 나이가 많아 총재직을 더 이상 수행하기가 어려우니 대법관님께서 다음 총재를 맡아주실 것을 승낙하시면 총회를 열어 뜻을 모아 추대하고자 한다"라고 정중하게 말씀하셨다. 김상원 대법관께서는 이미 두 번이나 사양하셨지만, 강석규 총장께서 직접 말씀하시니 더 이상 거절하실 수가 없었던지 조건을 하나 제시하셨다. 그것은 강일구 박사께서 부

총재를 맡아야 한다는 것이었다. 강석규 총장께서는 "그것은 걱정하시기 마십시오. 만나서 이야기하고 수락을 받아 오겠습니다"라고 하셨다.

그런데 며칠 후 하시는 말씀이 "강일구 총장이 지금은 대학 이외에 다른 대외활동은 일절 안 하고 오직 대학의 발전을 위해 전력을 쏟겠다고 합디다"라고 하시며 허허 웃으셨다. 당시 강석규 총장님 말씀이면 모든 것이 다 되는 줄만 아셨던 김상원 대법관께서도 더 이상 말씀을 하시지 못하였다. 이후 김상원 대법관께서는 4년간 총재직을 맡아 봉사하셨다. 이후 대법관께서는 "4년간의 총재직을 마친 후 부총재인 강일구 박사에게 총재직을 물려주려는 생각이 있었다"라는 말씀을 몇 번이나 하시며 아쉬워하셨다.

MRA/IC 운동의 창시자는 프랭크 북맨 박사다. 그분은 일생을 하나님의 지시와 뜻에 합당한 삶을 살아오시면서 "세계는 신의 인도를 받는 양심적인 사람들에게 지배되어야 한다. 전 세계를 왜 신의 지배에 맡기지 않으려는가"(I want to see the world governed by men governed by God. Why not God run the whole world)라고 말씀하셨다. 또 "인간성은 변할 수 있다. 이것은 해답의 근본이다. 국가 경제도 변할 수 있다. 이것은 해답의 결과이다. 인류 역사도 변할 수 있다. 이것은 우리의 시대적 사명이다"라는 사명감으로 세계 60여 개국에 MRA/IC 운동을 전파하였다. 생전에 그분은 한국 지도자를 만나면, "한국은 아시아 융합의 다리가 되고 세계의 양심이 되라"는 말씀을 자주 하셨다.

그분의 신앙심과 양심적인 삶을 생각할 때마다, 나는 강일구 박사가 떠오른다. 그동안 강일구 박사께서는 MRA/IC 세계대회 참석, 동

북아대학생포럼 주제강연 등 MRA/IC 운동에 관심을 기울여 주셨지만, 강일구 박사야말로 프랭크 북맨 박사가 말한 아시아 융합의 다리, 세계 양심의 핵을 이끌 능력과 자격을 갖추신 분이라고 생각한다.

지금 우리가 경제적으로 선진국이 되고 풍요를 누리는 것도 중요하지만 도덕적으로, 양심적으로 올바른 국민이 되고 국제사회로부터 신뢰와 존경을 받는 나라가 진정한 선진국이라는 것도 알아야 한다. 그렇기 때문에 지금이 더욱 MRA/IC 운동이 절실히 필요한 시기이고, 이러한 시기에 강일구 박사님 같으신 분이 MRA/IC 한국 본부의 지도자가 되어 주시기를 간절히 희망하는 것이다.

강일구 총장 희수 기념문집

호야호야 好也好也 *77*

2021년 12월 15일 처음 펴냄

엮은이 | 강일구총장희수기념문집편집위원회
펴낸이 | 김영호
편   집 | 김구 박연숙 정인영 김율 이새한 디자인 | 황경실
펴낸곳 | 도서출판 동연
등   록 | 제1-1383호(1992. 6. 12)
주   소 | 서울시 마포구 월드컵로 163-3
전   화 | (02)335-2630
전   송 | (02)335-2640
이메일 | yh4321@gmail.com
블로그 | https://blog.naver.com/dong-yeon-press

ISBN 978-89-6447-747-2 03040